Um Construtor dos Direitos Sociais

Estudos em Homenagem ao Centenário de Benedito Calheiros Bomfim

BIANCA BOMFIM CARELLI

Advogada trabalhista, sócia do escritório Calheiros Bomfim advogados, membro da Comissão Permanente de Direito do Trabalho do IAB e membro da Comissão da Justiça do Trabalho da OAB/RJ.

BENIZETE RAMOS DE MEDEIROS

Advogada trabalhista; professora de Direito do Trabalho e Processo do Trabalho; doutora em Direito e Sociologia; mestre em Direito; presidente da delegação brasileira da Associação Luso-brasileira de Juristas do Trabalho — JUTRA; diretora da ABRAT; membro-secretária da comissão de Direito do Trabalho do IAB.

COORDENADORAS

Um Construtor dos Direitos Sociais

Estudos em Homenagem ao Centenário de Benedito Calheiros Bomfim

EDITORA LTDA.
© Todos os direitos reservados

Rua Jaguaribe, 571
CEP 01224-003
São Paulo, SP — Brasil
Fone (11) 2167-1101
www.ltr.com.br
Agosto, 2016

Produção Gráfica e Editoração Eletrônica: R. P. TIEZZI
Projeto de capa: ARARUAMA GRÁFICA — "CONSTRUÇÃO" óleo s/tela. 40x40 autoria: Benizete Ramos
Impressão: PAYM GRÁFICA

Versão impressa — LTr 5653.0 — ISBN 978-85-361-8971.0
Versão digital   — LTr 9013.6 — ISBN 978-85-361-8976.5

Dados Internacionais de Catalogação na Publicação (CIP)
(Câmara Brasileira do Livro, SP, Brasil)

Um Construtor dos direitos sociais : estudos em homenagem ao centenário de Benedito Calheiros Bomfim / Bianca Bomfim Carelli / Benizete Ramos de Medeiros [organizadoras]. — São Paulo : LTr, 2016.

Vários autores.
Bibliografia.

1. Bomfim, Benedito Calheiros, 1916-2016 2. Direito do trabalho 3. Direito do trabalho — Brasil 4. Direitos sociais 5. Justiça do trabalho 6. Justiça do trabalho — Brasil I. Carelli, Bianca Bomfim. II. Medeiros, Benizete Ramos de.

16-06609   CDU-34:331

Índice para catálogo sistemático:

1. Brasil : Estudos em homenagem : Direito do trabalho
   34:331

Currículo de Benedito Calheiros Bomfim

★ 24.10.1916 † 7.5.2016

— Foi Membro da Academia Nacional de Direito do Trabalho;

— Ex-presidente da Associação Carioca de Advogados Trabalhistas;

— Ex-conselheiro Federal da OAB;

— Ex-Presidente do Instituto dos Advogados Brasileiros;

— Detentor da Comenda José Martins Catharino, outorgada pela — Associação Brasileira de Advogados Trabalhistas;

— Agraciado pelo Instituto dos Advogados Brasileiros com a Medalha Teixeira de Freitas;

— Agraciado com o Colar do Mérito Judiciário do Tribunal de Justiça do Rio de Janeiro;

— Distinguido com Comenda do Tribunal Superior do Trabalho;

— Contemplado duas vezes com medalhas do Tribunal Regional do Trabalho da 1ª Região;

— Autor de numerosas obras jurídicas, particularmente na área do Direito do Trabalho, destacando-se, entre elas, o Dicionário de Decisões Trabalhistas, que chegou à 37ª edição, com cujas publicações tornou-se pioneiro na organização, sistematização e divulgação da jurisprudência nacional trabalhista;

— Foi advogado militante na Justiça do Trabalho desde 1945.

Principais obras do autor

— *A Outra Face do Presidente — Discursos de Fernando Henrique Cardoso no Senado*

— *A Visão Prospectiva do Direito na Obra de Pontes de Miranda*

— *Direitos e Liberdades dos Trabalhadores*

— *Exegese da Emenda Constitucional n. 7*

— *Declínio do Neoliberalismo e Alternativas à Globalização*

— *Comentários à Constituição Federal: arts. 1º a 11, edições trabalhistas* (coordenação)

— *A Crise do Direito e do Judiciário*

— *A CLT Vista pelo Supremo Tribunal Federal* — 3 Volumes

— *A CLT Vista pelo Tribunal Superior do Trabalho*

— *Assunto em Estudo Constituição, Direitos Fundamentais e Contrato de Trabalho*, ed. Saraiva

— *O Contrato de Trabalho Visto pelo TST em sua Composição Plena*

— *Mandamentos do Advogado e do Juiz*

— *Estatuto da Advocacia e Código de Ética*, 4ª ed.

— *Globalização, Neoliberalismo e Direitos Sociais*

— *Pena de Morte*, 2ª ed.

— *Legislação da Previdência Social*, 12ª ed.

— *Legislação do FGTS*, 6ª ed.

— *Enunciados e Súmulas Trabalhistas*, 7ª ed.

— *Conselhos aos Jovens Advogados*, 2ª ed., Editora Impetus

— *Jurisprudência do Contrato de Trabalho (os arts. 442 a 510 da CLT Vistos pelo TST)*, 1995

— *Jurisprudência do Processo do Trabalhista; A CLT Vista pelo TST, em sua Composição Plena*, 1963

— *Dicionário de Decisões Trabalhistas* (em parceria, a partir da 12ª edição com Silvério dos Santos e em parceria, a partir da 12ª edição com Vinicius Neves Bomfim), 37ª ed.

— *Estatuto da Advocacia e Código de Ética*, 4ª ed.

— *Conceitos sobre Advocacia, Magistratura, Justiça e Direito*, 5ª ed.

Sumário

Prefácio 9

Apresentação 11

O Abuso de Direito e Fraude Trabalhista na Contratação de Advogados como Sócios e Associados em Escritórios de Advocacia 13
Bianca Bomfim Carelli; Rodrigo de Lacerda Carelli

A História se Repete: o Retorno do Ataque a Justiça do Trabalho 29
Benizete Ramos de Medeiros

Bomfim: Exemplo de Ética e Pensamento Crítico 41
Celso Soares

Novo Código de Processo Civil e Desconsideração da Personalidade Jurídica: Impactos no Processo do Trabalho 43
Guilherme Guimarães Feliciano

Breves Considerações sobre o Papel Histórico da Doutrina Trabalhista Na Introdução do Neoliberalismo no Brasil 53
Jorge Luiz Souto Maior

Norma Trabalhista, Sistema Jurídico e a Proibição do Retrocesso Social. Ensaio sobre a inconstitucionalidade dos projetos de lei que visam permitir a terceirização da atividade-fim da empresa 76
José Affonso Dallegrave Neto

Direitos Sociais: o Brasil Legal e o Brasil Real 88
Leila Maria Bittencourt da Silva

Globalização e Direito do Trabalho 100
Sayonara Grillo Coutinho Leonardo da Silva

A Advocacia Trabalhista no Brasil e América do Sul 104
Reginaldo Delmar Hintz Felker

Empregados Domésticos e a Lei Complementar n. 150/16 121
Vólia Bomfim Cassar

A Cultura Conciliatória da Justiça do Trabalho no Brasil 133
Wilson Ramos Filho; Nasser Ahmad Allan

Prefácio

O homem e sua obra. Eis uma titulação conhecida, quase um clichê para se introduzir e situar determinada criação e sua correlação com o seu criador, brindando o destinatário dessa simbiose com revelações sobre as impregnações do estilo, as influências das ideologias, as condições materiais e abstratas da vida e da psicologia do autor, dentre outros aspectos, e suas influências sobre a formação e na formação dessa dualidade. E da relação metonímica de continente e conteúdo, exsurgem as biografias dos renomados, as teses dos acadêmicos, as matérias para os debates, com apresentação apartada de um e de outro como se independentes fossem, cada qual com seu o desígnio a seguir na intenção de formar/informar os interessados leitores ou simplesmente curiosos do saber. E no porvir, o autor perece e a obra continua.

A definição acabada de ideal não se aplica, contudo, a Benedito Calheiros Bomfim. O grande mestre do Direito do Trabalho e da vida não se ajusta às análises isoladas, próprias daqueles que por aqui passaram, deixaram obra e se foram para as calendas da memória. Bomfim não se foi. Bomfim permanece porque, mais do que representa, apresenta as estruturas da formação e do conhecimento jurídico em desenvolvimento constante; porque compreende as mazelas da vida de seres que constroem riquezas alheias e nada ou muito pouco dela retêm; e permanece ainda porque significa os valores e ideais de um futuro mais elevado que almejamos um dia atingir, depois de ultrapassado este presente sem fim de batalhas por conquistas sociais a opor as forças do trabalho e do capital.

Na longevidade que experimentou, Benedito Calheiros Bomfim amalgamou o homem dinâmico que foi à obra que construiu, formando um todo inseparável, imenso monólito de sabedoria e ensinamentos exalados das penas do jornalista, do advogado e do jurista, bem como da ação do militante político das causas humanistas. E foi no Direito de Trabalho que os ortônimos de Bomfim se encontraram, personificando pensamento e ação naquele vislumbre de transformar o mundo em lugar de apenas interpretá-lo, tornando incontornável a compreensão desse segmento jurídico sem a invocação de seu nome.

Na sua férrea atividade, e decerto contra o seu tocante desprendimento, inúmeras foram as honrarias e os títulos recebidos, que nunca serão demais e jamais bastarão para retribuir o legado de Bomfim. Neste contexto, salta aos olhos a oportuna e atual publicação de *Os Direitos Sociais em Xeque. A Luta pela Manutenção. Estudos em homenagem ao centenário de Calheiros Bomfim*. A guisa de homenagear o mestre, é ele que mais uma vez se faz presente com sua inesgotável inspiração a guiar os passos de formuladores do direito, daí emergindo mais estudos e teses e material para os debates infindos em torno de temas decorrentes — e recorrentes — da luta de classes.

Atual porque o mundo de hoje se encontra na mesma histórica dualidade opositiva entre as forças do capital e as do trabalho, a despeito de avanços tecnológicos e incrementos de bens da vida que poderiam perfeitamente aplacar esse confronto mediante distribuições igualitárias dessas conquistas. Nas sociedades capitalistas contemporâneas verifica-se que o crescimento da riqueza gerada pela atividade humana não teve a contrapartida da repartição; antes, aprofundou a concentração e, por conseguinte, fez crescer as desigualdades. A intervenção política, como apregoa Thomas Piketty em seu festejado *O Capital no século XXI*, poderia, senão acabar, ao menos minorar este quadro degradante, responsável pela pobreza absoluta de parte significativa dos bilhões de seres humanos que habitam o planeta. Para tanto, seriam necessárias gestões econômicas bem definidas em sua intenção distributiva, amparadas tanto em ações sociais quanto em arcabouços jurídicos assecuratórios de uma ordem destinada à igualdade.

Os direitos sociais, um dos frutos das transformações do século XX, estão inseridos nesse esforço de edificação social baseada em relações justas e equilibradas, com ganhos materiais e também espirituais para as massas populacionais. Todavia, não emergem apenas da boa vontade dos poderes constituídos. Guardam relação direta com os embates históricos de forças que digladiam por seus interesses, tendo por pano de fundo o cenário da produção e apropriação daí resultante. No espectro desses direitos, aqueles afeitos ao mundo do trabalho têm especial significado e valor porque originados e resultantes da refrega, imaginado como espécie de distintivo dado ao vencedor. Destarte, justamente por sua subordinação a este verdadeiro *cabo de guerra* entre as forças vivas da produção, os direitos sociais não se mantêm por si, amparando-se apenas no decurso de prazo de sua instituição e no respeito à mera formalidade de sua existência. São alvejados ao simples entrever do desequilíbrio da correlação social em desfavor daquela parcela a quem beneficiavam.

Oportuna, assim, a publicação dos "Estudos..." no momento em que há evidência de pretensões ofensivas contra os Direitos Sociais, notadamente aqueles destinados à melhoria das condições de vida dos trabalhadores. Fenômeno, aliás, que se apresenta mundialmente, correndo as redes sociais e outros canais de mídia as notícias de restrições e resistências levadas a efeito por governantes e trabalhadores mundo afora. Isto porque em suas conhecidas crises cíclicas, o capitalismo direciona justamente ao mundo do trabalho as suas mais contundentes ações para se preservar. E os direitos sociais, tomados como fonte de dispêndios a ser estancada, passam a ser o entrave à reorganização da economia e à estabilidade dos lucros. Logo, a sua manutenção significa a manutenção das conquistas que exprimem, validando todas as formas de luta de que necessitam para a sua integridade.

Tudo somado, o lançamento de *Os Direitos Sociais em Xeque, a Luta pela Manutenção* apazigua o sentimento de urgência dos que procuram provisão para enfrentar o debate árduo em defesa das conquistas civilizatórias. Ademais, como uma espécie da lanterna de Diógenes de Sínope, servirá de guia aos que buscam a honestidade do pensamento jurídico. Na celebração de que se reveste o lançamento desta necessária compilação, haverá de um lado a instrução adquirida nos trabalhos apresentados, manancial teórico a nos capacitar no campo filosófico da luta brava que está em curso; e de outra parte, haverá ainda a indescritível alegria de continuarmos ao lado de Benedito Calheiros Bomfim, perpassados por sua existência, favorecidos por sua sabedoria de um Mahatma moderno. Um homem que fez da justiça, uma ideia para muitos abstrata, algo eficazmente real e palpável e vibrante, moldando com o seu compromissado talento os processos que permitem essa transmutação do que é vago em algo verdadeiro. Sempre firme no fundo e suave na forma em favor dos carentes de Direitos Sociais deste nosso imenso país.

Marcus Vinicius Cordeiro
Secretário geral da OAB-RJ. Presidente da Comissão da Justiça do Trabalho da OAB/RJ

Apresentação

"SUAVE NA FORMA E FIRME NO CONTEÚDO"

A presente coletânea pretende homenagear Benedito Calheiros Bomfim, a partir da perspectiva da conquista dos direitos sociais, tema tão oportuno para o atual contexto histórico.

Calheiros Bomfim foi um profundo estudioso da advocacia — e a exerceu com denodo por décadas. Relatou em minúcias as agruras e os desafios da profissão, o relacionamento com a magistratura e a evolução profissional. Lutou sempre pelo prestígio e respeito da classe. Pretendeu destacar a importância social de sua atividade e despertar nos jovens advogados a paixão pelo ofício.

Afirmava, sempre que tinha oportunidade, que o advogado não deveria ser um agente desconectado das questões sociais, mas um profundo conhecedor e estudioso de suas mazelas.

Pretendia combater o aviltamento dos honorários e a exploração desenfreada da mão de obra dos novos advogados que se submetem a qualquer condição precária imposta na busca da primeira oportunidade de trabalho; objetivo ainda tão distante de ser alcançado.

A vida não lhe podia ser plenamente feliz, pois, como afirmava, não teria direito de ser feliz enquanto, em seu derredor, houvesse pessoas vivendo em estado de miséria, em situação indigna, submetendo-se, por vezes, à extrema exploração.

No entanto, sabiamente, conseguia tornar a vida mais leve com seu bom humor e na incansável missão de arrancar uma risada de seu interlocutor.

Pôde, também, torná-la mais plena ao sustentar a sua luta pela defesa dos desfavorecidos, tratando com maestria dos embates entre capital e trabalho.

Tinha fé. Uma fé inabalável na luta, no bom combate, de que só sendo um instrumento de transformação social, sua vida faria sentido. Tinha fé em uma sociedade solidária e em uma vida de paz e justiça.

Deixa este exemplo de um homem apaixonado pela vida, inabalavelmente curioso e participativo, que teve a tranquilidade de receber o reconhecimento profissional e significar a sua vida a partir de suas lutas.

Tive a honra de tê-lo como avô, que, nesse papel, além de todos os exemplos que passou, era doce, terno e brincalhão, transmitindo a sua paixão pela advocacia e entregando a doce, mas desafiadora, missão de seguir seus passos.

> "Há homens que lutam um dia e são bons
>
> Há outros que lutam um ano e são melhores
>
> Há aqueles que lutam muitos anos e são muito bons
>
> Porém há os que lutam toda a vida
>
> Esses são imprescindíveis."
>
> (Bertold Brecht)

Perdemos, sem dúvida, um homem imprescindível, mas é necessário continuar atento quanto ao cenário de grandes retrocessos sociais que se apresenta.

Logo, a presente coletânea pretende não só homenagear Calheiros Bomfim como expandir o debate quanto à luta pela manutenção das conquistas sociais.

O leitor terá a oportunidade de dialogar com diversos temas e autores que tratam, cada qual sob a sua perspectiva, de conquistas de direitos sociais especialmente afetos à classe trabalhadora, mostrando a importância de sua conquista, necessidade de manutenção e de avanço quanto às referidas conquistas.

O livro é um convite à reflexão sobre o atual contexto histórico, com a pretensão de seguir a lição de Calheiros Bomfim: "Suave na forma e firme no conteúdo".

Bianca Neves Bomfim Carelli

O Abuso de Direito e Fraude Trabalhista na Contratação de Advogados como Sócios e Associados em Escritórios de Advocacia

Bianca Bomfim Carelli[*]
Rodrigo de Lacerda Carelli[**]

1. Introdução

Tanto na Grécia Antiga quanto em Roma, o trabalho era tido como desonroso para o ser humano. Assim, os cidadãos, sujeitos de direito, entregavam o trabalho para ser realizado por escravos. Bem entendido que por trabalho os gregos e romanos da Antiguidade entendiam as atividades manuais. De fato, o trabalho, consubstanciado na atividade humana para a consecução de coisas e serviços materiais, em sua maior parte, era entregue para serem realizados por "não sujeitos de direitos", os escravos, seres humanos considerados objeto de direito.[1] Aos cidadãos eram reservadas as atividades nobres, como a filosofia, a política, a arte, as ciências, ou seja, as atividades intelectuais; estas sim eram valorizadas e reservadas aos seres humanos sujeitos de direito.

A herança de tal diferenciação discriminatória entre o trabalho manual e o trabalho intelectual, e todo o preconceito e o desvalor que se dá ao primeiro em detrimento do segundo, ainda deixa resquícios em nossa sociedade, apesar de constar em nossa Constituição da República de 1988, em seu art. 7º, inciso XXXII, a "proibição de distinção entre trabalho manual, técnico e intelectual ou entre os profissionais respectivos".[2]

A sociedade reflete esse legado, sendo que as profissões nobres do século XX foram, não por coincidência, a de engenheiro, a de médico e a de advogado. Todas — também sem nenhum fato a se estranhar — profissões *liberais*, ou seja, em sua etimologia, *livres de sujeição a outrem*. Os médicos atuando em seus próprios consultórios, hospitais e clínicas. Engenheiros com suas empresas de construção de edifícios ou maquinário. Advogados exercendo a profissão em seus próprios escritórios, nos quais atendiam os clientes de sua carteira. A nota que une essas profissões em sua forma clássica é a liberdade e a autonomia na condução de suas atividades e suas carreiras.

Esse quadro romântico das profissões liberais, que ainda resta na memória afetiva coletiva, não existe mais.

Tudo isso foi alterado. A sociedade de massa do capitalismo avançado envolve organizações corporati-

---

(*) Advogada trabalhista, sócia do escritório Bomfim advogados, membro da Comissão Permanente de Direito do Trabalho do IAB e membro da Comissão da Justiça do Trabalho da OAB/RJ. Mestranda pela Faculdade Nacional de Direito — UFRJ.
(**) Procurador do Ministério Público do Trabalho no Rio de Janeiro e Professor de Direito do Trabalho na Faculdade Nacional de Direito — UFRJ.
(1) FELICIANO, Guilherme Guimarães. *Curso crítico de direito do trabalho. Teoria geral do direito do trabalho*. São Paulo: Saraiva, 2013. p. 46-46.
(2) *Vide* a aceitação ampla da terceirização nos serviços de limpeza e conservação e a falta de isonomia entre o trabalho doméstico e urbano, mesmo após a recente Emenda Constitucional n. 72.

vas gigantes, que ganham a concorrência pelo volume de negócios realizados. Só sobrevive no mercado quem concentra, para produzir o lucro pela quantidade de movimentação.[3]

Os médicos hoje estão concentrados, em sua maioria, em hospitais controlados por fundos de investimento, muitas vezes estrangeiros, gerenciados não mais por profissionais da área da saúde, mas por administradores de empresa profissionais.[4] Os médicos trabalham nesses hospitais em regime de plantões, às vezes por intermédio de contratos precários, totalmente vinculados à estrutura organizacional empresarial, sem qualquer domínio sobre seus pacientes, não mais percebendo honorários autoarbitrados, mas passam a ter remunerações pré-fixadas pelo empreendimento hospitalar ou clínico e, consequentemente, sem controle sobre sua carreira.

As empresas de engenharia, principalmente da área de construção pesada,[5] mas também em relação à construção civil em geral, atuam hoje na forma de grandes grupos econômicos, de forma frequente acusadas de formação de cartéis, gerando inclusive escândalos nacionais.[6] Os engenheiros são contratados em massa, em substituição aos antigos mestres de obras. A maior parte dos engenheiros, atualmente, encontra-se empregada nessas grandes empresas, como assalariados.[7]

A advocacia também se transforma nesse contexto, como veremos a seguir.

2. As mudanças na advocacia

De fato, a nova formação do capitalismo avançado, que favorece e impõe a concentração, vem chegando também ao mundo da advocacia. Os pequenos escritórios, de confiança do cliente — alguns ainda resistem! —, vêm, como o médico de família, sendo substituídos pela concentração das causas em grandes escritórios, que atuam como verdadeiras empresas, não raros como corporações.

O atual fenômeno de concentração nos escritórios de advocacia decorre de dois processos, que se conjugam ao final: 1) a concorrência entre escritórios, fenômeno do atual estágio do capitalismo, utilizada como instrumento para enfrentar a judicialização de massa; 2) mas também é fruto das vantagens estratégicas ocasionadas pela judicialização de massa, fenômeno bem observado por Mauro Cappelletti.[8]

Quanto ao primeiro processo, as empresas buscam no mercado escritórios que lhes apresentem melhores preços e organização para lidar com a judicialização em massa das questões, em praticamente todas as áreas do Direito. Assim, as empresas colocam em concorrência direta os escritórios, que fazem "pacotes" de atendimento advocatício. Os escritórios, por sua vez, estruturam-se como empresas em busca da maximização dos lucros e da gestão do "negócio" advocatício. Aqueles escritórios que não se organizam dessa forma não conseguem se firmar no mercado, não sendo contratados pelos clientes, que buscam litigância judicial barata. O baixo preço praticado pelos escritórios alimenta a judicialização em massa, porque passa a ser interessante descumprir a legislação, pelos baixos custos jurídicos do enfrentamento no campo judicial. Torna-se, assim, um círculo vicioso no qual não se sabe mais se o baixo preço pago pelas empresas aos escritórios é originado por ato das empresas ou dos escritórios em concorrência. O certo é que a espiral é sempre descendente.

O outro fenômeno correlato é que as grandes corporações, utilizando grandes escritórios, aproveitam-se da ineficácia das reformas processuais — ou até de sua conivência — e conseguem manter a litigância habitual como

---

(3) O capitalismo caminha sempre para a concentração. Dez empresas concentram quase tudo que é consumido nos Estados Unidos. Os 10 maiores bancos concentram mais de 50% do mercado financeiro. No Brasil, os 5 maiores bancos concentram 80% do mercado. 90% da mídia nos Estados Unidos está na mão de 6 empresas. Os quatro maiores conglomerados de mídia latino-americanos — Globo do Brasil; Televisa do México; Cisneros da Venezuela; e Clarín da Argentina —, juntos, retêm 60% do faturamento total dos mercados latino-americanos. No Brasil, é aguda a concentração na televisão aberta. De acordo com levantamento do projeto *Os Donos da Mídia*, seis redes privadas (Globo, SBT, Record, Band, Rede TV e CNT) dominam o mercado de televisão no Brasil. Essas redes privadas controlam, em conjunto, 138 dos 668 veículos existentes (TVs, rádios e jornais) e 92% da audiência televisiva. A Globo, além de metade da audiência, segue com ampla supremacia na captação de verbas publicitárias e patrocínios. Disponível em: <http://www.cartamaior.com.br/?/Editoria/Midia/Por-que-a-concentracao-monopolica-da-midia-e-a-negacao-do-pluralismo/12/28352>. Acesso em: 6.10.2015.
(4) Disponível em: <http://economia.estadao.com.br/noticias/negocios,carlyle-investe-r-1-75-bilhao-na-rede-dor-de-hospitais,1676833>.
(5) CAMPOS, Pedro Henrique Pedreira. Semeando gigantes: centralização de capitais e diversificação das atividades das empreiteiras brasileiras no final da ditadura civil-militar. *Revista Lutas Sociais*, n. 25-26, São Paulo: PUC-SP, p. 72-87, 2011.
(6) Disponível em: <http://politica.estadao.com.br/blogs/fausto-macedo/procuradoria-aponta-16-empreiteiras-alvo-de-clube-do-cartel/>. Acesso em: 6.10.2015.
(7) Cf. estudo da CSI, SENAI, SESI, IEL e CONFEA. Disponível em: <http://www.univasf.edu.br/~edmar.nascimento/iee/RelatoriodaPesquisaRevisado2008.pdf>. Acesso em: 6.10.2015.
(8) CAPPELLETTI, Mauro; GARTH, Bryant. *Acesso à justiça*. Tradução Ellen Gracie Northfleet. Porto Alegre: Fabris, 1988.

estratégia empresarial. Como litigantes habituais, detêm uma série de vantagens competitivas: podem realizar planejamento dos litígios, atuando de maneira estudada e estratégica no escalonamento das dívidas; ganham pela economia de escala, pois contratar grandes escritórios em concorrência faz com que a disputa em litígios se torne mais barata; com maior contato — praticamente diuturno com o Poder Judiciário —, aproveitam-se de relações informais com os membros da instância decisora; diluição dos riscos da demanda pela existência de maior número de casos, podendo perder alguns, ganhar outros, na loteria judicial; e, enfim, têm possibilidade de testar estratégias processuais, continuando a aplicar as que não dão certo, e continuando outras teses que sejam aceitas.[9] E, por incrível que pareça, as empresas com maior número de demandas são, agora, chamadas de "parceiras" pelo próprio Poder Judiciário.[10]

Assim, as corporações escolhem grandes escritórios para manutenção das vantagens competitivas de serem litigantes habituais. Às vezes, as corporações realizam competição direta entre alguns escritórios, contratando mais de um para mantê-los competitivos entre si, fazendo quadro comparativo e concedendo notas e conceitos. Estes baixam os seus preços para conquista do cliente, chegando a cobrar migalhas por uma audiência ou uma peça processual.

Tudo isso é o subproduto do sonho inalcançável de um mundo governado apenas pelos números, perdendo a referência a outros valores.[11]

Exemplo desse tipo de escritório foi descrito em reportagem inteligentemente denominada "A salsicharia do direito", afirmando que o modelo de escritório de contencioso de massa assemelha-se ao utilizado por empresas de baixo custo como JetBlue e Ryanair, ou varejistas como Wallmart. A frase ícone da reportagem, e desse tipo de escritório, é a que o sócio de escritório abertamente afirma que "nosso negócio não tem gordura para queimar".[12]

Interessante notar que tal prática, apesar de ser comum na advocacia, atenta contra o Código de ética da OAB, que em seu art. 5º expressamente afirma: "o exercício da advocacia é incompatível com qualquer procedimento de mercantilização".

Outro ponto importante a salientar é a explosão dos cursos de Direito, que faz jorrar no mercado profissionais graduados, sem qualquer expectativa, a não ser a loteria do concurso público, ou a submissão a baixos salários em postos de trabalho precários em escritórios. Os escritórios ocupam espaços cada vez maiores, espraiando-se por diversos andares em prédios comerciais, organizando advogados em baias quase idênticas a de atendentes de *telemarketing*. Os advogados laboram em linha de produção, tornando-se verdadeiros operários do Direito, produzindo peças em massa a partir de modelos pré-fabricados de petições. Salários baixíssimos disfarçados de *pro labore*, retiradas, distribuições, ou qualquer nome que se dê para a retribuição quase miserável que percebem dos escritórios. Nenhuma autonomia, pois estão presos à estrutura do grande escritório em forma de corporação. Nenhum direito, pois submetidos à contratação por ajustes precários, em fuga ao direito do trabalho.

Grande parte da advocacia hoje está enquadrada no conceito de *precariado* de Giovanni Alves: atualmente os advogados, em sua grande parte, não detêm a autonomia profissional e financeira dos detentores do negócio, sendo negado, da mesma forma, o acesso ao mundo dos direitos do trabalho. Eles têm, ao mesmo tempo, a formação escolar da classe alta e a precarização da classe baixa.

O precariado, segundo Giovanni Alves, é "a camada média do proletariado urbano constituída por jovens adultos altamente escolarizados com inserção precária nas relações de trabalho e vida social".[13]

Essa é a cara dos jovens advogados em escritórios jurídicos no Brasil atual: operários com menos direitos que os trabalhadores de outras categorias, porém detentores de alta qualificação.

3. O ordenamento jurídico trabalhista

O Direito do Trabalho nada mais é do que um instrumento regulador de concorrência. Ele não cria direitos e deveres para empregados e empregadores, como se costuma ouvir em certas definições um tanto limitadas desse ramo do Direito.[14] Ele, em verdade, impõe limites ao poder do empregador, que seria praticamente ilimitado sem a existência dessas normas. E assim o faz

---

(9) *Op. cit.*, p. 25.
(10) Disponível em: <http://portaltj.tjrj.jus.br/web/guest/home/-/noticias/visualizar/21809>.
(11) SUPIOT, Alain. *La gouvernance par les nombres*. Paris: Fayard, 2015.
(12) Disponível em: <http://exame.abril.com.br/revista-exame/edicoes/990/noticias/a-salsicharia-do-direito>. Acesso em: 8.10.2015.
(13) ALVES, Giovanni. *O que é o precariado?* Disponível em: <http://blogdaboitempo.com.br/2013/07/22/o-que-e-o-precariado/>. Acesso em: 8.10.2015.
(14) P. Ex., a definição do Direito do Trabalho como "ramo da ciência do direito que tem por objeto as normas jurídicas que disciplinam as relações de trabalho subordinado, determinam os seus sujeitos e as organizações destinadas à proteção desse trabalho, em sua estrutura e atividade". NASCIMENTO, Amauri Mascaro. *Curso de direito do trabalho*. 17. ed. São Paulo: Saraiva, 2011. p. 155.

com duplo objetivo: 1) melhoria das condições sociais, impondo padrão mínimo civilizatório, na expressão de Mauricio Godinho Delgado;[15] 2) regulação da concorrência, em garantia da pacificação social.

Assim, ao fim e ao cabo, o Direito do Trabalho impõe limites ao poder do empregador, legitimando com isso esse poder, para fins de impedir a concorrência desleal entre empresas com o rebaixamento *ad infinitum* do custo do trabalho — essa mercadoria fictícia —,[16] com consequências danosas para toda a sociedade.

E como o Direito do Trabalho realiza essa limitação de poderes?

O ordenamento jurídico trabalhista é formado por um sistema harmônico que se baseia em dois pilares: o princípio da proteção, de um lado, e nos princípios da imperatividade do Direito do Trabalho, indisponibilidade dos direitos trabalhistas e da primazia da realidade sobre a forma de outro.

Não há como funcionar um sem o outro.

O princípio da proteção existe para impedir a superexploração da mão de obra, colocando limites ao poder do empregador. Como parte do pacto realizado nos albores do século XX, o Direito do Trabalho protege o trabalhador ao impor limites ao empregador e, pela ambivalência inata desse ramo do direito, faz-se a legitimação da exploração.

Assim, a proteção surge como legitimadora do próprio sistema, colocando travas, e às vezes permitindo, o exercício do poder do detentor dos meios de produção. O interesse na existência desses limites é duplo: imediato, dos trabalhadores; e mediato, de todo o poder político e econômico.

O segundo pilar é a obrigatoriedade de inserção no sistema de proteção. Para a existência do primeiro pilar, e para a existência do próprio ramo jurídico, não há e não pode haver opção ao direito do trabalho. Em um sistema concorrencial capitalista, a existência de alternativa mais barata ao Direito do Trabalho faria com que os capitalistas individuais, que não têm e não se pressupõe que tenham noção de sistema, fugissem do direito do trabalho. O Direito do Trabalho, por ser justamente o regulador da competição, não pode ter brechas. Nunca poderá ser opcional.

Assim, passando em resumo: 1) o direito do trabalho é essencial para a manutenção do sistema; 2) para a manutenção do direito do trabalho, e, consequentemente, do próprio sistema, não há como existir alternativa ao direito do trabalho; 3) para a manutenção da concorrência leal.

Por isso, os arts. 2º e 3º da CLT descrevem quem são os empregadores e os empregados, e o art. 9º afirma que serão nulos de pleno direito quaisquer atos ou ajustes que pretendem impedir a aplicação do Direito do Trabalho. Desta forma, uma vez a situação fática se coadune com os conceitos, estaremos diante de uma relação de emprego, inescapavelmente.

Desta forma, pouco importa se a relação jurídica está formalizada de um jeito ou de outro: se estiverem presentes os requisitos da relação de emprego, relação de emprego será.

4. A sociedade de advogados

A regulação da relação dos advogados com as sociedades de advogados é realizada de forma cristalina pelo Estatuto da Advocacia (Lei n. 8.906/1994).

Ela se dá, basicamente, de duas formas: o advogado pode se reunir em sociedade civil de prestação de serviços (art. 15) ou na forma de advogado empregado (art. 18 e seguintes).

4.1. Relação de sociedade em sentido estrito — a sociedade de advogados

Quanto ao sócio de sociedade civil de prestação de serviço de advocacia, as suas características seguem as de qualquer outro tipo de sociedade: a existência de *affectio societatis*, qual seja "a colaboração ativa, consciente e igualitária de todos os contratantes, para a obtenção de um lucro a partilhar".[17]

Sobre a sociedade, Fábio Ulhoa Coelho afirma que "o interesse dos sócios é idêntico; por isso todos, com capitais ou atividades, se unem para lograr uma finalidade econômica restrita à realização de um ou mais negócios determinados (CC, art. 981, parágrafo único) e partilhar, entre si, os resultados. (...) Por haver uma confraternização de interesses dos sócios para alcançar certo fim, todos os lucros lhes deverão ser atribuídos, não se excluindo o quinhão social de qualquer deles da comparticipação nos prejuízos; assim, proibida estará qualquer cláusula contratual que beneficie um dos sócios, isentando-o, p. ex., dos riscos do empreendimento, repartindo os lucros apenas com ele, excluindo-o do pagamento das despesas ou

---

(15) DELGADO, Mauricio Godinho. *Curso de direito do trabalho*. 4. ed. São Paulo: LTr, 2005.
(16) POLANYI, Karl. *A grande transformação*: as origens de nossa época. 2. ed. Rio de Janeiro: Campus, 2000.
(17) PIC, Paul. *Traité général de droit commercial: des sociétés commerciales*. 10. ed. Paris: Arthur Rousseau, 1925.

da comparticipação dos prejuízos etc. (CC, art. 981, *in fine*; RT, 227:261), visto que devem partilhar os resultados da atividade econômica, sejam eles positivos ou negativos".[18]

Assim, tiramos os elementos de uma sociedade:

1) Existência de duas ou mais pessoas.

2) Contribuição de cada sócio para o capital social e o fundo social com bens ou com prestação de serviços.

3) Obtenção do fim comum pela cooperação dos sócios.

A conjunção de esforços para a obtenção de um resultado comum impõe a participação nos lucros e nos prejuízos. Como o resultado é comum, deve haver a faculdade e o interesse — não meramente hipotéticos, mas reais — de examinar os livros e documentos da sociedade, bem como o estado da caixa (disponibilidades e investimentos bancários) e da carteira (art. 1.021 do Código Civil).

Essa é que é a tão decantada *affectio societatis*: "Trata-se da comunhão (moderno sentido da *affectio societatis*), uma vez que dela nasce a sociedade, que exerce atividade com o desígnio de obter vantagem patrimonial (mediata ou imediata). A *comunhão*, ou reunião, de pessoas com *intuitu personae* ou *intuitu pecuniae*, é o elemento para a configuração do contrato social.[19]

A sociedade civil de prestação de serviço de advocacia insere-se nesse contexto: não haverá sociedade se não houver comunhão para repartição de resultados. Nas sociedades simples, como é a de advogados, o Código Civil permite que a conjunção de esforços pode ser com bens ou serviços (art. 997). Então poderá haver uma sociedade em que os sócios contribuem somente com capital, outras que há a comunhão somente de serviços e, por último, aquela em que alguns compartilhem bens e outros forneçam serviços à sociedade.

Não há nenhuma novidade nisso. No antigo Código Comercial havia a previsão, no art. 317 da sociedade de capital e indústria. As regras desse tipo de sociedade foram praticamente transpostas para o novo Código Civil.

Esse tipo de sociedade é próprio de negócios em que alguém detém o capital e outro detém o *know-how*, a *expertise*. Assim, conjugam-se os esforços de diferentes naturezas.

Daí ser totalmente incompatível esse tipo de sociedade a existência de uma sociedade de advogados em que alguns entram com o capital e outros entram com "prestação de serviços". Ora, a prestação de serviços de advocacia é o próprio fim da sociedade: "Os advogados podem reunir-se em sociedade simples de **prestação de serviços de advocacia** ou constituir sociedade unipessoal de advocacia, na forma disciplinada nesta Lei e no regulamento geral" (art. 15, Estatuto da OAB).

O art. 16 da Lei n. 8.906/1994 é expresso:

> "Não são admitidos a registro nem podem funcionar as espécies de sociedades de advogados **que apresentem forma ou características de sociedade empresária**, que adotem denominação de fantasia, que realizem atividades estranhas à advocacia, que incluam como sócio ou titular de sociedade unipessoal de advocacia **pessoa não inscrita como advogado ou totalmente proibida de advogar**."

Se todos os sócios de uma sociedade de advogados devem ser advogados, e não se pode assumir a forma empresarial, como um deles pode ser o sócio de capital e outros de serviço?

Outro ponto que reforça essa ideia é a previsão do art. 17 do Estatuto da OAB que dispõe que os sócios, quaisquer deles, respondem subsidiária e ilimitadamente pelos danos aos clientes, enquanto que o sócio que participa de serviços, na sociedade simples, só participa dos lucros da atividade (art. 1.007 do Código Civil Brasileiro).

Assim, o disposto no art. 2º do Provimento n. 169/2015 do Conselho Federal da Ordem dos Advogados do Brasil, ao prever a existência de "sócios patrimoniais" e "sócios de serviço", parece atentar contra a lei, extrapolando qualquer poder regulamentar, criando duas categorias de "sócios" dentro dos escritórios. O que é um patrimônio, quando estamos falando de um escritório de advocacia? Clientela, reputação, corpo técnico, computadores, mesas? Ora, todos os advogados de uma sociedade prestam serviços de advocacia à sociedade, cooperando assim para a reputação do escritório. Não estão todos contribuindo para o patrimônio da sociedade?

Aliás, o fato de que em uma sociedade de advocacia todos os sócios, que devem ser advogados, prestam serviços à sociedade vai de encontro ao disposto no art. 2º, § 3º do provimento citado, que afirma que "sócio de capital não poderá possuir quotas de serviço concomitantemente". **Ora, se não é admitido que uma sociedade de advogados apresente forma empresarial, não há como fazer diferenciação entre um capitalista e um prestador de serviços dentro da sociedade (art. 16 do Estatuto da OAB).** Aliás, como já dito acima, o Código de Ética da

---

(18) COELHO, Fábio Ulhoa. *Curso de direito civil contratos*. 7. ed. São Paulo: Saraiva, 2014. p. 474-478.
(19) DINIZ, Helena Diniz. *Curso de direito civil brasileiro*. 25. ed. São Paulo: Saraiva, 2009. t. 3, p. 631.

Advocacia é expresso em dizer que "o exercício da advocacia é incompatível com qualquer procedimento de mercantilização" (art. 5º). Desta forma, mostra-se absolutamente incompatível com a sociedade de advogados a criação da figura do "sócio patrimonial" e de "sócios de serviço" em uma sociedade de advogados.

O art. 3º do Provimento n. 169/2015 cria essas duas categorias com diferentes direitos. O "sócio patrimonial" contribui pecuniariamente para a constituição do capital e tem direito aos "respectivos haveres no momento do desligamento da sociedade". **Ora, assim o sócio de capital é um investidor dentro do escritório de advocacia, o que é absolutamente vedado pelo Estatuto da OAB e pelo Código de Ética da Advocacia**.

De qualquer sorte, como em todo ramo de atividade, a figura de sócio não é incompatível com a de empregado,[20] sendo que, como ocorria na sociedade de capital e indústria, o "sócio de indústria possui apenas a aparência de sócio, sendo na verdade empregado", havendo assimilação das figuras de sócio e empregado.[21] De fato, Godinho Delgado afirma que o anacronismo desse tipo de sociedade é flagrante, tendo já sido banido dos códigos europeus desde o século XIX e que, "de maneira geral, tem emergido, na prática, como instrumento de elisão à eficácia das normas trabalhistas imperativas".[22] É o que vem acontecendo com a criação da figura do "sócio de serviço" em escritórios de advocacia: na prática serve como instrumento de elisão das obrigações trabalhistas.

4.2. Relação de sociedade em sentido amplo — o contrato de associação

Segundo o art. 15 do Estatuto da Advocacia, a sociedade civil de serviço de advocacia é regrada pela lei e pelo regulamento geral. O regulamento criou a figura de "associado", no art. 39. Ora, a lei delegou a regulação da sociedade de advogados, não permitindo a criação de figuras extralegais. Portanto, é ilegal qualquer interpretação no sentido da "criação" de figura híbrida por meio de regulamento, por extrapolar a sua delegação de regulamentação.

Assim, a única interpretação válida ao art. 39 do Regulamento Geral da Advocacia seria a de que haveria a possibilidade de unir uma sociedade a advogados, para participação em resultados, **desde que inexistente a relação de emprego**. Não se criou uma nova figura, mas sim previu-se uma forma de associação. Aliás, interessante notar que a lei veda a participação de advogado como sócio em mais de um escritório na mesma seccional (art. 15, § 4º, Lei n. 8.906/1994). Assim, o dispositivo extralegal do art. 39 seria uma burla na possibilidade de associação.

Como afirmou o magistrado Agenor Martins Pereira, na sentença da Ação Civil Pública n. 0001754-95.2011.5.06.0002: "do ponto de vista jurídico, apesar do que ocorre na prática, compreende-se que a figura intermediária do 'advogado associado' deve estar mais próxima da posição do sócio do que da situação do empregado. Ao contrário do que se costuma ouvir, que o advogado associado é mero empregado sem CTPS anotada, seria mais adequado pensar que o advogado associado deve ser quase um sócio que não consta do quadro da sociedade de advogados. Afinal, nos vagos termos da norma regulamentar, com esta se associa com o escopo de participar nos resultados".

Ao contrário dos que advogam a criação de uma figura de empregado sem CTPS, na feliz expressão acima citada, a norma regulamentar não **retirou o vínculo empregatício quando um advogado for rotulado como associado**. Ao contrário, sempre que uma norma diz "sem vínculo empregatício" ela não estará excluindo a relação de emprego, que deve ser verificada sempre no plano fático. Sempre que ela assim prever estará dizendo que a regra valerá **desde que não se verifique a condição de empregado e empregador, conforme o princípio da primazia da realidade sobre a forma**.[23] Destarte, só será associado aquele que não contiver os requisitos da relação de emprego. O regulamento não deu, como nenhuma lei pode dar, o salvo conduto de se retirar a existência da relação de emprego pela mera formalização de um contrato civil qualquer.

Pode-se bem imaginar como uma sociedade um advogado se juntando a outro para partilharem, em comum proveito, os resultados de determinadas ações, mas nunca, como se tem tentado convencer, de que se criou a figura de um advogado empregado sem direitos. Um advogado criminalista pode se associar a um escritório cível, que lhe passará as causas.

Como vimos, o contrato de associação, previsto no art. 39 do Regulamento da Advocacia, nada mais é do que uma espécie de sociedade. Como afirmam os arts. 5º e 7º do Provimento n. 169 do Conselho Federal da Ordem dos Advogados do Brasil, o contrato de associação é a forma de um advogado, sem a perda de sua autonomia funcional, participar de uma ou mais sociedades de advogados, sem, no entanto, ser membro de uma delas. Assim,

---

(20) "Não há, a princípio, qualquer incompatibilidade entre as figuras do sócio e do empregado, que podem se encontrar sintetizadas na mesma pessoa física." DELGADO, Mauricio Godinho. *Curso de direito do trabalho*. São Paulo: LTr, p. 351.
(21) MAGANO, Octavio Bueno *apud* DELGADO, Mauricio Godinho. *Op. cit.*, p. 353.
(22) DELGADO, Mauricio Godinho. *Op. cit.*, p. 353.
(23) TRT 1ª Região, 7ª Turma, RO 0012900-94.2007.5.01.0073, Relatora Sayonara Grillo Coutinho Leonardo da Silva.

o advogado, sem adentrar ao quadro societário, ou seja, correr o risco da atividade empresarial, pode conjugar esforços com escritórios na participação de resultados de causas e interesses em comum.

Conforme afirmamos, não é um *tertium genrus* entre o empregado e o sócio. É uma forma de associação em algumas causas, participando delas em seus resultados, positivos ou negativos, mantendo-se sempre a autonomia. Ou seja, quando o art. 5º do Provimento n. 169 do Conselho Federal da OAB afirma que o advogado associado não tem vínculo empregatício está a dizer que somente será considerado válido advogado associado que realizar suas atividades sem os requisitos da relação de emprego. Isso fica bem claro no art. 9º do Provimento, que afirma que não serão averbados contratos de associação que contenham os elementos da relação de emprego.

5. Elementos indiciários da inexistência da relação de sociedade

Para se averiguar a natureza da relação entre o advogado e o escritório, deve ser observado, no plano prático, a forma em que a relação se desenvolve. Repita-se: no plano fático, e não em contrato, conforme o princípio da primazia da realidade.

O primeiro prisma a se observar é o da **sociedade**. Como se afirmou acima, há sociedade na união de advogados para a divisão de resultados positivos ou perdas. Assim, a base da relação é a união de esforços para a ocorrência da repartição do resultado das causas em que atuarem.

Há de se observar, assim, se há na relação a chamada *affectio societatis*. Ela ocorre, em uma sociedade de advogados, quando dois ou mais advogados resolvem se unir, angariando clientes e atuando nas causas, com o fim comum de distribuição de seus resultados. Desta forma, observa-se que não há como imaginar a existência da *affectio societatis* quando um já tem os clientes e o outro entra somente com seu labor. Há a necessidade de que a sociedade seja formada com a união dos esforços, e não um somente prestar serviços em favor de outro. A não participação com clientes trazidos ao escritório somente pode ser aceita se o advogado tiver notório saber, com nome reconhecido no meio jurídico. Fora desse caso, há grave indício de não ser sócio, mas advogado empregado.

Outro indício de não cumprimento de *affectio societatis* é a desproporção de retiradas e de cotas em uma sociedade. A sociedade de advogados é uma sociedade de pessoas, e não de capitais. A distribuição, por óbvio, não deve ser equânime, mas deve ser equitativa e equilibrada.[24] Não há a possibilidade de se unirem em sociedade advogados em que um tenha retirada de três milhões de mensais e um suposto sócio com saque de três mil reais. Não há possibilidade de interesse comum. Qual seria o interesse do de três milhões de reais se associar ao de três mil reais?[25]

Outro fator que demonstra a inexistência de uma verdadeira sociedade é a não participação de sócios ou associados nos resultados.[26] Essa participação deve ser equitativa, não podendo identificar mera comissão. Não se trata de comissão, que é própria de empregado, devendo ser de tal monta que se perceba uma distribuição societária no resultado, não podendo, de forma nenhuma, ser leonina em favor do escritório ou de alguns sócios.

Ponto importante a salientar é que mesmo o advogado associado é responsável subsidiária e ilimitadamente pelos danos causados diretamente aos clientes[27], conforme o art. 40 do Regimento Geral da Advocacia.

Ademais, a falta de autonomia própria de um dos sócios pode denotar a inexistência de uma verdadeira relação societária entre as partes. O referido elemento pode ser constatado quando um advogado não puder se fazer substituir por outro advogado além daqueles que pertencem ao escritório,[28] outorgar poderes ou substabelecer,[29] tiver o nível de autonomia incompatível com o contrato de sociedade,[30] quando precisar respeitar e seguir o código de conduta do escritório, com cumprimento de tarefas e obediência a ordens e modo de vestir ou não tiver autonomia para negociar acordos.[31] O advogado que é realmente sócio deve participar da gestão, com poderes de mando inerentes a essa condição.[32]

---

(24) TRT 1ª Região, 8ª Turma, RO 0118500-93.2007.5.01.0012, Relator Marcelo Augusto Souto de Oliveira.
(25) TRT 1ª Região, 10ª Turma, RO 0001151-10.2012.5.01.0072, Relator Célio Juaçaba Cavalcante. TRT 1ª Região, 8ª Turma, RO 0010225-35.2013.5.01.0046, Relator Leonardo Pacheco, TRT 1ª Região, 3ª Turma, RO 0001509-46.2010.5.01.0071, Relator Rildo Albuquerque Mousinho de Brito, TRT 2ª Região, 14ª Turma, RO 00011320520145020040, Relator Manoel Antonio Ariano.
(26) TRT 10ª Região, 3ª Turma, RO 0001544-84.2012.5.10.0006, Relator Douglas Alencar Rodrigues.
(27) TRT 3ª Região, 2ª Turma, RO 00849-2014-001-03-00-7, Relator Sebastião Geraldo de Oliveira.
(28) TRT 1ª Região, 1ª Turma, RO 0000540-81.2011.5.01.0043, Relator Alexandre Teixeira de Freitas Bastos Cunha.
(29) TRT 2ª Região, 17ª Turma, RO 0001352-87.2013.5.02.0088, Relatora Thais Verrastro de Almeida.
(30) TRT 1ª Região, RO 0000842-96.2012.5.01.0004, Relatora Edith Maria Corrêa Tourinho.
(31) TRT 1ª Região, 7ª Turma, RO 0080500-69.2008.5.01.0018, Relatora Claudia Regina Vianna Marques Barrozo.
(32) TRT 1ª Região, RO 0010028-68.2014.5.01.0071, 1ª Turma, Relatora Mery Bucker Caminha.

Em alguns casos também é possível identificar a falta de formalização adequada, quando o contrato de associação não está averbado na OAB[33] ou quando o contrato de associação foi posterior à entrada no escritório,[34] o que representa a falta de *affectio societatis*.

Outro ponto interessante é que o objeto da contratação deve ser pré-determinado por escrito, ou seja, o delineamento prévio das causas em que o associado atuará, com referência a processos, contratante, ramo ou instância.[35]

De toda sorte, ainda que exista a formalização adequada do contrato de sociedade, é necessário investigar se o mesmo representa, de fato, a natureza da relação havida entre os supostos sócios, em atendimento ao princípio da primazia da realidade.

O tempo de trabalho deve ser livre, "devendo se ater apenas ao necessário para o cumprimento das obrigações contratuais, previamente estabelecidas", não havendo possibilidade de qualquer tipo de controle de disponibilidade do advogado ainda que de forma rarefeita.[36]

Nesse sentido, não há a necessidade de investigar a existência de vício de consentimento, uma vez que o contrato de trabalho se firma independentemente da vontade das partes.[37]

É possível até mesmo presumir a existência do referido vício, tendo em vista que o advogado necessita ingressar no mercado de trabalho e sente-se coagido a assinar o referido contrato pela necessidade de conseguir um emprego e, por conseguinte, a sua subsistência, ainda que possa ter conhecimento do que representa. Com efeito, o fato de ser advogado e ter conhecimentos jurídicos, não afasta a possibilidade da coação moral, pela necessidade do trabalho e a proteção do direito do trabalho.[38]

A mera formalização de contratos de associação com advogado não constitui prova suficiente para excluir o vínculo de emprego.[39] O que, de fato, interessa ao Direito do Trabalho é a presença ou não dos requisitos da relação de emprego.

Não há qualquer óbice legal para que profissionais liberais sejam empregados. O fato de constituir um trabalho de cunho intelectual não inviabiliza o reconhecimento do vínculo.[40]

Ademais, as previsões do Estatuto da Advocacia e do Regulamento não se sobrepõem à existência dos requisitos da relação de emprego e ao princípio da primazia da realidade.[41]

Há quem pretenda sustentar que a norma do Conselho Federal que trata de regularização da figura do associado exclui o vínculo de emprego mesmo sem investigar a presença dos requisitos da relação de emprego.

Não obstante, o Conselho Federal da OAB não pode criar norma capaz de afastar a aplicação do direito do trabalho. O art. 2º da CLT que conceitua a figura do empregado e determina quando estará configurada a relação de emprego, não poderá, por certo, ser afastado por norma do Conselho Federal da OAB, em respeito à hierarquia formal entre as normas.

No Direito do Trabalho, segundo o princípio da norma mais favorável, uma norma formalmente inferior somente poderia preponderar sobre uma norma superior para beneficiar o trabalhador, o que evidentemente não é o caso quando se busca utilizar norma do Conselho Federal para afastar a relação de emprego.

De toda sorte, o referido órgão não teria competência para legislar em matéria de Direito do Trabalho.

6. Elementos indiciários da existência da relação de emprego entre o advogado e o escritório de advocacia

Como se disse algumas vezes no texto acima, apesar de importar na descaracterização da sociedade, e, consequentemente, na verificação a relação de emprego, pouco importa se uma relação está constituída formalmente como civil quando no plano fático estiverem presentes os requisitos da relação de emprego.

Assim, o segundo prisma a se observar, e com certeza o mais importante, é o da **relação de emprego**. A relação de emprego, como já se disse, tem seus elementos dispostos nos arts. 2º e 3º da CLT.

Verifiquemos agora os requisitos da relação de emprego, especificamente observando a situação dos advogados.

---

(33) TRT 4ª Região, RO 0000713-13.2013.5.04.0024, Relator Ricardo Hoffmeister de Almeida Martins Costa.
(34) TRT 1ª Região, 1ª Turma, RO 0000540-81.2011.5.01.0043, Relator Alexandre Teixeira de Freitas Bastos Cunha.
(35) TRT 3ª Região, 2ª Turma, RO 00849-2014-001-03-00-7, Relator Sebastião Geraldo de Oliveira.
(36) TRT 3ª Região, 2ª Turma, RO 00849-2014-001-03-00-7, Relator Sebastião Geraldo de Oliveira.
(37) TRT 1ª Região, RO 0000842-96.2012.5.01.0004, Relatora Edith Maria Corrêa Tourinho.
(38) TRT 1ª Região, 4ª Turma, RO 0000895-60.2012+5.01.0042, Relatora Patrícia Pellegrini Baptista da Silva.
(39) TRT 3ª Região, 1ª Turma, RO 00042-2014-182-03-00-7, Relatora Erica Aparecida Pires Bessa.
(40) TRT 1ª Região, 3ª Turma, RO 0001509-46.2010.5.01.0071, Relator Rildo Albuquerque Mousinho de Brito.
(41) TRT 2ª Região, 13ª Turma, RO 0167700-17.2009.5.02.0030, Relator Paulo José Ribeiro Mota.

6.1. Pessoalidade

A pessoalidade é o caráter de infungibilidade no que tange ao empregado, caracterizada pela relação jurídica *intuitu personae* com relação ao prestador de serviços, de quem não se espera se fazer substituir intermitentemente por outra pessoa na realização do labor. Isso quer dizer que substituições eventuais não descaracterização o vínculo empregatício.[42] Ao contrário, se o trabalhador pode se fazer substituir, e assim o faz, **sempre ou de forma costumeira** por outro trabalhador, descaracterizada será a infungibilidade, e, portanto, a própria existência da relação de emprego.

A caracterização da pessoalidade na relação entre um advogado e o escritório se dá por vários indícios, como:

> a) Participação de processo seletivo em escritório, com entrevista e/ou prova.[43] Ora, se há a necessidade de seleção por entrevista, verifica-se que não se busca um sócio, mas sim alguém específico para entrega de tarefas em um escritório.

> b) não poder se fazer substituir por outro advogado que não seja do escritório.[44] A pessoalidade estará caracterizada como indício de relação de emprego sempre que um advogado não puder, de forma intermitente, atribuir as suas funções — como subscrever uma peça, ou participar de audiência — a outro advogado de sua escolha. A possibilidade de se substituir por outro advogado do mesmo escritório nada diz quanto à relação de emprego, pois em uma empresa todos os empregados podem se substituir sem descaracterizar o vínculo de emprego.[45]

> c) exclusividade não é requisito da relação de emprego.[46] Assim, pouco importa para a caracterização da relação de emprego o fato do advogado ter ou poder ter outros clientes fora do escritório no qual é sócio ou associado, pois, além da exclusividade não ser requisito da relação de emprego, o direito do advogado ter clientes é garantido pelo art. 20 do Estatuto da Advocacia (Lei n. 8.906/94), ao prever que o causídico empregado pode ser contratado com ou sem exclusividade, condição que, inclusive, acarreta diferenciação no limite da jornada do trabalhador.[47]

Ao contrário, a exigência de exclusividade é claro indício da existência de relação de emprego.[48] Isto porque a mera exigência de exclusividade demostra que o contrato foi realizado sem a autonomia própria de um advogado, estando ligado obrigatoriamente a uma só fonte de renda, caracterizando o assalariamento. A única exclusividade legalmente imposta é a de não ser sócio de mais de um escritório, não sendo impedimento ter clientes fora do escritório (art. 15, § 4º, Lei n. 8.906/94).

> d) arregimentação de advogados por anúncios em jornal ou por sítios de emprego na internet.[49] Ora, se um advogado procura um escritório a partir de uma ferramenta de busca de emprego, por óbvio não estará procurando — ou mesmo sendo capaz de oferecer — uma sociedade. Como se disse acima, a seleção de advogados indica a existência de uma oferta de emprego, e não de sociedade. A sociedade se oferta a quem se tem afinidade, a *affectio societatis* acima citada, não se permitindo logicamente a arregimentação aleatória e pública.

> e) impossibilidade de realizar subestabelecimento.[50] A impossibilidade de substabelecer poderes demonstra a presença da pessoalidade na prestação do labor, além da falta de autonomia própria de um sócio.

6.2. Onerosidade

Aqui está um dos aspectos mais importantes da diferenciação entre um advogado empregado e um advogado sócio ou associado. A onerosidade, como se sabe, é a

---

(42) DELGADO, Mauricio Godinho. *Curso de direito do trabalho*. 10. ed. São Paulo: LTr, 2011. p. 281-282.
(43) TRT 1ª Região, RO 0000540-81.2011.5.01.0043, Relator Alexandre Teixeira de Freitas Bastos Cunha; TRT 2ª Região, RO 01807.2007.006.02.1, Relatora Mércia Tomazinho.
(44) TRT 1ª Região, RO 0000842-96.2012.5.01.0004, Relatora Edith Maria Corrêa Tourinho; TRT 2ª Região, RO 0000782-02.2011.5.02.00079, Relator Waldir dos Santos Ferro.
(45) DELGADO, Mauricio Godinho. *Op. cit.*, p. 282.
(46) TRT 1ª Região, RO 0000540-81.2011.5.01.0043, Relator Alexandre Teixeira de Freitas Bastos Cunha; TRT 1ª Região, RO 0011391-14.2013.5.01.0043, Relator Marcelo Antero de Carvalho.
(47) TRT 1ª Região, RO 00078-2009-003-01-00-4, Relator Marcelo Augusto Souto de Oliveira; TRT 3ª Região, RO 01764-2012-017-03-00-0, Relator Fernando Luiz G. Rios Neto.
(48) TRT 1ª Região, RO 0001509-46.2010.5.01.0071, Relator Rildo Albuquerque Mousinho de Brito.
(49) TRT 2ª Região, RO 0002981-33.2011.5.02.0067, Relatora Patrícia Therezinha de Toledo.
(50) TRT 2ª Região, RO 0001352-87.2013.5.02.0088, Relatora Thais Verrastro de Almeida.

prestação de labor com o intuito de uma contraprestação de cunho econômico. Quando se forma um contrato de sociedade, a pessoa não está almejando prestar trabalho em troca de uma contraprestação econômica, mas sim contribuir, com bens, capitais ou serviços, para um resultado. O contrato de sociedade, dessa forma, não é oneroso, porque ali se pretende participar de resultados, que podem inclusive ser negativos.

O mero recebimento de quantia fixa mensal já indica a existência da onerosidade e da relação de emprego.[51] Por certo, resultados de qualquer empreendimento societário nunca serão idênticos, ou mesmo pouco variáveis, indicando a existência da tarifação de um trabalho realizado, ou seja, o caráter de prestação de trabalho em troca de prestação de cunho econômico, típico de uma relação laboral, e não societária.

Não basta ser a quantia que recebe o advogado variável: ela deve, de forma objetiva, estar vinculada aos resultados do escritório ou, no caso do verdadeiro advogado associado, ao resultado das causas compartilhadas,[52] como veremos mais detidamente à frente.

Assim, presente a onerosidade, relacionada com a percepção de quantia para a realização do labor advocatício, estaremos frente a uma relação de trabalho.

6.3. Não eventualidade

A exigência de exclusividade, além de influir nos requisitos da pessoalidade e subordinação, também indica a presença da não eventualidade, eis que o advogado deverá se dedicar exclusivamente ao escritório.[53]

Também são indícios da existência da relação de emprego, pela presença do requisito da não eventualidade o desconto por faltas ou atraso ao trabalho[54] e a determinação de retorno ao trabalho de advogado adoentado.[55]

6.4. Subordinação

Como se sabe, o elemento mais forte de distinção entre um trabalhador autônomo (e poder-se-ia dizer, um sócio, apesar das condições de sócio e empregado não serem inconciliáveis) e um empregado é a existência da subordinação jurídica. O critério, em decorrência das reformulações na organização produtiva que não param de acontecer, vem sendo revisitado, ampliado, revisto e atualizado, para dar conta das atuais relações de trabalho que necessitam a proteção do Direito do Trabalho.[56]

Assim, novas dimensões ou formatações da subordinação são detectadas, como a estrutural, reticular ou objetiva, que são meras facetas do poder organizativo, caráter preponderante da existência da subordinação jurídica.[57]

Vejamos com mais vagar os indícios de existência da subordinação jurídica do advogado em relação ao escritório de advocacia.

6.4.1. A subordinação de advogados como trabalhadores intelectuais

A questão da subordinação jurídica de trabalhadores intelectuais sempre foi algo tratado com cuidado pela doutrina, justamente porque ela se apresenta mais sutil e mais tênue. Com a palavra, Alice Monteiro de Barros, quando fala do advogado empregado:

> O fato de executar um trabalho intelectual não descaracteriza o liame empregatício, pois ele consistirá sempre na exteriorização e desenvolvimento da atividade de uma pessoa em favor de outrem. Por outro lado, inexiste incompatibilidade jurídica, tampouco moral, entre o exercício dessa profissão e a condição de empregado; isto porque a subordinação é jurídica e não econômica, intelectual ou social; ela traduz critério disciplinador da organização do trabalho, sendo indispensável à produção econômica. A subordinação que existe no trabalho intelectual não se encontra amiúde nos contratos dos empregados em geral, pois, no primeiro, ela é rarefeita e guarda outras características, como a participação integrativa da atividade do prestador no processo empresarial. Havendo essa

---

(51) TST, RR 75600-87.2008.5.01.0068, Relator Aloysio Corrêa da Veiga; TRT 1ª Região, RO 0001340-43.2011.501.0065, Relator Mafra Lino; TRT 3ª Região, RO 01764-2012-017-03-00-0, Relator Fernando Luiz G. Rios Neto; TRT 3ª Região, 2ª Turma, RO 00849-2014-001-03-00-7, Relator Sebastião Geraldo de Oliveira; TRT 4ª Região, RO 0000350-90.2012.5.04.0014, Relatora Maria Helena Mallmann.
(52) TRT 10ª Região, RO 0001544-84.2012.5.10.0006, Relator Douglas Alencar Rodrigues.
(53) TRT 3ª Região, RO 02538-2014-183-03-00-1, Relator Rogério Valle Ferreira; TST, AIRR 963-42.2011.5.02.0066, Relator Maurício Godinho Delgado.
(54) TRT 4ª Região, RO 0000812-07.2013.5.04.0016, Relator Clóvis Fernando Schuch Santos.
(55) TRT 1ª Região, RO 0000895-60.2012.5.01.0042, Relatora Patrícia Pellegrini Baptista da Silva; TRT 1ª Região, RO 0001509-46.2010.5.01.0071, Relator Rildo Albuquerque Mousinho de Brito; TRT 2ª Região, RO 0002981-33.2011.5.02.0067, Relatora Patrícia Therezinha de Toledo.
(56) PORTO, Lorena Vasconcelos. *A subordinação no contato de trabalho:* uma releitura necessária. São Paulo: LTr, 2009.
(57) DELGADO, Mauricio Godinho. *Op. cit.*, p. 293.

participação integrativa, isto é, sendo a prestação de serviços necessária e permanente, podendo o empregador a qualquer momento contar com os serviços do profissional, a subordinação jurídica se evidencia sob o prisma objetivo.[58]

Interessante também como há alguns argumentos que dizem que os advogados têm discernimento e conhecimento jurídico, o que o impediria de alegar fraude em sua contratação, pois sabiam da ilegalidade da contratação desde o princípio.[59] Ora, tal argumento, além de contrário a todos os princípios do direito do trabalho, ignora a necessidade de inserção no mercado de trabalho e de auferir ganho para a sua sobrevivência, que leva o advogado, como qualquer outro trabalhador, a se submeter a ofertas, mesmo que se sabe ilegais.[60] Ao revés, saber que está sendo lesado é sempre muito pior do que ser lesado e não saber, sendo circunstância agravante no caso da contratação fraudulenta de advogados.

Entretanto, o fato de ser um escritório de advocacia, que deveria ser o primeiro a cumprir com a lei, pelo seu pleno conhecimento, torna gravíssima a situação de manter trabalhadores em contratos fraudulentos para fuga do Direito do Trabalho.[61]

Assim, o advogado, como trabalhador intelectual, tem autonomia técnica para executar suas funções, como detém um físico nuclear, um médico ou um jornalista. A sua autonomia, decorrente da nobreza de suas funções, é determinada por lei. De fato, como impõem os arts. 18 da Lei n. 8.906/94 (Estatuto da Advocacia) e 4º do Código de Ética e Disciplina da OAB, o advogado, mesmo empregado, deve ter assegurada a autonomia técnica.[62]

De fato, estatui o art. 18 da Lei n. 8.906/1994:

> Art. 18. A relação de emprego, na qualidade de advogado, não retira a isenção técnica nem reduz a independência profissional inerentes à advocacia.

Assim, como em toda e qualquer atividade intelectual, a subordinação que o liga ao seu empregador é bem mais sutil, caracterizada muito mais pela inserção na dinâmica organizacional do que por ordens diretas e controle estrito do modo de trabalhar. Essa diluição da subordinação ocorre com ainda mais intensidade com relação ao advogado por conta da natureza da profissão, sendo inerente à advocacia.

Como afirmado acima, o Código de Ética e Disciplina da Ordem dos Advogados do Brasil ressalta a independência, sendo postulado ético obrigatório a ser cumprido, inclusive quando empregado:

> Art. 4º O advogado vinculado ao cliente ou constituinte, **mediante relação empregatícia** ou por contrato de prestação permanente de serviços, integrante de departamento jurídico, ou órgão de assessoria jurídica, público ou privado, deve zelar pela sua liberdade e independência. (grifo nosso)

Assim, para a descaracterização da condição de advogado, não basta a autonomia técnica, mas sim certo nível de autonomia incompatível com o direito do trabalho,[63] levada em conta quanto à sua inserção no escritório, não quanto à realização do seu trabalho.[64] Ao revés, ausente a independência técnica, cabal estará a presença da relação de emprego. A subordinação, no caso dos trabalhadores intelectuais, ela é rarefeita, mitigada ou atenuada.[65]

Portanto, a caracterização do advogado como empregado se dá pela subordinação estrutural, com submissão às regras de funcionamento do escritório, inserindo-se em sua dinâmica como mais uma engrenagem da organização da atividade.[66]

Como afirma Mario Deveali, a concepção de que um advogado não pode ser empregado deriva de concepções antigas, que não levam em conta a realidade moderna, na qual todas as atividades, inclusive de grau superior, tendem a se organizar para melhor lograr seus fins, e, segundo o clássico mestre, "organização não pode existir sem subordinação".[67]

---

(58) BARROS, Alice Monteiro. *Contratos e regulamentações especiais de trabalho*: peculiaridades, aspectos controvertidos e tendências. São Paulo: LTr, 2001. p. 28-29.
(59) TRT 3ª Região, RO 0001762-14.2011.5.03.0016, Relator Alexandre Wagner de Morais Albuquerque.
(60) TRT 1ª Região, RO 0001509-46.2010.5.01.0071, Relator Rildo Albuquerque Mousinho de Brito; TRT 1ª Região, RO 0000895-60.2012.5.01.0042, Relatora Patrícia Pellegrini Baptista da Silva.
(61) TRT 1ª Região, RO 0000693-63.2011.5.01.0060, Relator Jorge Fernando Gonçalves da Fonte.
(62) TRT 1ª Região, RO 0001151-10.2012.5.01.0072, Relator Célio Juaçaba Cavalcante; TRT 1ª Região, RO 0118500-93.2007.5.01.0012, Relator Marcelo Augusto Souto de Oliveira.
(63) TRT 1ª Região, RO 0000522-42.2011.5.01.0049, Relator Leonardo Dias Borges; TRT 4ª Região, RO 0000350-90.2012.5.04.0014, Relatora Maria Helena Mallmann.
(64) TRT 1ª Região, RO 0099900-17.2009.5.01.0024, Relator Rogério Lucas Martins.
(65) TRT 1ª Região, 1ª Turma, RO 0010000-51.2014.5.01.0055, Relatora Maria Helena Motta.
(66) TST, AIRR 963-42.2011.5.02.0066, Relator Maurício Godinho Delgado; TRT 2ª Região, RO 0001075-04.2010.5.02.0015, Relator Francisco Ferreira Jorge Neto; TRT 2ª Região, RO 00000782-02.2011.5.02.0079; TRT 4ª Região, RO 0000713-13.2013.5.04.0024, Relator Ricardo Hofmeister de Almeida Martins Costa; TRT 6ª Região, RO 0001582-93.2011.5.06.0022, Relator Acácio Júlio Kezen Caldeira.
(67) DEVEALI, Mario L. *El derecho del trabajo en su aplicación y sus tendências*. Buenos Aires: Astrea, 1983. t. I, p. 198.

6.4.2. Indícios gerais indicativos da subordinação

Passemos agora a analisar os indícios gerais indicativos da existência da subordinação arrolados pela jurisprudência:

a) atuação somente em processos de cliente do escritório.[68] Ora, no caso do advogado associado, justamente o interesse de associar-se a um escritório é poder dividir os resultados nas causas associadas. Se um advogado associado se ocupa de processos dos clientes do escritório, não há razão para uma sociedade, desejando somente o escritório o labor do associado. O capital do escritório é sua clientela;

b) concentração das cotas em poucos advogados e distribuição das demais em várias cotas pequenas, impossibilitando influenciar nos rumos da sociedade.[69] Esse indício é agregado quando o escritório tem vários advogados nessa situação e nenhum empregado, demonstrando-se claramente a intenção de fuga do direito do trabalho;[70]

c) grande mobilidade no quadro societário.[71] A grande movimentação em um escritório quanto a sócios e associados indica a condição de empregados. Nenhuma sociedade se desfaz com a rapidez e volume da relação de emprego, sendo um indício a se considerar na constatação da fraude;

d) inexistência de punição, autorização para assinar algumas peças processuais mais singelas e possibilidade de recusar justificadamente a atender algum cliente não descaracterizam a subordinação, por não caracterizarem autonomia suficiente para se afirmar como sócio;[72]

e) contratação para a realização de peças processuais.[73] Se o móvel da contratação do advogado foi para a mera feitura de peças processuais, sem participação em reuniões decisórias com os clientes, caracterizado está o vínculo empregatício;

f) coexistência de advogados empregados e sócios ou associados realizando as mesmas funções.[74] A existência, em uma mesma equipe, compartilhando funções, de advogados dito associados ou sócios com advogados empregados, em idêntica situação fática, demonstra a existência da relação de emprego.

6.4.3. Indícios de subordinação relacionados com a remuneração

Passemos agora para os indícios específicos, relacionados com a remuneração.

Como já dissemos, o recebimento de quantia fixa mensal ou pouco variável[75] e não participação nos resultados ou prejuízos da sociedade[76] são indicadores fortes da existência da relação de emprego. A esses indícios, a jurisprudência acrescenta:

a) baixa remuneração.[77] A condição de sócio ou associado pressupõe uma condição melhor do que a de empregado. A percepção de remuneração vizinha ao piso salarial identifica a presença de um assalariado e não um sócio;

b) comparação entre o que recebe o advogado sócio com o faturamento do escritório.[78] Obviamente, quando se fala de baixa remuneração, deve-se comparar com o faturamento do escritório. Se for um escritório de baixo movimento, por certo a divisão do faturamento entre os sócios gerará pequena remuneração. Ao contrário, em um escritório de alto faturamento, a percepção de quantia que isoladamente poderia até ser considerada mediana ou alta, mas em comparação

---

(68) TRT 1ª Região, RO 0000842-96.2012.5.01.0004, Relatora Edith Maria Corrêa Tourinho.
(69) TST, RR 195-91.2011.5.04.0024, Relator Márcio Eurico Vitral Amaro; TRT 1ª Região, RO 0001340-43.2011.5.01.0065, Relator Mafra Lino; TRT 1ª Região, 1ª Turma, RO 0000822-65.2012.5.01.0082, Relator Gustavo Tadeu Alkim; TRT 2ª Região, RO 0000291-85.2011.5.02.0049, Relator Marcelo Freire Gonçalves.
(70) TRT 6ª Região, RO 0000397-89.2012.5.06.0020, Relator André Genn de Assunção Barros.
(71) TRT 1ª Região, RO 0010225-35.2013.5.01.0046, Relator Leonardo da Silveira Pacheco; TRT 1ª Região, RO 0000895-60.2012.5.01.0042, Relatora Patrícia Pellegrini.
(72) TRT 2ª Região, RO 0001075-04.2010.5.02.0015, Relator Francisco Ferreira Jorge Neto.
(73) TST, RR 75600-87.2008.5.01.0068, Relator Aloysio Corrêa da Veiga.
(74) TRT 1ª Região, 3ª Turma, RO 0000932-82.2012.5.01.0076, Relator Leonardo Dias Borges.
(75) TST, RR 75600-87.2008.5.01.0068, Relator Aloysio Corrêa da Veiga; TRT 1ª Região, RO 0010341-07.2013.5.01.0025, Relatora Giselle Bondim Lopes Ribeiro.
(76) TRT 2ª Região, RO 0002981-33.2011.5.02.0067, Relatora Patrícia Therezinha de Toledo; TRT 2ª Região, RO 000029185.2011.5.02.0049, Relator Marcelo Freire Gonçalves, TRT 4ª Região, RO 00200018-10.2013.5.04.0015, Relatora Rejane Souza Pedra.
(77) TRT 1ª Região, RO 0010341-07.2013.5.01.0025, Relatora Giselle Bondim Lopes Ribeiro; TRT 2ª Região, RO 0001352-87.2013.5.02.0088, Relatora Thais Verrastro de Almeida.
(78) TRT 1ª Região, RO 0118500-93.2007.5.01.0012, Relator Marcelo Augusto Souto de Oliveira.

com o total do escritório, e, consequentemente, com os demais ou alguns sócios, é desarrazoadamente menor, estará demonstrada a inexistência de *affectio societatis*;

c) participação de sócio em honorários somente nas causas angariadas pelo advogado.[79] Ao contrário do advogado associado, que participa do resultado das causas em que se associou, o sócio de um escritório deve usufruir do resultado de todo o escritório, e não somente em relação aos processos em que atua, ou cujos clientes foi responsável pela captação. Uma sociedade, como dito, é a junção de esforços para repartição de um resultado;

d) recebimento de ajuda de custo, vale transporte ou vale refeição.[80] Parcelas indenizatórias típicas de empregados demonstram a inexistência da sociedade, demonstrando a total falta de autonomia na prestação do trabalho;

e) remuneração não ligada ao resultado da sociedade.[81] Como foi dito acima, seja como sócio, seja como associado, a intenção deve ser a repartição de resultados. Se a aferição da remuneração não estiver direta e objetivamente ligada a um resultado da sociedade ou da associação, estaremos diante de assalariamento;

f) remuneração vinculada à produção.[82] No mesmo sentido, se a remuneração do advogado é calculada com base em sua produção, seja em relação a número de peças, audiências, reuniões ou mesmo em número de horas, estaremos diante de um advogado empregado;

g) percepção de bônus salarial semestral ou anual.[83] Muitos escritórios alegam que a participação no resultado da sociedade se dá a partir da distribuição de bônus em uma ou duas parcelas anuais. Ora, todas as empresas pagam 13º salário aos seus empregados, e algumas pagam 14º e até 15º salários. Grandes empresas costumam pagar bônus semestrais calculados em números de remunerações percebidas mensalmente, a partir da avaliação de desempenho de cada empregado. Assim, um advogado que perceba essas parcelas em um escritório demonstra a sua aproximação em relação esses altos empregados. Um sócio ou associado, ao contrário, participa de resultado, e não recebe salário ou parcelas salariais baseadas em remuneração mensal.

6.4.4. Indícios de subordinação relacionados com a frequência do trabalho

Como se disse acima, a subordinação em atividades intelectuais é bem mais sutil. Com efeito, também em relação aos horários o advogado empregado pode ser tanto cobrado diretamente em relação à frequência quanto lhe pode ser cobrada somente a produção, havendo maior flexibilidade no horário em que o trabalhador irá executar suas tarefas. Como é cediço, o modo de aferição do salário pode ser por tempo de trabalho à disposição ou por produção, isso em qualquer atividade produtiva, não importando o modo de aferição na caracterização da subordinação. Alguém que trabalha por tarefa ou por produção é tão empregado quanto alguém que é remunerado por tempo à disposição.[84] A característica, inclusive, do trabalhador por tarefa é que no cumprimento de sua missão esse trabalhador não é obrigado a ficar mais tempo no trabalho.[85]

Aqui estão alguns indícios de existência da subordinação em relação a horários encontrados na jurisprudência:

a) cobrança de presença[86]. A cobrança de presença do advogado no escritório demonstra, por si só, a existência da relação de emprego, como, por exemplo, em caso advogado que realiza audiências, a inexistência de pauta pela manhã, se há a obrigatoriedade de ir ao escritório;

---

(79) TRT 1ª Região, RO 0118500-93.2007.5.01.0012, Relator Marcelo Augusto Souto de Oliveira.
(80) TRT 2ª Região, RO 0001929-33.2011.5.02.0089, Relatora Maria José Gibhetti Ordoño Rebello; TRT 2ª Região, RO 0000291-85.2011.5.02.0049, Relator Marcelo Freire Gonçalves.
(81) TRT 2ª Região, RO 0001132-05.2014.50.2.0040, Relator Manoel Antonio Ariano; TRT 3ª Região, RO 01764-2012-017-03*00-0, Relator Fernando Luiz G. Rios Neto; TRT 10ª Região, RO 0001544-84.2012.5.10.0006, Relator Douglas Alencar Rodrigues.
(82) TRT 3ª Região, RO 01764-2012-017-03.00-0, Relator Fernando Luiz G. Rios Neto.
(83) TRT 6ª Região, RO 0000397-89.2012.5.06.0020, Relator André Genn de Assunção Barros.
(84) TRT 1ª Região, RO 00078-2009-003-01-00-4, Relator Marcelo Augusto Souto de Oliveira; TRT 6ª Região, RO 0000397-89.2012.5.06.0020, Relator André Genn de Assunção Barros.
(85) DELGADO, Mauricio Godinho. *Op. cit.*, p. 694.
(86) TRT 1ª Região, RO 0000540-81.2011.5.01.0043, Relator Alexandre Teixeira de Freitas Bastos Cunha; TRT 6ª Região, Ro 0001250-44-2011.5.06.0017, Relator Acácio Júlio Kezen Caldeira.

b) existência de horário de trabalho[87] e controle de horário.[88] De fato, a existência de controle de horário do advogado é algo que define, sem saída, que se trata de um empregado. Entretanto, a mera existência de horário de trabalho, cumprida diuturnamente pelo advogado, demonstra que, de fato, era um trabalhador assalariado;

c) obrigação de justificar ou comunicar faltas ou ausências.[89] A flexibilidade de se ausentar em determinados dias para a realização de tarefas pessoais é própria da relação de emprego intelectual, não eliminando a existência da relação de emprego. Ao contrário, a obrigação do advogado de avisar o escritório sempre que faltar ou se ausentar é indício forte da presença da relação de emprego. Um sócio se ausenta e não necessita se justificar, pois ele é o proprietário e a ninguém deve satisfação;

d) convocação para seminários e treinamentos.[90] Se o advogado é convocado para treinamentos e seminários, há a clara indicação de ser empregado, pois sócio se capacita se bem entender necessário;

e) pautas diárias preestabelecidas e distribuição de trabalho pela estrutura.[91] A existência de distribuição de tarefas pela estrutura do escritório caracterizam a subordinação estrutural, típica das organizações contemporâneas. Ela se apresenta nos escritórios de advocacia na distribuição das pautas de audiência e de peças processuais entre os advogados, por alguém dedicado a essa tarefa. É a simples organização empresarial transposta a um escritório de advocacia;

f) desconto por atraso ou faltas.[92] Estará escancarado o vínculo empregatício se houver desconto de atrasos ou faltas na remuneração do advogado sócio ou associado;

g) estabelecimento de prazo para resposta a e-mails.[93] Ora, o estabelecimento de obrigatoriedade de resposta de e-mails à estrutura do escritório, ou a um supervisor, ou a outro sócio, demonstra a existência de vínculo empregatício. Prazos se determinam a quem se exerce autoridade, seja ela legal, seja ele funcional.

6.4.5. Indícios de subordinação relacionados ao modo de execução do trabalho

A subordinação, seja quanto à dimensão estrutural, seja quanto à clássica, é verificada quando a forma de organização do trabalho é direcionada a partir de diretrizes direta ou indiretamente impostas pela estrutura organizacional. Vejamos exemplos de existência do controle organizacional pelo escritório, caracterizando a subordinação:

a) a subordinação pode ser caracterizada por ordens diretas, cobranças, repreensões, tarefas ou orientações dadas pessoalmente ou por *e-mails*;[94]

b) também é caracterizada a subordinação pela supervisão, correção ou orientação do trabalho,[95] seja das peças processuais,[96] seja do resultado das audiências, além da exigência de prestação de contas de audiências e diligências.[97] Assim, o controle do trabalho pode ser subjetivo, mas também o direcionamento objetivo caracteriza a subordinação;[98]

c) a existência de modelos de petições do escritório, sem liberdade de alteração, bem como a

---

(87) TRT 1ª Região, RO 0001151-10.2012.5.01.0072, Relator Célio Juaçaba Cavalcante; TRT 1ª Região, RO 0000693-63.2011.5.01.0060, Relator Jorge F. Gonçalves da Fonte; TRT 2ª Região, RO 0001075-04.2010.5.02.0015, Relator Francisco Ferreira Jorge Neto.
(88) TST, RR 185-91.2011.5.04.0024, Relator Márcio Eurico Vitral Amaro; TRT 1ª Região, RO 0010225-35.2013.5.01.0046, Relator Leonardo da Silveira Pacheco; TRT 2ª Região, RO 0002981-33.2011.5.02.0067; Relator Patrícia Therezinha de Toledo.
(89) TST, RR 185-91.2011.5.04.0024, Relator Márcio Eurico Vitral Amaro; TRT 1ª Região, RO 0010341-07.2013.5.01.0025, Relatora Giselle Bondim Lopes Ribeiro.
(90) TRT 1ª Região, RO 0010225-35.2013.5.01.0046, Relator Leonardo da Silveira Pacheco.
(91) TRT 1ª Região, RO 0080500-69.2008.5.01.0018, Relatora Cláudia Regina Vianna Marques Barrozo; TRT 2ª Região, RO 0002722-89.2010.5.02.0029, Relator Ricardo Artur Costa e Trigueiros.
(92) TRT 2ª Região, RO 0002981-33.2011.5.02.0067, Relatora Patrícia Therezinha de Toledo.
(93) TRT 3ª Região, RO 02538-2014-183-03-00-1, Relator Rogério Valle Ferreira.
(94) TRT 1ª Região, RO 0000842-96.2012.5.01.0004, Relatora Edith Maria Correa Tourinho; TRT 1ª Região, RO 0000069-69.2011.5.01.0074, Relator Marcos Palácio; TRT 2ª Região, RO 0167700-17.2009.5.02.0030, Relator Paulo José Ribeiro Mota.
(95) TST, RR 195-91.2011.5.04.0024, Relator Márcio Eurico Vitral Amaro; TST, RR 102900-48.2007.5.04.0012, Relator Mauricio Godinho Delgado.
(96) TRT 4ª Região, RO 0020018-10.2013.5.04.0015, Relatora Rejane Souza Pedra.
(97) TRT 1ª Região, RO 0001184-34.2011.5.01.0072, Relator José Antonio Piton; TRT 2ª Região, RO 0001075-04.2010.5.02.0015, Relator Francisco Ferreira Jorge Neto; TRT 2ª Região, RO 0002722-89.2010.5.02.0029, Relator Ricardo Artur Costa e Trigueiros.
(98) TST, AIRR 963-42.2011.5.02.0066, Relator Mauricio Godinho Delgado.

impossibilidade de liberdade de aplicação de teses jurídicas representam a presença da subordinação;[99]

d) monitoramento ou controle de uso do telefone e *e-mail* indicam a existência da relação de emprego, pois nenhum sócio ou associado é constrangido na utilização dos meios materiais de realização da função advocatícia;[100]

e) a existência de avaliação anual e metas a serem atingidas indicam a condição de empregado;[101]

f) ausência de autonomia para escolha de horários de viagens.[102] Se o advogado não pode nem mesmo escolher qual voo e em que horário realizará viagens pelo escritório, não se pode considerá-lo como sócio.

6.4.6. Indícios de subordinação relacionados com o poder punitivo

O poder punitivo do empregador é uma das facetas do poder empregatício, que, por sua vez, é o outro lado da moeda da subordinação. Segundo a jurisprudência, no caso dos advogados o poder punitivo pode ser encontrado:

a) repreensões, pessoalmente ou por *e-mail*;[103]

b) advertências;[104]

c) sistema de multas pecuniárias para faltas funcionais;[105]

d) desconto por faltas ao trabalho;[106]

e) documentos que alertam sobre indisciplina e insubordinação.[107]

6.4.7. Indícios de subordinação relacionados com a organização empresarial do escritório

Como se disse acima, a submissão à organização empresarial de um escritório de advogado impõe a condição de empregado. Vejamos o que a jurisprudência diz sobre isso:

a) estrutura de empresa.[108] A estruturação de um escritório como empresa, com distribuição objetivas de tarefas, mobiliário e instrumentos de trabalho concedidos pelo escritório e puro labor desenvolvido pelo advogado indicam a condição de empregado;

b) código de conduta do escritório, com cumprimento de tarefas e obediência a ordens e modo de vestir.[109] Se um sócio não puder escolher a própria roupa que vai vestir no trabalho, ele não é nada mais do que trabalhador subordinado. Se há código de conduta a seguir, a subordinação estrutural está mais do que provada;

c) a mera existência de função de coordenador, supervisor ou gerente já prova a existência da relação de emprego, pela existência de estrutura hierarquizada no escritório;[110]

---

(99) TRT 1ª Região, RO 0001509-46.2010.5.01.0071, Relator Rildo Albuquerque Mousinho de Brito; TRT 2ª Região, RO 0002722-89.2010.5.02.0029, Relator Ricardo Artur Costa e Trigueiros.
(100) TRT 1ª Região, RO 0010225-35.2013.5.01.0046, Relator Leonardo da Silva Pacheco; TRT 2ª Região, RO 0002981-33.2011.5.02.0067, Relatora Patrícia Therezinha de Toledo.
(101) TRT 1ª Região, RO 0080500-69.2008.5.01.0018, Relatora Claudia Regina Vianna Marques Barrozo; TRT 6ª Região, RO 0000397-89.2012.5.06.0020, Relator André Genn de Assunção Barros; TRT 6ª Região, RO 0001754-95.2011.5.06.0002, Relatora Dinah Figueiredo Bernardo.
(102) TRT 4ª Região, RO 0000827-34.2013.5.04.0029, Relator João Alfredo Borges Antunes de Miranda.
(103) TRT 1ª Região, RO 0000842-96.2012.5.01.0004, Relatora Edith Maria Corrêa Tourinho; TRT 1ª Região, RO 0000069-69.2011.5.01.0074, Relator Marcos Palácio; TRT 2ª Região, RO 0167700-17.2009.5.02.0030, Relator Paulo José Ribeiro Mota.
(104) TRT 2ª Região, RO 0000397-89.2012.5.06.0020, Relator André Genn de Assunção Barros.
(105) TRT 3ª Região, RO 02538-2014-183-03-00-1, Relator Rogério Valle Ferreira.
(106) TRT 3ª Região, RO 02538-2014-183-03-00-1, Relator Rogério Valle Ferreira.
(107) TRT 10ª Região, RO 0001086-12.2013.5.10.0013, Relator Denilson Bandeira Coelho.
(108) TRT 1ª Região, RO 0010225-35.2013.5.01.0046, Relator Leonardo da Silveira Pacheco.
(109) TST, RR 963-42.2011.5.02.0066, Relator Mauricio Godinho Delgado; TRT 1ª Região, RO 0080500-69.2008.5.01.0018, Relatora Claudia Regina Vianna Marques Barroso; TRT 3ª Região, RO 02538-2014-183-03-00-1.
(110) TST, RR 75600-87.2008.5.01.0068, Relator Aloysio Corrêa da Veiga; TRT 1ª Região, RO 0011015-54.2013.5.01.0002, Relator Jorge Fernando Gonçalves da Fonte; TRT 2ª Região, RO 0000782-02.2011.5.02.0079, Relator Waldir dos Santos Ferro; TRT 2ª Região, RO 0000842-14.2013.5.02.0011, Relator Daniel de Paula Guimarães; TRT 4ª região, RO 0000812-07.2013.5.04.0016, Relator Leonardo Meurer Brasil.

d) a subordinação estrutural pode ser verificada pela submissão às regras do escritório.[111] Mais uma vez, observa-se que as regras não precisam ser ditadas por uma chefia direta, mas sim pela existência de ritos e procedimentos abstratos criados pela estrutura, limitando ou retirando a liberdade de atuação do advogado, ou seja, patente a sujeição característica da relação de emprego;

e) a existência de quadro de carreira entre sócios e associados, com promoção dentro do escritório, é indicativo de que a relação é de emprego.[112] Não há a possibilidade de existir "sócio júnior", "sócio pleno", "sócio sênior", sendo características de plano de carreira de uma empresa.[113]

7. Conclusão

As relações de trabalho em escritório de advocacia seguem as mesmas constrições e influências da competitividade do estágio atual do capitalismo. A competição desenfreada faz com que escritórios de advocacia assalariem advogados, mas formalmente contratando-os como sócios ou associados, em fuga ao direito do trabalho.

O Direito do Trabalho, por sua vez, cumprindo o seu papel de regulador da concorrência, não permitirá que a luta pelos clientes seja realizada de maneira desleal, com descumprimento do patamar mínimo civilizatório garantido a todos os que são utilizados como mão de obra em todos e qualquer empreendimento econômico. A livre iniciativa, como toda forma de liberdade, nunca é irrestrita, sendo sempre vinculada à sua função social, bem como à liberdade dos demais. No caso da contratação de trabalhadores, a garantia do patamar mínimo civilizatório garantido pelo Direito do Trabalho é constrição a toda atividade econômica para garantia da concorrência leal e não predatória.

As figuras jurídicas de sócio e associado de escritório de advocacia não existem legalmente — nem podem ser utilizados — como uma rota de desvio do Direito do Trabalho, mas sim para albergar relações realmente de associação entre profissionais autônomos. Não há nada de novo aqui: contratos civis só têm validade no mundo jurídico se não resultarem na prática em uma relação de emprego. Isso se dá para advogados, para técnicos de enfermagem, médicos, jornalistas, técnicos de manutenção, atendentes de telemarketing ou qualquer outra profissão.

A especificidade dos advogados se dá justamente por ser uma atividade intelectual, com autonomia técnica garantida por lei, inclusive na condição de empregado. Assim, aí está a especificidade das relações entre advogado e empregador: a subordinação jurídica sempre será mais sutil, mais tênue, ligada a elementos de assalariamento e organização da atividade do escritório.

Ao fim e ao cabo, em um mercado predatório e altamente desregulado, o Direito do Trabalho serve à garantia da dignidade da profissão de advogado, atualmente aviltada — pasme-se — pelos próprios advogados, pelos seus pares, que deveriam ser os primeiros a valorizar a profissão exaltada em nossa Constituição como essencial à administração da Justiça (art. 133, Constituição da República Federativa do Brasil de 1988).

---

(111) TRT 2ª Região, RO 0000713-13.2013.5.04.0024. Relator Ricardo Hofmeister de Almeida Martins Costa.
(112) TRT 1ª Região, RO 0001184-34.2011.5.01.0072, Relator José Antonio Piton.
(113) TRT 2ª Região, RO 0000291-85.2011.5.02.0049, Relator Marcelo Freire Gonçalves; TRT 2ª Região RO 0001829-33.2011.5.02.0089, Relatora Maria José Bighetti Ordoño Rebello.

A História se Repete: o Retorno do Ataque a Justiça do Trabalho

Benizete Ramos de Medeiros[*]

"À medida que o homem faz da busca do dinheiro sua meta suprema, ele se embrutece e se desumaniza."

B. Calheiros Bomfim

Esse texto é inspirado em Benedito Calheiros Bomfim, um grande defensor dos Direitos Sociais e da Justiça do Trabalho. Passou pelas diversas fases da sua estruturação e das tentativas de reducionismo dos direitos sociais, sempre ombreando as lutas em seus 100 anos de existência, sem, contudo, ter presenciado o final do capítulo atual da história quanto à tentativa de desmonte da Justiça do Trabalho objeto deste ensaio, uma vez que veio a falecer no mês de maio de 2016.

Passados 20 anos da era FHC, em cujo período neoliberal a palavra de ordem era o estado mínimo com redução de direitos sociais, com ousados projetos encomendados pelo capital estrangeiro e acolhido pelo governo brasileiro, inclusive de extinção da própria Justiça do Trabalho, a sociedade brasileira se vê às voltas com as mesmas ameaças.

1. Rápidas considerações sobre o período neoliberal e as teorias neoliberais

O neoliberalismo caracteriza-se por apoio a uma maior liberalização econômica, privatização, livre comércio, mercados abertos, desregulamentação e reduções nos gastos do governo a fim de reforçar o papel do setor privado na economia.

Essa ideologia era no final da década de 1980, década de 1990 e primeira década do século XXI orientada pelo capitalismo norte-americano. Nele, pregava-se a formação de blocos econômicos, fim das taxas alfandegárias e abertura completa de mercados. Assim, sedimenta-se o mundo globalizado, que se iniciara anteriormente, estabelecendo-se o cenário perfeito para as transações, sob a ótica dos interesses econômicos, primordialmente, tornando atraente ao capital estrangeiro.

Com essa perspectiva, os princípios do neoliberalismo eram os ditames internacionais, tendo como lógica o estado mínimo, a flexibilização e redução de direitos sociais com proposição de terceirizações, contratações temporárias, reformas previdenciárias e trabalhistas em geral e também de extinção da Justiça do Trabalho no Brasil, tida como grande óbice a implantação do sistema.

Com declínio do *welfare state*[1] os pontos fortes desse movimento são a perda da força do intervencionismo estatal e a valorização do mercado, com o intuito

---

[*] Advogada trabalhista; professora de Direito do Trabalho e Processo do Trabalho; doutora em Direito e Sociologia; mestre em Direito; presidente da delegação brasileira da Associação Luso-brasileira de Juristas do Trabalho — JUTRA; diretora da ABRAT; membro-secretária da comissão de Direito do Trabalho do IAB.

[1] Do *welfare state* — estado de bem-estar social; organização política e econômica que coloca o Estado como agente da promoção social e organizador da economia. Nessa orientação, o Estado é o agente regulamentador de toda a vida e saúde social, política e econômica do país em parceria com sindicatos e empresas privadas, em níveis diferentes, de acordo com o país em questão. Cabe ao Estado do bem-estar social garantir serviços públicos e proteção à população.

de atrair o capital estrangeiro. Reduz-se, então, o estado de bem-estar social, de políticas assistencialistas, sempre com atenção à estabilidade financeira, com redução dos encargos sociais e tributários.

A lógica neoliberal no dizer de Kpstein[2]: "justamente no momento em que os trabalhadores mais necessitam do Estado-Nação como amortecedor, para absorver os choques da economia mundial, ele os está abandonando".

Tentando compreender o início dessa onda no mundo, se acerca de Hobsbawm[3], para quem a avassaladora transformação não foi pontual, tampouco numa única década. Seu início ocorreu, segundo ele, "em algum momento no último terço do século XX, a larga vala que separava as pequenas minorias dominantes modernizantes ou acidentalizantes dos países do Terceiro Mundo do grosso de seus povos começou a ser tapada pela transformação geral de suas sociedades".

Adverte ainda que as transformações ocorridas com a globalização econômica nos países em subdesenvolvimento, no qual não era possível identificar o início de tudo quando aconteceu, ou quando se "tomou a nova consciência dessa transformação". Ao contrário, nos Estados Unidos, o fenômeno já começara na década de 1960 e era entendido, embora acelerando-se nas décadas seguintes e de forma menos visível nos países de terceiro mundo. Com isso, houve "grande salto avante" da economia mundial capitalista, que não só dividiu e perturbou o terceiro mundo, mas também levou os habitantes para um mundo moderno.[4]

O Brasil aderiu a esse movimento em novembro de 1989, no chamado consenso de Washington, quedando-se às imposições do FMI, Banco Mundial; Banco Interamericano de Desenvolvimento. A partir de então, no Brasil, iniciaram-se os cortes orçamentários na saúde, na educação e nas políticas mais sociais.

Frei Beto[5], prega que o capitalismo é "uma religião laica fundada em dogmas" com pouca credibilidade. Seu caráter social durou até o final dos anos 1970, com a crise do petróleo, com os golpes dos Estados para estancar o avanço de conquistas sociais, cooptação dos sociais democratas, fim dos Estados de bem-estar social, utilização da dívida externa como forma de controle dos países periféricos (FMI, OMC). A partir daí, nasceu o neoliberalismo, considerado, para muitos, um estágio natural e avançado da civilização. E mais, numa análise mais lúdica e comparativa com a globalização, contrapõe que,

O capitalismo transforma tudo em mercadoria, bens e serviços, incluindo a força de trabalho. O neoliberalismo o reforça, mercantilizando serviços essenciais, como os sistemas de saúde e educação, fornecimento de água e energia, sem poupar os bens simbólicos — a cultura é reduzida a mero entretenimento; a arte passa a valer, não pelo valor estético da obra, mas pela fama do artista; a religião pulverizada em modismos; as singularidades étnicas encaradas como folclore; o controle da dieta alimentar; a manipulação de desejos inconfessáveis; as relações afetivas condicionadas pela glamourização das formas; a busca do elixir da eterna juventude e da imortalidade através de sofisticados recursos tecnocientíficos que prometem saúde perene e beleza exuberante.[6]

Süssekind, faz importante e afinada reflexão entre globalização e neoliberalismo, apontando diferenças e ponderando acerca do que provocou a polêmica entre os defensores do Estado Social e os do Estado liberal.

Os neoliberais pregam a omissão do Estado, desregulamentando, tanto quanto possível, o Direito do Trabalho, a fim de que as condições do emprego sejam ditadas, basicamente, pelas leis de mercado. Já os defensores do Estado social, esteados na doutrina social da igreja ou na filosofia trabalhista, advogam a intervenção estatal nas relações de trabalho, na medida necessária à efetivação dos princípios informadores da justiça social e à preservação da dignidade humana.[7]

Para Boito[8], a década de 1990 é dos governos neoliberais no Brasil. Iniciada no governo Collor, foi Fernando Henrique Cardoso (FHC) quem "seguiu as pegadas", ampliando e aprofundando. É marcada pela alternância de baixo crescimento e recessão e "aumento inaudito de desemprego". No plano político, caracterizada pela ofensiva das forças conservadores, dificultando as lutas sindicais. Em consequência disso, surgiram novos agru-

---

(2) KAPSTEIN, Ethan B. Os trabalhadores e a economia mundial. In: *Fareig Affairs*, edição brasileira, n. 1. Publicado no jornal da *Gazeta Mercantil* em 11 de outubro de 1996.
(3) HOBSBAWM, Eric. *Era dos extremos*: o breve século XX 1914-1991. Tradução Marcos Santarrita. 2. ed. São Paulo: Companhia das Letras, 1996. p. 353-358-359.
(4) *Ibidem*, p. 356-358.
(5) BETO, Frei. *O que é o neoliberalismo*. Disponível em: <http://www.adital.com.br/site/noticia.asp?long=pt&cod=15768/>. Acesso em: 16.8.2013.
(6) *Idem*.
(7) SÜSSEKIND, Arnaldo. O futuro do direito do trabalho no Brasil. *Revista LTr*, v. 64-10, p. 1033, 2000.
(8) BOITO JUNIOR, Armando. O neoliberalismo e o corporativismo do Estado no Brasil. In: ARAUJO, Angela Maria Carneiro (coord.). *Do corporativismo ao neoliberalismo*: estado e trabalhadores no Brasil e na Inglaterra. Coleção Mundo do Trabalho. São Paulo: Boitempo, 2002. p. 54-65.

pamentos de cúpula, ou seja, as centrais sindicais, sendo a mais importante a Força Sindical, que aderiu, em grande parte, à plataforma neoliberal.

Dessa maneira, o Brasil do Governo Fernando Henrique Cardoso, autointitulado socialdemocrata, foi o ápice das ideias neoliberais, porque se compreendia que o Estado de Bem-Estar Social já era incapaz de conviver com as mudanças sofridas e necessárias para o avanço. A repercussão nos demais países subdesenvolvidos e a luta pela contenção da inflação, porém, gerou, muitas vezes, recessão, desemprego e redução dos direitos sociais. Não era o que pensava o ex-presidente Fernando Henrique Cardoso[9]:

> A globalização está multiplicando a riqueza e desencadeando forças produtivas numa escala sem precedentes. Tornou universais valores como a democracia e a liberdade. Envolve diversos processos simultâneos: a difusão internacional da notícia, redes como a internet, o tratamento internacional de temas como o meio ambiente e direitos humanos e a integração econômica global.

Ao contrário das promessas, o desemprego nesse período esteve instável, inspirando o trabalho informal e a rotatividade da mão de obra. Segundo o panorama feito por Amorim e Araújo:

> A face do mercado de trabalho brasileiro começou a mudar na segunda metade da década de 1990. A taxa de desemprego, que era relativamente baixa na década de 1980, começou a se elevar. De acordo com os dados da Pesquisa Nacional por Amostra de Domicílios (PNAD), no universo das pessoas de 16 a 59 anos, a taxa de desemprego no Brasil foi de 9,2% em 2002 contra 6,2% em 1995, enquanto a taxa de participação foi de 73,3% em 2002 contra 73,2% em 1995. Portanto, a taxa de participação não parece ser um elemento que esteja pressionando a taxa de desemprego geral. Outro fenômeno importante por trás do problema do desemprego é a destruição de postos de trabalho ocasionada pela reestruturação produtiva das empresas brasileiras (fenômeno observado notadamente na indústria), um processo desencadeado, em grande parte, como reação à abertura comercial iniciada no início da década de 1990.[10]

Dialogando com Boito[11], que propõe um balanço das transformações do período no Brasil e na América latina, chega-se à síntese de que, no plano político, promoveu a abertura comercial, privatização da produção de mercadoria e serviços e desregulamentação do mercado de trabalho com redução de gastos sociais do estado. Houve destruição dos empregos em razão da redução do déficit comercial com o exterior e a mercantilização da educação e da saúde.

Tentou-se, sofregamente, a desregulamentação selvagem dos contratos trabalhistas. Estimulou-se a concorrência entre empresas nacionais e estrangeiras e, portanto, a regulação do contrato de trabalho (jornada, RSR, férias). Enrijecido, deformou o livre jogo da oferta e da procura e a liberdade contratual entre empregado e empregador, porque, para essa lógica: "O mercado é o lugar da eficiência e da liberdade individual enquanto o estado é o lugar de ineficiência e de privilégios".

Com isso, foram criados programas como o PROER para promover apoio a alguns setores, sobretudo a bancos em dificuldades. Por outro lado, propôs-se a redução das áreas que interessavam, principalmente aos trabalhadores, como educação, saúde, previdência e regulação do mercado de trabalho. As classes dominantes, as grandes empresas e os monopólios nacionais e estrangeiros continuam formando o grupo mais diretamente beneficiado pela política econômica e social do governo. Assim sendo, para a maioria dos trabalhadores, a situação criada pela política neoliberal é extremamente desfavorável e complexa.[12]

Num paralelo importante e direto com o Direito Trabalho, Süssekind[13], elaborado e assumido defensor da manutenção da intervenção do estado nas relações sociais do trabalho, estabelece a diferença entre desregulamentação e flexibilização, as quais, de acordo com ele, não se confundem. A desregulamentação "defende a inexistência da maioria das normas. E, infelizmente, cresce o número de seus defensores, numa orquestração de inegável reflexo na mídia". A flexibilização constitui uma redução mitigada da intervenção do Estado.

O autor segue, aduzindo que "os adeptos do Estado social, entre os quais me incluo, admitem, apenas nesta

---

(9) CARDOSO, Fernando Henrique. O que é a globalização que provoca tantos medos e o que se esperar dela. *Revista Veja* [S.l.], caderno Economia e Negócios, p. 82, 3 de abril de 1996. [Arquivo]
(10) AMORIM, Bruno Marcus F. e ARAUJO, Herton Ellery. Economia solidária no Brasil: novas formas de relação de trabalho? *Nota Técnica do IPEA*. Disponível em: <http://www.ipea.gov.br/portal/images/stories/PDFs/mercadodetrabalho/mt_24i.pdf>. Acesso em: 15.2.2015.
(11) BOITO JUNIOR, *Op. cit.*, p. 64-6.
(12) *Ibidem*, p. 65.
(13) SÜSSEKIND, *Op. cit.*, p. 1233.

fase da história sócio econômica, a redução do grau de intervenção da lei nas relações de trabalho", com o fim de que os sistemas de proteção indisponíveis estabeleçam um mínimo de proteção, para garantir a dignidade do trabalhador. Para ele, a flexibilização, perante os representantes dos agentes sociais, deve ter por objetivo, e só assim se justifica: a) atendimento a peculiaridades regionais, empresariais e profissionais; b) implementação de nova tecnologia ou de novos métodos de trabalho; c) preservação da saúde econômica da empresa e dos respectivos empregos.[14]

Bomfim[15] afirma que, nessa esteira, caminhamos na omissão do Estado que se submete aos ditames neoliberais dos países e organismos internacionais, em um verdadeiro esvaziamento. Assim, deixa, aos atores sociais, o papel principal de decidirem sobre seus destinos, relegando ao comércio internacional a liberdade de propostas de redução de custo social.

Alguns outros autores traduzem de forma mais contundente e pessimista essa era.

Portanto, forçoso deduzir que o movimento das associações, notadamente as que estão envolvidas, direta ou indiretamente, nas relações capital e trabalho, tem um campo mais amplo e, ao mesmo tempo, mais provocativo do ponto de vista das necessidades de se cobrar dos poderes constituídos, em incansável militância para manutenção de direitos conquistados. Compreende-se, então, que desregulamentar direitos trabalhistas e sociais para atender e adequar ao capital é retrocesso.

1.1. Correntes defensoras do neoliberalismo à época

Nem todos os pensadores da época entendiam que a globalização e o neoliberalismo eram nocivos; ao contrário, traduziam o necessário avanço. Nessa linha de pensamento contrário está Romita que faz uma análise do período político e social em que os direitos trabalhistas foram criados, criticando a manutenção do protecionismo estatal do início, sobretudo em épocas de grandes transformações, e que, se o país é Estado democrático de direito, deve se alijar dos "resquícios de autoritarismo e de corporativismo que ainda matizam as relações de trabalho, quer no plano individual quer no coletivo". Chama de nefasta a influência paternalista e protecionista, valorizando a via da negociação coletiva como forma de estabelecer as condições de trabalho. Veja-se:

A rigidez imposta pela Constituição ao trato das questões de trabalho, assim no plano individual como no coletivo, também não se ajusta à crise econômica que o País atravessa. Após a eclosão da crise econômica mundial, três orientações principais se deparam ao movimento sindical. A primeira opção, fundada na luta de classes, propõe-se assegurar a defesa dos benefícios já conquistados e, na medida das possibilidades, obter os possíveis progressos. A segunda linha sindicalista consiste em aderir às adaptações moderadas e às políticas de austeridade. Enfim, uma terceira estratégia pressupõe a articulação de concessões recíprocas mediante a celebração de um pacto social que abrigaria reformas de estruturas e novos arranjos em plano nacional. Cabe aos diretamente interessados a opção pelo caminho que entenderem mais profícuo.[16]

Para sustentação dessa filosofia, os neoliberais apontavam, como os culpados pela crise econômica e alta da inflação, o poder sindical e os movimentos operários, com as reinvindicações de melhoras. Com isso, a única alternativa defensável era a do estado mínimo em face dos direitos sociais e trabalhistas e, passivo em face dos lucros e da lei de mercado. Portanto, o modelo adotado, com efeito, foram as privatizações, a desregulamentação dos mercados, a descentralização, a flexibilização dos direitos trabalhistas, a globalização por blocos transnacionais.

2. A primeira tentativa de extinção da Justiça do Trabalho — Relembrando os fatos

Para que a ideia do Estado neoliberal da intervenção mínima prevalecesse, era necessário um outro avanço de alteração ainda mais arrojado, ou seja, extinguir o Judiciário Trabalhista como instituição especializada e independente. Nesse período de neoliberalismo, essa seção do judiciário não ficou indene, já que vinha sofrendo críticas que iam desde o alto custo para o governo até mesmo a desnecessidade e importância para a sociedade. Para atingir esse propósito de extinção, surgiu no ano de 1992, a Proposta de Emenda Constitucional n. 96-A, de autoria do deputado Helio Bicudo (PT)[17], de São Paulo, com profundas alterações no Judiciário brasileiro. O Poder Legislativo contava as assinaturas para iniciar a comissão parlamentar da CPI do Judiciário.

---

(14) SÜSSEKIND, *Op. cit.*, p. 1233.
(15) BOMFIM, Benedito Calheiros. Globalização, flexibilização e desregulamentação do direito do trabalho. In: *Globalização, neoliberalismo e direitos sociais*. Rio de Janeiro: Destaque, 1997. p. 38.
(16) ROMITA. Arion Sayão. *A septuagenária consolidação das leis do trabalho*. Versão atualizada do artigo publicado pelo professor Arion Sayão Romita. Disponível em: <http://www.trt1.jus.br/web/guest/clt-50-anos>.
(17) PFL/BA. Relatório do Senador Paulo Souto. *Proposta de EC n. 96-A*. Disponível em: <http://www.camara.gov.br/proposicoesWeb/fichadetramitacao?idProposicao=14373->. Acesso em: 10.10.2014.

No senado, o Senador Paulo Souto (PFL/BA)[18] advogou os graves problemas estruturais que, segundo ele colocavam em risco os Poderes da República. Seriam eles, principalmente, os relacionados aos gastos excessivos com obras e com pessoal, especificamente em relação à Justiça do Trabalho. Além disso, identificavam-se outros pontos, como a lentidão, a corrupção, o nepotismo e o perfil conservador e ineficiente.

De acordo com a CPI, a Justiça do Trabalho tinha, à época, um gasto de R$ 3,5 bilhões. Estimava-se, pois, o custo de um processo trabalhista em cerca de R$ 1,6 mil, ou seja, em mais de um ano de salário, por trabalhador; equivalente, então, a doze salários mínimos. O relatório propôs também a extinção dos juízes classistas sob o argumento da "absoluta inutilidade".

Quanto aos juízes togados, deveriam ser transferidos para uma vara federal. Nesse aspecto, Pedro Lenza faz a seguinte análise:

> Os juízes trabalhistas concursados e togados que hoje presidem as Juntas devessem ser integrados à Justiça Federal, perdendo seu caráter de juízes especializados em causas laborais. Devendo passar a constituir Vara de Justiça Comum, decidindo sobre todo tipo de ação.[19]

A conclusão era forte e perigosa, do ponto de vista de convencer a sociedade de que a extinção seria o ideal para reorganização com outra Justiça e que essa alteração traria mais benefícios ao Direito do Trabalho e credibilidade dos trabalhadores. Os debates ocorreram, com pareceres e transformações no número da PEC original. Ainda conforme Lenza[20], o primeiro relator da PEC n. 29/2000, o Senador Bernardo Cabral, emitiu importantes pareceres, de n. 538 e 1.035/2002, ambos aprovados pela Comissão de Constituição, Justiça e Cidadania (CCJ).

Se o Judiciário pode controlar o Poder Legislativo e se é a Justiça do Trabalho, por excelência, quem controla e aplica a legislação social, atenta, quase sempre, aos princípios que a criaram, então o melhor seria extinguir a Justiça do Trabalho. Essa era a lógica capitalista seguindo a intenção neoliberal. Do ponto de vista da intenção de se estabelecer a era da prevalência do capital em detrimento do social, com efeito extinguir a Justiça do Trabalho se apresentava como teoria que parecia razoável, um grande aliado ao sistema.

Essa mudança estrutural na Justiça do Trabalho não agradava ao grupo de advogados trabalhistas, porque perderiam o ambiente em que foram criados, no qual o primado da especialização era — e é — a tônica. Inclusive, atentos a todas as formas de desmontes da legislação protetiva, estavam alguns de seus nobres defensores, os quais escreveram e discutiram, em forma de oposição. Veja-se o que Süssekind[21] admoesta:

> Num mundo em acelerada transmutação, a sabedoria do estadista deve consistir em harmonizar o econômico com o social e o financeiro [...]. Numa economia gerida exclusiva ou prevalentemente pelas leis do mercado, tudo é considerado mercadoria. É a "coisificação" do ser humano, o qual em face do preceituado no art. 1º da nossa Constituição, deve ter preservada a sua dignidade. Se não é possível conceber a civilização à margem do Direito, certo é que não deve ser qualificado de civilizado um mundo ou um país em que o Direito seja iníquo. Urge pôr a economia a serviço da humanidade.

Partindo-se do pensamento avançado de que a economia existe para o homem, e não o inverso, assim como tanto o jurídico não pode negar o econômico quanto o contrário não pode ocorrer, vislumbra-se, assim, um caminho menos aflitivo na busca da paz social.

2.1. A virada com a ampliação da competência da Justiça do Trabalho

Após alguns anos, a ideia original de extinção da Justiça do Trabalho foi abolida, e a PEC n. 96-A, posteriormente, tomou nova numeração, PEC n. 29/2000, finalmente foi aprovada em 17 de novembro de 2004 e promulgada, com diversas alterações, em 08 de dezembro de 2004, como Emenda Constitucional n. 45/2004. Os últimos relatores foram a deputada federal Zulaiê Cobra e o Senador José Jorge, respectivamente. Seja como for, após 12 anos de tramitação, a reforma constitucional do sistema judicial efetivou-se com a aprovação da emenda que alterou vários pontos da estruturação/atuação dos órgãos envolvidos com a distribuição da justiça no Brasil. Ainda que o Poder Judiciário tivesse sido seu principal alvo, a emenda também afetou outros órgãos, como o Ministério Público do Trabalho.

Quanto à Justiça do Trabalho, ao contrário da tentada extinção ou da incorporação a órgãos de outro poder do judiciário, sofreu, em sua estrutura, profunda

---

(18) SENADO FEDERAL. *Relatório do Senador Paulo Souto (PFL/BA)*. Disponível em: <http://www.senado.gov.br/>. Acesso em: 20.7.2014.
(19) LENZA, Pedro. Reforma do Judiciário. Emenda Constitucional n. 45/2004. Esquematização das principais novidades. *Jus Navigandi*, Teresina, ano 10, n. 618. Disponível em: <http://jus.com.br/artigos/6463>. Acesso em: 15.9.2014.
(20) *Idem*.
(21) SÜSSEKIND, Arnaldo Lopes. Reflexos da globalização da economia nas relações de trabalho. In: SOARES, Celso (coord.). *Direito do trabalho, reflexões críticas* — estudos em homenagem a Drª Moema Baptista. São Paulo: LTr, 2003. p. 16-17.

mudança com ampliação quanto à sua competência e ao número de ministros do TST, entre outros. Com isso, alterou-se a Constituição Federal de 1988 – arts. 111-A, § 2º, I e II; art. 112; 114, 115, além de outros que interferiam no Judiciário Trabalhista, como a criação do CNJ (arts. 52, II; 92, I-A, e § 1º; 102, I, "r"; 103-B, e art. 5º da EC n. 45/2004), a inserção do princípio da razoável duração do processo (art. 5º, LXXVIII, e art. 7º da EC n. 45/2004).

A referida proposta de emenda, no sentido de mudar a estrutura Judiciária e se incorporar a Justiça do Trabalho a um departamento da estrutura da Justiça Federal, sob os mais diversos fundamentos, entre os utilizados era pelo fato de se ter uma justiça muito cara "pelas indústrias dos processos trabalhistas" não se sustentava. Houve, no dizer da ex-presidente da ABRAT, Clair da Flora Martins, "inclusive uma entrevista do senador Antônio Carlos Magalhães, vilipendiando os advogados trabalhistas, o que fez com eles se mobilizassem à época, para defender e dizer que era importante, necessária e não era cara".[22] Observa-se, inclusive, que o projeto tinha como alvo os próprios advogados, sob o argumento velado de que produziam ações e forçavam o inchaço do judiciário.

Muitas matérias midiáticas vieram à tona nessa época, envolvendo o senador e membros do Poder Judiciário e até mesmo do Executivo. Houve, inclusive, acirradas discussões, como, por exemplo, o posicionamento que se segue:

> Desde que o presidente do Congresso, na sessão de instalação da 51ª legislatura, em nome da modernidade e da redução de gastos públicos, defendeu a ideia de extinção de alguns tribunais, inclusive o Tribunal Superior do Trabalho, a discussão tomou uma dimensão passional que ultrapassa os limites do razoável, como a proposta de extinção de toda a Justiça do Trabalho. A polêmica, alimentada pela grande imprensa, envolve o presidente do Senado, senador Antônio Carlos Magalhães, e o vice-presidente do TST, ministro Almir Pazzianoto. O primeiro considera o TST esdrúxulo, propondo o seu fim juntamente com a Justiça do Trabalho.[23]

> O Ministro Pazzianoto sustentava que a tese de extinção da Justiça do Trabalho escondia outros interesses, além do discurso moralista, modernizador e de combate ao gasto público. Na visão de alguns advogados, o que estava por trás do projeto era retaliação em virtude de muitas reclamatórias contra empresas de políticos influentes.[24]

A ABRAT, ombreou-se com diversas instituições à época para enfrentar essa ataque, fazendo inclusive carta à OAB, solicitando apoio.

> É com este objetivo que vimos a esse Conselho conclamar a OAB para que assuma conosco esta luta pela preservação da Justiça Especializada, tendo em vista que, de acordo com pesquisa elaborada por esse Conselho, 45% dos advogados militam nessa área e, temos certeza que apoiam a sua manutenção. Sob o pretexto de diminuir o número de demandas e acelerar a prestação jurisdicional, existem projetos, recentemente encaminhados ao Congresso, que propõe formas de solução dos conflitos fora do âmbito do Poder Judiciário, mas, na verdade, visam o esvaziamento da Justiça do Trabalho e a eliminação de direitos e não a sua solução. É o caso do Projeto de Lei que cria as Comissões de Conciliação Prévia como pré-requisito para ajuizamento da ação.[25]

Várias foram as tentativas de enfrentamentos, entre elas os três Congressos Nacionais (CONAT) promovidos nesse período pela ABRAT, que tiveram como mote essas discussões. Em 1998, o XX CONAT discutiu a "Justiça e Direito do Trabalho — crises e perspectivas". Nesse ano, a revista comemorativa feita para o evento trouxe matérias específicas sobre o assunto, analisando os projetos e apresentando críticas.

Em 1999, no XXI CONAT, o tema central foi "As propostas de reforma da estrutura do Judiciário e do processo do trabalho". Na abertura, o conferencista José Martins Catharino tratou da temática "Direito do Trabalho, Neoliberalismo, Crise do Estado, Sequelas Sociais e Econômicas". Os painéis e demais palestrantes seguiram, discutindo em torno do eixo principal.

No XXII CONAT, realizado no ano de 2000, apresentou como tema "As transformações no Direito do Trabalho e suas repercussões para os advogados trabalhistas".

A Carta oriunda do XX CONAT reflete o posicionamento tomado pela Instituição na assembleia geral, notadamente quanto à posição de vigilância a todos os

---

(22) MARTINS. Clair da Flora: Depoimento [24.5.2013]. Entrevistadora: Autora deste texto. Curitiba, PR. Uma gravação digital (31m,08). E complementado por *e-mail* em: 2.8.2015.
(23) SENADO. *Em defesa da Justiça do Trabalho*. Disponível em: <http://www.senado.gov.br/noticias/OpiniaoPublica/inc/senamidia/historico/1999/3/zn032552.htm>. Acesso em: 30.10.2014.
(24) MARTINS. Entrevista citada.
(25) Carta da ABRAT à OAB.

projetos em andamento em relação às reformas da Justiça do Trabalho. Pronunciava-se sobre cada uma delas, com projetos "alternativos para modernização do Direito e da Justiça do Trabalho, preservando-se os direitos dos trabalhadores e os direitos fundamentais do homem".[26]

Essa carta adotava uma forma de repúdio a diversos projetos e a intenção do governo federal em reduzir direitos sociais. Compreendia, entretanto, algumas modernizações, como a necessidade de melhoria da estrutura da Justiça do Trabalho — unanimidade nessa época — e a extinção dos juízes classistas. Quanto à possibilidade de extinção da Justiça do Trabalho com transferência para outros órgãos de outra Justiça, não se cogitava nenhuma hipótese, por considerar fundamental a condição de especificidade de que era dotada, fato que muito contrariava as intenções neoliberais.

Seguindo essa linha, Edésio Passos[27] apresentou, como justificativa para o crescimento da Justiça do Trabalho, o avanço do capitalismo e, em especial, "pelos avanços provocados pelo neoliberalismo, trazendo para o plano jurídico teses novas provocadas pela globalização, terceirização, flexibilização e outros fenômenos". Reforçava, exatamente por causa desses fatores, a sua importância como uma Justiça social. Dessa forma, o momento era de busca de soluções para melhorias na Justiça, com o objetivo de dar suporte e respostas às transformações do país que resvalavam diretamente nas relações capital e trabalho. O governo federal, porém, não tinha interesse, naquele momento, de destinar verbas ao aparelhamento da Justiça, nas suas diversas necessidades, fazendo exatamente o contrário, o que voltou a ocorrer nesse início de 2016.

Os segmentos sociais ligados à Justiça do Trabalho percebiam a manobra do governo e sinalizavam para o repúdio. Assim foi com a ANAMATRA e, também, a Associação dos Magistrados Trabalhistas do Rio de Janeiro — AMATRA 1, citada em texto escrito por Süssekind. Quanto ao tema extinção, assim se posicionou:

> É de se estranhar que, exatamente numa conjuntura de recessão econômica, crescimento de inflação e desemprego desenfreado, surjam arautos de soluções milagrosas que pregam o fim da única Justiça Especializada nos conflitos trabalhistas, o último recurso daqueles que emprestam sua força de trabalho para a construção de um País melhor.[28]

Ainda em relação a isso, arrematou Süssekind, aduzindo que tanto os tribunais quanto as regras processuais que o dinamizavam careciam de reformas. Não se devia, contudo, julgar as instituições pelas suas anomalias atípicas, até porque era "inquestionável que nos seus sessenta anos de existência, a Justiça do Trabalho, nos limites de suas possibilidades, cumpriu a relevante missão que lhe compete"[29].

De qualquer forma, várias outras instituições, como ABRAT, OAB e ANAMATRA, contribuíram para uma política de hostilização ao projeto original e à própria Emenda Constitucional.

Resistir é necessário!

3. O ambiente atual e nova tentativa de aniquilamento da Justiça do Trabalho

Final do ano de 2014, o Brasil inicia um processo de grandes mudanças, com grave crise na política, na economia e adoecimento completo do sistema e da ética pública com exposição de diversos partidos políticos, instituições, poderes constituídos, políticos e empresários além do pedido de *impeachment* da Presidenta da República. E, o que mais interessa para esse estudo é o grave corte no orçamento da Justiça do Trabalho, cujo reflexo ainda não é inteiramente sentido no final do primeiro semestre do ano de 2016, quanto esse texto é encerrado.

3.1. Breve retrospectiva da economia e política no ano de 2015 e início 2016

Com o início das descobertas da corrupção na Petrobras denominada Operação Lava-Jato com sucessivas fases — atualmente na 33ª — marcada pelo estímulo às delações premiadas que chegaram aos presidentes do Senado, Renan Calheiros e da Câmara, Eduardo Cunha ambos do PMDB, culminando com um senador da república preso (Sen. Delcídio Amaral, do PT), além de diretores da Petrobras e diversos presidentes e diretores das maiores empreiteiras do país, foi reeleita em 2014, a presidente da República, pelo PT, Dilma Rousseff, na linha sucessória do ex-presidente, também do PT, Luiz Inácio Lula da Silva que permaneceu na presidência por dois mandatos seguidos.

Com as contas da gestão anterior rejeitadas pelo Tribunal de Contas da União em razão das chamadas pedaladas fiscais, a oposição reagiu. Três pedidos de impedimento da presidente foram aceitos pelo presidente da Câmara dos Deputado Eduardo Cunha, em dezembro

---

(26) Carta de Belo Horizonte. BH, 1998.
(27) PASSOS, Edésio F. Justiça do trabalho: crise e alternativas. *Revista da ABRAT*, Curitiba, p. 3-7, 2º semestre de 1998.
(28) SÜSSEKIND, Arnaldo. *Apud* AMATRA 1. História e perspectivas da justiça do trabalho. *Revista LTr*, São Paulo, v. 66, n. 2, p. 135, 2002.
(29) SÜSSEKIND. *Ibidem*, p. 140.

de 2015, sendo oferecidos pelo procurador de justiça aposentado Hélio Bicudo e pelos advogados Miguel Reale Júnior e Janaina Paschoal, com isso, o Brasil vem vivendo momentos extremamente difíceis do ponto de vista político, social e econômico. A presidente Dilma foi afastada.

Além desse principal fato histórico em curso, assiste-se a uma progressiva recessão iniciada no primeiro semestre de 2014, com inflação rondando a casa dos 7% e crescimento abaixo de 1%; em 2014, grande aumento de gastos públicos; da dívida externa e defasagem de preço dos combustíveis; o desemprego já dava sinais fortes avançando progressivamente; queda nas vendas.

Avançando para o ano de 2015, houve acentuada alta do dólar; micro e pequenas empresas começaram a fechar; o Brasil foi rebaixado no grau de confiança da economia mundial com perda do grau de investimento pelas agências S&P e a Fitch; o dólar ultrapassa os quatro reais e inflação atinge 10%. Em 2016, o desemprego dá um salto e continua sendo o desafio social.

3.1.1. *O pedido de* impeachment *da presidenta Dilma Rousseff*

A crise política se agravou com o pedido de *impeachment* da presidente reeleita pelo PT e a retirada do PMDB — partido do vice-presidente Michel Temer — da base aliada do governo; o pedido de prisão do ex-presidente Lula e nomeação do mesmo para ministro da casa civil; o vazamento de escutas telefônicas na presidência da República, levando a uma grande divisão da sociedade brasileira entre os prós e os contra o *impeachment* e aqueles em defesa de democracia, independentemente do apoio ou não ao governo. O Supremo Tribunal Federal vem sendo provocado várias vezes dentre eles para dizer sobre o rito à ser adotada para o julgamento do impedimento na Câmara e sobre a posse ou não de Lula.

Foram vários os pedidos de *impeachment*, e, após tentativas de negociação com o governo, sem êxito, o então presidente da Câmara, também denunciado na operação Lava-Jato, aceita os pedidos elaborados pelos juristas Hélio Bicudo, Miguel Reale Júnior, que foi ministro da Justiça do governo FHC-PSDB), e a advogada Janaína Conceição Paschoal, tendo como fundamento, em suma, crime de responsabilidade pelas chamadas pedaladas fiscais.

Os advogados e as Instituições se dividiram nas opiniões, nos posicionamentos, com várias notas públicas, manifestações em redes sociais e grupos de Whatsapp. Desenvolveu-se, pelos defensores do governo e da democracia que o pedido trata-se de golpe à democracia com frases como "fora Cunha"; "Pela democracia"; "Não vai ter Golpe"; Não à ditadura"; e no sentido oposto "fora Dilma"; "fora PT"; "Apoio ao juiz Moro"; momentos marcados com manifestações nas ruas em diversas cidades do país — mas não dos caras pintadas como outrora e sim diversos integrantes da sociedade e de instituições com bandeiras, cartazes, lemas, sendo as mais intensas à favor do governo, contra o *impeachment*.

O *impeachment* foi votado na Câmara dos deputados em sessões especiais de debates e votação, nos dias 15, 17 e 17 de abril de 2016 cujo resultado final foi a aprovação com 367 votos favoráveis contra 137 contra, com 7 abstenções e duas ausências para o pedido de afastamento para apuração dos fatos. A presidente, atualmente encontra-se afastada, tendo assumido o vice Michel Temer.

Acrescente-se que, ao finalizar, o presidente da Câmara, o criticado Eduardo Cunha, renuncia à presidência, em julho de 2016.

É esse o Brasil das Olimpíadas: com caos na política, na economia, na saúde, na educação, na Justiça; ausência de pleno emprego, de segurança, de paz social e, até mesmo com ameaças jamais antes existentes, de terrorismo.

3.2. Corte no orçamento da Justiça do Trabalho e as reações sociais

Nesse cenário caótico a Justiça do Trabalho se torna novamente alvo de fortes ataques e tentativa de extinção, agora de forma indireta, mas com os mesmos velhos discursos de ser protetiva, de acolher uma indústria de relações trabalhistas etc... No passado, como visto anteriormente, o projeto do pacote neoliberal tentou transferir a Justiça do Trabalho para a Justiça Federal comum.

Desta feita, no ano de 2016, pela Lei n. 13.255/2016 a forma de extinção se dá por meio do corte brutal no orçamento destinado ao Poder Judiciário e, em especial, à Justiça do Trabalho, aniquilando o seu funcionamento. Veja-se parte do voto do relator deputado Ricardo Barros (PP-PR), e a visível retaliação por interesse do capital e pessoal:

> Estamos promovendo ajustes também nas despesas de custeio e investimento do Poder Judiciário. No caso da Justiça do Trabalho, propomos o cancelamento de 50% das dotações para custeio e 90% dos recursos destinados para investimentos. Tal medida se faz necessária em função da exagerada parcela de recursos destinados a essa finalidade atualmente. Na proposta para 2016 o conjunto de órgãos que integram a justiça do trabalho prevê gastos de R$ 17,8 bilhões, sendo mais de 80% dos recursos destinados ao pagamento dos mais de 50 mil funcionários, o que demanda a cada ano a implantação de mais varas, e mais instalações. As regras atuais estimulam a judicialização dos conflitos trabalhistas, na medida em que

são extremamente condescendentes com o trabalhador. Atualmente, mesmo um profissional graduado e pós-graduado, com elevada remuneração, é considerado hipossuficiente na Justiça do Trabalho. Pode alegar que desconhecia seus direitos e era explorado e a Justiça tende a aceitar sua argumentação. Algumas medidas são essenciais para modernizar essa relação, tais como: sucumbência proporcional; justiça gratuita só com a assistência sindical; e limite de indenização de 12 vezes o último salário. Atualmente as causas são apresentadas com valores completamente desproporcionais. Outra regra que precisa ser ajustada refere-se à possibilidade de reapresentação do pedido por parte do trabalhador, mesmo que não compareça à audiência, dentro de dois anos. De outra parte, a ausência do empregador, normalmente tem consequências graves com possível condenação à revelia. Entendemos que o próprio prazo de dois anos é excessivo, uma vez que estimula o ex-empregado, que já havia recebido sua rescisão, a buscar ganhos adicionais diante de dificuldades financeiras. Além disso, é importante coibir a possibilidade de venda de causa, estabelecer que o acordo no sindicato tem que valer como quitação, ampliar a arbitragem e mediação com quitação, e definir que os honorários 'periciais, quando houver a condenação, têm que ser pagos pelo empregado. Cabe refletir que a situação existente em 1943, quando foi instituída a Consolidação das Leis do Trabalho, em que havia um elevado percentual de trabalhadores analfabetos, já não ocorre mais, o que torna urgente o envolvimento da sociedade num debate sobre a modernização dessas normas, onde deverão exercer papel essencial a Associação dos Magistrados da Justiça do Trabalho, o Conselho Nacional de Justiça, a Associação de Magistrados do Brasil e o próprio Tribunal Superior do Trabalho. É fundamental diminuir a demanda de litígios na justiça trabalhista. Dados do Conselho Superior da Justiça do Trabalho mostram que, em 2014, as diferentes instâncias receberam 3.544.839 de processos, dos quais 3.396.691 foram julgados, restando um resíduo de 1.576.425 processos. Em 2015, até o presente momento, já foram recebidos 3.156.221 processos, havendo um resíduo de ações não julgadas de 2.044.756. Sem a revisão e reforma dessa legislação, continuaremos alimentando esse ciclo em que há cada vez mais demandas, que exigem cada vez mais magistrados e servidores, que necessitam de cada vez mais instalações e equipamentos, tendo um custo exorbitante para o País. Tais medidas implicam alterações na legislação, mas é preciso que seja dado início a esse debate imediatamente. A situação atual é danosa às empresas e ao nosso desenvolvimento econômico, o que acarreta prejuízos aos empregados também. Nesse sentido, estamos propondo cancelamentos de despesas de maneira substancial, como forma de estimular uma reflexão sobre a necessidade e urgência de tais mudanças. O objetivo final é melhorar a justiça do trabalho, tornando-a menos onerosa e mais eficiente, justa e igualitária. Outros órgãos do Poder Judiciário e do Poder Legislativo, assim como o Ministério Público também estão tendo cortes nas programações para investimentos e custeio da máquina administrativa. Considerando as atuais restrições fiscais, é imperioso contar com a compreensão e contribuição de todos os órgãos na busca do equilíbrio fiscal. No caso do Judiciário e do Legislativo, o corte médio ficou em 15% das dotações para custeio. Já o Ministério Público da União, considerando o papel fundamental que tem desempenhado nos recentes escândalos de corrupção, teve cortes de apenas 7,5% das dotações para custeio, como forma de não prejudicar o andamento de seus trabalhos, especialmente no que diz respeito às atividades relacionadas à Operação Lava Jato. Nesses órgãos o corte médio nas previsões de investimentos ficou em 40%.

A retaliação ao segmento operariado é explícita, assim como a busca de contenção de reparação de direitos lesados pelo capital. Isso demonstra a fundamental especialização dos juízes do Trabalho e do Direito do Trabalho que é guarnecido por princípios próprios equipando essa Justiça para coibir as diferenças e a espoliação da classe trabalhadora.

Não somente a Justiça do Trabalho, mas, os direitos sociais trabalhistas, estão sendo alvo de tentativas de desmonte sob os mais diversos argumentos, desde um Direito envelhecido, arcaico, passando importância do ajuste direto entre as partes na relação contratual trabalhista, para atribuir à Justiça especializada a pecha de protetora. A fileira do capital e da grade maioria dos políticos, sustentados pelo poder econômico em suas campanhas, é cada vez maior nessa linha ideológica.

A reações contrárias, também se agigantam e estão vindo de diversos atores sociais, principalmente da magistratura e da advocacia trabalhista nacional e estadual. A ANAMATRA publica em seu *site*[30] em 4 de fevereiro de 2016 nota de repúdio, observando a re-

---

(30) Disponível em: <http://www.anamatra.org.br/index.php/noticias/anamatra-ingressa-no-stf-contra-cortes-no-orcamento-da-justica-do-trabalho>. Acesso em: 11.4.2016.

presália do relator do projeto a " uma suposta atuação "protecionista" dos juízes do Trabalho e pela necessidade de se alterar a legislação trabalhista brasileira, tida por ele como excessivamente condescendente para com os empregados", entende a ANAMATRA que o corte teve mais a ver com a represália do que propriamente por restrição orçamentária e acrescenta que se trata de um atentado à democracia do Brasil.

Em ato público, ocorrido em São Paulo, com cerca de 500 magistrados a Associação dos magistrados Brasileiros — AMB, em apoio à Justiça do Trabalho pronuncia-se, por meio de seu presidente, João Ricardo Costa, confirmando a percepção da intenção da medida, qual seja:

> "Essa política de restrições orçamentarias da Justiça do Trabalho indica muito mais um ato de represália do que um ato de economia. A Justiça trabalhista tem tido um importante papel de equilíbrio nas relações sociais e econômicas do país e esse fator de equilíbrio está sendo gravemente atingido por esse corte, quando outros setores menos prioritários não receberam o mesmo tratamento e até recebem incentivos através de exonerações fiscais e subsídios."[31]

A Associação Brasileira de Advogados Trabalhistas: ABRAT, igualmente reage, pois os prejuízos à advocacia trabalhista e aos jurisdicionados são imensuráveis, cuja nota oficial ora se transcreve parte:

> NOTA OFICIAL SOBRE A REDUÇÃO DO ORÇAMENTO DO PODER JUDICIÁRIO OFICIAL A advocacia trabalhista organizada nacionalmente em 26 entidades estaduais associadas à ABRAT, vem a público reiterar sua indignação com o corte orçamentário ocorrido pela aprovação da Lei n. 13.255/2016, que compromete sobremaneira o funcionamento do Judiciário Trabalhista. Em período de crise econômica, com aumento do desemprego e da violação dos direitos dos trabalhadores, a redução orçamentária acarretará uma série de alterações na condução administrativo-financeira dos tribunais do trabalho [...]. Cumpre ressaltar, por oportuno, que a Justiça do Trabalho é a que mais recolhe aos cofres públicos — INSS e Receita Federal, chegando à casa de centena de milhões anualmente, sendo uma justiça superavitária. A advocacia trabalhista se insurgiu contra a aprovação da lei orçamentária com o corte drástico de verbas destinadas ao Poder Judiciário, pois já vislumbrava os reflexos que o corte acarretaria às necessidades jurisdicionais da população. Nenhuma economia justifica a redução no horário de atendimento ao cidadão que necessita da Justiça funcionando em horário integral. Não concebemos que os gastos com iluminação sejam pretexto para reduzir o acesso à justiça, sacrificando os hipossuficientes e a advocacia, impondo a nós o custo social da medida, determinando aos mesmos de sempre uma justiça mais lenta e menos efetiva. As entidades de advogados vêm a público registrar seu protesto contra a redução descabida do orçamento do Poder Judiciário Trabalhista, e pugnar pela manutenção no horário de atendimento forense ao jurisdicionado e advogados [...].[32]

Além disso, a ANAMATRA ingressou com Ação Direta de Inconstitucionalidade protocolada em 3 de fevereiro de 2016, no Supremo Tribunal Federal (STF), n. 5468, com pedido liminar, para que sejam tornados sem efeito os cortes discriminatórios que constam no orçamento da Justiça do Trabalho, aprovados na Lei Orçamentária Anual (Lei Federal n. 13.255/2016). Nessa linha de parceria, a ABRAT ingressou como *amicus curiae*.

Vale transcrever o primeiro tópico da causa de pedir da ação:

> "I — INCONSTITUCIONALIDADE POR ABUSO DO PODER DE LEGISLAR. DESVIO DE FINALIDADE DA LEI ORÇAMENTÁRIA ANUAL: CORTE DO ORÇAMENTO DO PODER JUDICIÁRIO TRABALHISTA MOTIVADO EM "RETALIAÇÃO". FUNDAMENTAÇÃO ILÍCITA, IMORAL DESPROPORCIONAL E DESARRAZOADA E, POR ISSO, NULA."

> [...] Ao invés de um debate técnico, econômico e financeiro para realizar o ajuste do que haveria de ser aceito ou não, surgiu a proposta do Relator da Comissão, Deputado Ricardo Barros, de empreender dois cortes na proposta orçamentária "da Justiça do Trabalho" visando ao cancelamento de 50% das dotações para custeio e 90% dos recursos destinados para investimentos. O corte, pelo corte, por razões técnicas ou econômicas ou financeiras seria possível. Nunca, porém, por retaliação à Justiça do Trabalho em razão do exercício da própria jurisdição trabalhista que, segundo juízo subjetivo do Deputado relator do PLOA, estaria a causar uma sua situação danosa para empresas e para o desenvolvimento econômico do país, assim como para os empregados, de modo que S. Exa., propôs cancelamentos de despesas de maneira substancial, "como forma de estimular uma reflexão sobre a necessidade e urgência de tais mudanças". [...] A questão que se coloca, repita-se, não é sobre a impossibilidade de se promoverem tais cortes, mas sim quanto à torpe justificativa para promovê-los de forma diferenciada dos demais cor-

---

(31) AMB se manifesta contra corte orçamentário na Justiça do Trabalho durante ato público em SP 7.4.2016 Disponível em: <http://www.amb.com.br/novo/?p=27478>. Acesso em: 15.4.2016.
(32) *Boletim da ABRAT*, Brasília, n. 41, p. 3, 31 de janeiro de 2016.

tes levados a efeito para os outros órgãos do Poder Judiciário da União.

Mas, o pleno do STF, no dia 29 de junho de 2016, julgou improcedente a ação no voto o relator ministro Luiz Fux, finalizou fazendo um apelo, usou a expressão "lamentavelmente" pela improcedência da ação, ressaltando, porém "a importância da Justiça do Trabalho como serviço público estratégico para a materialização do direito universal de acesso à Justiça. Sua função social, a seu ver, deve merecer a sensibilidade do Legislativo, e nesse sentido fez um apelo ao Congresso, observando a possibilidade garantida no art. 99, § 5º, da Constituição, de abertura de créditos suplementares ou especiais durante a execução orçamentária do exercício". O voto do relator foi seguido pelos ministros Edson Fachin, Luís Roberto Barroso, Dias Toffoli, Cármen Lúcia, Gilmar Mendes e Marco Aurélio.

Em nota, a ABRAT[33], que sustentou na sessão, aduziu Ministro Celso de Mello, votando contrário prelecionou que: "a manipulação do processo de elaboração e execução da Lei Orçamentária Anual pode atuar como instrumento de dominação, pelo Legislativo, dos outros Poderes da República, muitas vezes culminando com a imposição de um inadmissível estado de submissão financeira e de subordinação orçamentária absolutamente incompatível com a autonomia que a própria Constituição outorgou". "Quando eivadas pelo vício de seu caráter discriminatório, podem inibir a proteção dos direitos fundamentais (como o acesso à Justiça) e sociais da classe trabalhadora". "Cortes drásticos, discriminatórios e injustificáveis na proporção revelada, podem sim inviabilizar o próprio funcionamento da instituição judiciária".

Vários manifestos e notas repudiando a nova tentativa de retaliação a Justiça do Trabalho vem circulando nas diversas redes sociais, tanto de iniciativa de magistrados quanto de advogados, outros segmentos organizados, associações, instituições, já que inescusável a discriminação em razão das ações trabalhistas contra o capital e grandes grupos econômicos.

4. Fechando o texto sem uma conclusão esperada

O fato é que esse corte no orçamento já vem surtindo efeitos, vários tribunais apontam a precariedade do funcionamento, com prenúncio, alguns, inclusive de fechamento em breve, isso sem contar o necessário investimento, sobretudo quando inicia-se uma nova fase com o sistema de processo eletrônico, de necessária adaptação e constante modernização.

Assiste-se, induvidosamente um golpe, uma sórdida tentativa do capital de aniquilar a casa do trabalhador, a casa que ampara os direitos sociais, que faz o equilíbrio entre o capital e o trabalho, que recompõe as desigualdades e coíbe os abusos. Como no período neoliberal os argumentos são os mesmos que a crise e a menor lucratividade e do trabalhador por ter muitos direitos amparados; da Justiça do Trabalho em reparar lesões "penalizando o capital" e das indústrias das relações trabalhistas. Como na primeira tentativa, se via o que estava por trás do projeto: A retaliação em virtude de muitas reclamatórias contra empresas de políticos influentes. E é isso mesmo que ficou evidente atualmente no discurso do relator da comissão.

A tentativa reducionista de enfraquecimento da Justiça do Trabalho faz parte de um pacto com projetos de supressão de direitos, eis que retorna as propostas de a terceirização ampla; do negociado x legislados; da ampliação da jornada de trabalho e outros nessa linha precarizante.

Resistir é preciso!

Unir forças é fundamental!

Lutar é palavra de ordem!

Referências bibliográficas

ABRAT Boletim da ABRAT, Brasília, n. 41, 31 de janeiro de 2016.

_____. *Boletim da ABRAT,* Brasília, n. 47, jul. 2016.

_____. *Carta de Belo Horizonte,* Belo Horizonte, 1998.

AMB se manifesta contra corte orçamentário na justiça do trabalho durante ato público em São Paulo, 7.4.2016. Disponível em: <http://www.amb.com.br/novo/?p=27478>. Acesso em: 15.4.2016.

AMORIM, Bruno Marcus F.; ARAUJO, Herton Ellery. Economia solidária no Brasil: novas formas de relação de trabalho? *Nota Técnica do IPEA*. Disponível em: <http://www.ipea.gov.br/portal/images/stories/PDFs/mercadodetrabalho/mt_24i.pdf>. Acesso em: 15.2.2015.

ANAMATRA. Disponível em: <http://www.anamatra.org.br/index.php/noticias/anamatra-ingressa-no-stf-contra-cortes-no-orcamento-da-justica-do-trabalho>. Acesso em: 11.4.2016 e <http://www.anamatra.org.br/index.php/noticias/anamatra-ingressa-no-stf-contra-cortes-no-orcamento-da-justica-do-trabalho>. Acesso em: 11.4.2016.

AMB se manifesta contra corte orçamentário na justiça do trabalho durante ato público em São Paulo, 7.4.2016. Disponível em: <http://www.amb.com.br/novo/?p=27478>. Acesso em: 15.4.2016.

---

(33) *Boletim da ABRAT,* Brasília, n. 47, p. 5, jul. 2016.

BRASIL. PFL/BA. Relatório do Senador Paulo Souto. *Proposta de EC n. 96-A*. Disponível em: <http://www.camara.gov.br/proposicoesWeb/fichadetramitacao?idProposicao=14373->. Acesso em: 10.10.2014.

_____. Senado Federal. *Relatório do Senador Paulo Souto (PFL/BA)*. Disponível em: <http://www.senado.gov.br/>. Acesso em: 20.7.2014.

_____. *Em defesa da justiça do trabalho*. Disponível em: <http://www.senado.gov.br/noticias/OpiniaoPublica/inc/senamidia/historico/1999/3/zn032552.htm>. Acesso em: 30.10.2014.

BOITO JUNIOR, Armando. O neoliberalismo e o corporativismo do estado no Brasil. In: ARAUJO, Angela Maria Carneiro (coord.). *Do corporativismo ao neoliberalismo:* estado e trabalhadores no Brasil e na Inglaterra. Coleção Mundo do Trabalho. São Paulo: Boitempo. 2002.

BOMFIM, Benedito Calheiros. Globalização, flexibilização e desregulamentação do direito do trabalho. In: *Globalização, neoliberalismo e direitos sociais*. Rio de Janeiro: Destaque, 1997.

BETO, Frei. *O que é o neoliberalismo*. Disponível em: <http://www.adital.com.br/site/noticia.asp?long=pt&cod=15768/>. Acesso em: 16.8.2013

CARDOSO, Fernando Henrique. O que é a globalização que provoca tantos medos e o que se esperar dela. *Revista Veja* [S.l.], caderno Economia e Negócios, p. 82, 3 de abril de 1996. [Arquivo]

HOBSBAWM, Eric. *Era dos extremos:* o breve século XX 1914-1991. 2. ed. Tradução Marcos Santarrita. São Paulo: Companhia das Letras, 1996.

KAPSTEIN, Ethan B. Os trabalhadores e a economia mundial. *Fareig Affairs*, edição Brasileira, n. 1. *Jornal da Gazeta Mercantil* em 11 de outubro de 1996.

LENZA, Pedro. Reforma do Judiciário. Emenda Constitucional n. 45/2004. Esquematização das principais novidades. *Jus Navegandi*, Teresina, ano 10, n. 618. Disponível em: <http://jus.com.br/artigos/6463>. Acesso em: 15.9.2014.

MARTINS. Clair da Flora: Depoimento [24.5.2013]. Entrevistadora: Autora deste texto. Curitiba. Uma gravação digital (31m,08). E complementado por *e-mail* em 2.8.2015.

PASSOS, Edésio F. Justiça do trabalho: crise e alternativas. *Revista da ABRAT*, Curitiba, p. 3-7, 2º semestre de 1998.

ROMITA. Arion Sayão. *A septuagenária consolidação das leis do trabalho*. Versão atualizada do artigo publicado pelo professor Arion Sayão Romita. Disponível em: <http://www.trt1.jus.br/web/guest/clt-50-anos>.

SÜSSEKIND, Arnaldo. O futuro do direito do trabalho no Brasil. *Revista LTr*, v. 64-10, 2000.

_____. Reflexos da globalização da economia nas relações de trabalho. In: SOARES, Celso (coord.). *Direito do trabalho, reflexões críticas* — estudos em homenagem a Dra. Moema Baptista. São Paulo: LTr, 2003.

BOMFIM: EXEMPLO DE ÉTICA E PENSAMENTO CRÍTICO

Celso Soares[*]

Costumo dizer, pedindo escusas ao Vaticano, que uma Santíssima Trindade — Benedito Calheiros Bomfim, Francisco Costa Neto e Eugênio Roberto Haddock Lobo — contribuiu grandemente para minha formação profissional e jurídica do ponto de vista da classe trabalhadora.

Essa trindade não vivia no que Ihering certa vez chamou de "céu dos conceitos jurídicos". Integrava a corrente de pensamento que, superando o academicismo e o formalismo abstracionista dos juristas tradicionais, apanágios do conservadorismo, faz do conhecimento do direito um processo crítico, trazendo a realidade social para dentro do mundo jurídico, esse reino de fantasmagorias, viveiro de ficções, abstrações e pressupostos.

Em entrevista à *Revista da OAB/RJ* de novembro de 2008, Calheiros Bomfim revelou que seu pensamento crítico o levara, por muito tempo, a se recusar a filiar-se ao Instituto dos Advogados Brasileiros "porque achava que era o reduto do conservadorismo" (aliás, como prova disso, a história registra a negativa do IAB a dar apoio às declarações de seu Presidente, Sobral Pinto, contra o AI 5, o que o levou a renunciar ao mandato).

Todavia, depois que Eduardo Seabra Fagundes, eleito Presidente do Instituto, "fez um pronunciamento admirável de abertura", traçando uma perspectiva de mudança, Bomfim mudou de ideia e requereu sua admissão no IAB, tendo Seabra como seu proponente, e, uma vez admitido, chegou à Presidência do Instituto e recebeu o maior galardão que a entidade confere a figuras relevantes na vida jurídica: a Medalha Teixeira de Freitas. Sua outorga a Calheiros Bomfim significou uma inflexão na tendência, predominante naquela Casa, de concedê-la preferencialmente a quem se destacava mais pela produção de obras de literatura jurídica.

Bomfim tinha pensamento e ação de sentido transformador. Advogava exclusivamente para os trabalhadores, cujos interesses e aspirações eram a linha mestra dos processos que patrocinava. Exercia uma advocacia de luta contra violações de direitos e garantias dos empregados na relação capital-trabalho, chamada de contrato, quando, na verdade, é de subordinação de uma parte à outra. Travava uma luta, em suma, pela redução da desigualdade social com vista à sua eliminação.

Na entrevista antes mencionada, declarou que o que sempre o inspirou "foi o desejo de contribuir para a melhoria da ciência jurídica, da sociedade, da cidadania, de realizar a justiça social, a buscar o aperfeiçoamento de nossas instituições", concluindo: "é a ideologia que busco desde que adquiri consciência política, a luta que travo desde que assumi a atual profissão" (pois antes de ser advogado fora jornalista e certas limitações a seu modo de pensar o levaram a se afastar do jornalismo).

Distinguia-se pela mais rigorosa ética na advocacia e na vida em geral. Combatia a chicana, que explora os procedimentos em prejuízo da parte substantiva da lide, de modo a procrastinar a decisão judicial sobre o conteúdo.

Não se destacou simplesmente pelo exercício da advocacia. Criou uma editora, Edições Trabalhistas — depois editora Destaque — que publicava obras não

---

[*] Primeiro Presidente da Associação Brasileira de Advogados Trabalhistas. Membro Nato do Conselho Superior do Instituto dos Advogados Brasileiros.

somente sobre o Direito do Trabalho, mas também sobre questões relacionadas ao mundo do direito em geral. A editora Destaque, por exemplo, publicou, em 1995, o livro *150 anos do Instituto dos Advogados Brasileiros*, sob a Presidência de Ricardo Cesar Pereira Lira.

Dedicou-se a organizar e divulgar a jurisprudência trabalhista, já que — como observou na citada entrevista — durante os primeiros anos de funcionamento da Justiça do Trabalho ninguém conhecia essa jurisprudência. E passou "a organizar também repertórios como *O Direito do Trabalho visto pelo Tribunal Superior do Trabalho* e *O processo do trabalho visto pelo Tribunal Superior do Trabalho*".

Durante quinze ou vinte anos, publicou o *Ementário Trabalhista* e, também, por muitos anos o *Dicionário de Decisões Trabalhistas*, bem como as súmulas e orientações jurisprudenciais do TST. Dessa maneira, deu valiosa contribuição aos advogados trabalhistas, pois na Justiça do Trabalho a jurisprudência é considerada uma das fontes do direito.

Na perspectiva transformadora que o discurso de Seabra Fagundes lhe inspirara, Bomfim considerava que o IAB necessitava de uma reestruturação, "a começar" — conforme está na sua entrevista — "pela adoção de uma denominação capaz de reunir todos os operadores jurídicos e não só os advogados, cuja representatividade é exclusiva da OAB". Mas acrescentava que "a proposta de mudar o nome do Instituto causa celeuma, tão tradicionalistas e conservadores são seus membros".

Antes de o Estatuto da Advocacia por fim à representação do IAB em um sexto do Conselho da Ordem, Bomfim fez uma indicação com esse propósito e, embora fosse então vice-presidente do Instituto, quase o expulsaram, chegaram a tentar um processo administrativo, tendo sido criticado até pela diretoria.

Bomfim condenava o apego de certos juízes trabalhistas à erudição e ao formalismo num ramo do Judiciário ao qual acorrem empregados, muitas vezes desprovidos de bom nível intelectual, e apreciava reações de alguns empregados, de vez em quando, a esse tipo de comportamento.

Gostava, por exemplo, de contar a seguinte história: estava aguardando audiência numa Junta de Conciliação e Julgamento cujo Presidente era dado a exibicionismos formais, quando foram apregoadas as partes de um processo. O empregado reclamante entrou sem advogado e a empresa reclamada com advogado e preposto. Não foi feita conciliação, o advogado da empresa leu a contestação e, quando o patrono da reclamada terminou, o juiz deu a palavra ao empregado com essa frase: "O senhor agora se manifeste sobre a peça da defesa". Tendo o reclamante ficado sem entender, o magistrado simplificou, indagando-lhe se tinha alguma coisa a dizer. O empregado então respondeu: "Tenho sim. O que fizeram comigo foi uma safadeza" (a palavra usada começa com **s**, mas não foi essa...). Diante disso, o juiz adiou a audiência para que o empregado voltasse com advogado.

O fato de Bomfim gostar de contar esse episódio mostra que sua intensa atividade de advogado, jurista e editor não fazia dele uma pessoa sisuda. Quem com ele conviveu sabe que era alegre, divertido, brincalhão.

Calheiros Bomfim teve influência decisiva na criação da ABRAT, Associação Brasileira dos Advogados Trabalhistas. Convidado em 1978 para proferir palestra num dos congressos anualmente realizados pela Associação Gaúcha de Advogados Trabalhistas, AGETRA, propôs que a ACAT, Associação Carioca de Advogados Trabalhistas, organizasse uma delegação para participar daquele congresso. A proposta foi acolhida e a chegada da numerosa delegação carioca a Porto Alegre suscitou nos colegas gaúchos a ideia, prontamente aceita, de se criar uma associação nacional dos advogados trabalhistas. Foi fundada, então, a ABRAT.

Bomfim não era um radical no sentido de doutrinarismo verbal exaltado; era um humanista, sua radicalidade consistia no exercício do dissenso, que o filósofo francês Jacques Rancière, em conferência na Academia Brasileira de Letras, definiu como expressão de um mundo litigioso em que aparece a divisão do mundo sensível, "a ruptura com a lógica da dominação".

No campo jurídico — em nosso entendimento — exercer o dissenso é desmistificar o direito enquanto ciência da ordem, por a nu sua natureza de representação ideológica destinada a legitimar, transfigurando-a, a relação de poder, revelar as determinações que fazem da forma jurídica elemento indispensável à construção, à reprodução e à manutenção de relações sociais baseadas na exploração do trabalho humano. Enfim: exercer o dissenso é, sob a inspiração de Calheiros Bomfim, rasgar o véu de idealizações do mundo jurídico.

Novo Código de Processo Civil e Desconsideração da Personalidade Jurídica: Impactos no Processo do Trabalho

Guilherme Guimarães Feliciano[*]

Introdução.** "Disregard doctrine": **brevíssimo escorço

A teoria da *"disregard of legal entity"* tem provável origem no célebre *case* Salomon v. Salomon & Co. Ltd., que remonta à Inglaterra de finais do século XIX. Aaron Salomon, comerciante do segmento calçadista, havia constituído uma sociedade comercial que tinha por sócios, além dele próprio, seis membros de sua própria família, para os quais distribuiu seis únicas ações representativas, reservando para si outras vinte mil delas; e, isto feito, transferiu para a sociedade todo o seu fundo de comércio. A sociedade também emitiu títulos privilegiados, que Salomon adquiriu posteriormente, tornando-se, também, credor privilegiado da companhia. A empresa, porém, mostrou-se economicamente inviável, entrando em liquidação um ano depois de sua constituição, com diversas dívidas em aberto. Para proteger os interesses de seus inúmeros credores, o liquidante reclamou, nos tribunais, uma indenização pessoal de Aaron Salomon, uma vez que a companhia correspondia ainda à atividade pessoal do próprio Aaron; afinal, os demais sócios eram fictícios. Ante as evidências, o juízo de primeiro grau e a corte de apelação deferiram o pleito, desconsiderando a personalidade jurídica da sociedade e impondo a Salomon a responsabilidade pessoal pelos débitos da sociedade. Tal decisão foi posteriormente reformada pela *House of Lords*, que preferiu prestigiar a autonomia patrimonial da sociedade regularmente constituída; mas já estavam lançados os fundamentos da teoria da desconsideração. Nos EUA, por sua vez, a *disregard doctrine* deita raízes no caso *Bank of the United States v. Deveaux*, sendo certo que, em 1809, as cortes norte-americanas já erguiam o véu da personalidade jurídica para alcançar e considerar as características dos sócios individuais.[1]

Já no Brasil, de tradições legislativas (*civil law*), a *disregard doctrine* foi expressamente positivada, pela

---

(*) Juiz Titular da 1ª Vara do Trabalho de Taubaté/SP. Doutor em Direito Penal e Livre-Docente em Direito do Trabalho pela Faculdade de Direito da Universidade de São Paulo (FDUSP). Doutor em Direito Processual Civil pela Faculdade de Direito da Universidade de Lisboa (FDUL). Professor Associado do Departamento de Direito do Trabalho e da Seguridade Social da Universidade de São Paulo. Membro do Conselho Editorial da Revista ANAMATRA de Direito e Processo do Trabalho (ANAMATRA/LTr). Coordenador da Pós-Graduação *lato sensu* em Direito e Processo do Trabalho da Universidade de Taubaté (UNITAU). Ex-Presidente da Associação dos Magistrados da Justiça do Trabalho da 15ª Região (AMATRA XV) (gestão 2011-2013). Diretor de Prerrogativas da Associação Nacional dos Magistrados da Justiça do Trabalho (gestão 2013-2015). Vice-presidente da Associação Nacional dos Magistrados da Justiça do Trabalho (gestão 2015-2017). Membro da Academia Taubateana de Letras (cadeira n. 14).
(1) V., por todos, FREITAS, Elizabeth Cristina Campos Martins de. *Desconsideração da personalidade jurídica:* análise à luz do código de defesa do consumidor e do novo código civil. 2. ed. São Paulo: Atlas, 2004. p. 58. V. também FELICIANO, Guilherme Guimarães. Desconsideração e consideração da pessoa jurídica no direito penal ambiental: convergindo antíteses aparentes para a tutela penal do meio ambiente humano. *Revista da Faculdade de Direito da Universidade de São Paulo,* São Paulo: FDUSP, v. 118, p. 511-513, jan./dez. 2013.

primeira vez, no Código de Defesa do Consumidor (Lei n. 8.078/1990), em seu art. 28, *caput*, ao dispor que "[o] *juiz poderá desconsiderar a personalidade jurídica da sociedade quanto, em detrimento do consumidor, houver abuso de direito, excesso de poder, infração da lei, fato ou ato ilícito ou violação dos estatutos ou contrato social*", e que "[a] *desconsideração também será efetivada quando houver falência, estado de insolvência, encerramento ou inatividade da pessoa jurídica provocados por má administração*". Ulteriormente, a Lei n. 8.884, de 11 de junho de 1994, depois atualizada pela MP n. 1.540-29, de 2.10.1997, estatuiu que "*a personalidade jurídica do responsável por infração da ordem econômica poderá ser desconsiderada quando houver da parte deste abuso de direito, excesso de poder, infração da lei, fato ou ato ilícito ou violação dos estatutos ou contrato social. A desconsideração também será efetivada quando houver falência, estado de insolvência, encerramento ou inatividade da pessoa jurídica provocados por má administração*" (art. 18), consagrando a figura do *disregard*, agora no âmbito do Direito Econômico, a aparente meio caminho entre a teoria "menor" (aquela do CDC) e a teoria "maior" (a que viria a seguir, com o NCC). Por fim, o Código Civil de 2002 (Lei n. 10.406/2002) dispôs, em seu art. 50, que, "[e]*m caso de abuso da personalidade jurídica, caracterizado pelo desvio de finalidade, ou pela confusão patrimonial, pode o juiz decidir, a requerimento da parte, ou do Ministério Público quando lhe couber intervir no processo, que os efeitos de certas e determinadas relações de obrigações sejam estendidos aos bens particulares dos administradores ou sócios da pessoa jurídica*".

É essa a teoria — e são esses os preceitos legais — que justifica(m), como bem se sabe, o direcionamento das execuções trabalhistas ao patrimônio pessoal dos sócios das empresas condenadas em ações reclamatórias, muitas vezes com uma "automaticidade" que causa espécie a tantos quantos não militam frequentemente na Justiça do Trabalho. E, ao lado daqueles dispositivos, frequentemente se esgrimem outros, inerentes ao subsistema juslaboral, como são os arts. 2º, 10 e 448 da Consolidação das Leis do Trabalho.

No entanto, com o advento da Lei n. 13.105/2015 (novo Código de Processo Civil), insinuou-se forte movimento tendente a *repensar*, no campo procedimental, a aplicação da *disregard* aos litígios trabalhistas. Mas em que sentido? E com que razão? Instaurou-se a polêmica.

A esse hiato hermenêutico dedicamos a nossa presente digressão.

1. Do incidente de desconsideração da personalidade jurídica no NCPC

O novo Código de Processo Civil trouxe a lume uma genuína novidade em matéria de desconsideração da personalidade jurídica. Trata-se do *incidente de desconsideração da personalidade jurídica*, regulado entre os arts. 133 e 137 da Lei n. 13.105/2015. A nova lei basicamente estatui um *rito próprio* para a desconsideração da personalidade jurídica, que haveria de ser incidentalmente aplicado em todos os casos — inclusive em juizados especiais (art. 1.062/NCPC) nos quais coubesse, em sede cognitiva ou executiva, desconsiderar a capa formal da personalidade jurídica para se atingir diretamente o patrimônio dos administradores, sócios ou associados. Sua finalidade é conferir, por um lado, regularidade e uniformidade aos procedimentos de desconsideração; e, por outro, assegurar aos administradores, sócios e associados das entidades-rés, em tais hipóteses, condições adequadas para o exercício do contraditório e da ampla defesa (art. 5º, LV, CF).

Pelo novo código, o incidente de desconsideração da personalidade jurídica passa a ser uma nova modalidade de *intervenção de terceiros* no processo (daí a sua localização no capítulo IV do título III do livro III da Parte Geral do NCPC), na modalidade passiva. Será instaurado a pedido da parte ou do Ministério Público, quando lhe couber intervir no processo (art. 133, *caput*), não havendo, na lei processual civil, hipótese de instauração *ex officio*, por iniciativa do juiz.

O § 1º do art. 133 dispõe que "[o] *pedido de desconsideração da personalidade jurídica observará os pressupostos previstos em lei*", no que se reporta aos *pressupostos materiais* da desconsideração, que evidentemente deverão estar presentes para o deferimento do pedido. Tais pressupostos de admissibilidade serão mais ou menos rigorosos, conforme estejamos diante, respectivamente, de desconsiderações regidas pela *teoria maior* (art. 50 do NCC) ou pela *teoria menor* (arts. 28 do CDC e 4º da LCA), para utilizarmos uma dicotomia relativamente aceita pela doutrina nacional (conquanto não unânime)[2]. Nos casos regidos pela *teoria menor*, deve-se comprovar a *fraude* e/ou o *abuso de direito* (a dita *formulação subjetiva*), ou então a confusão patrimonial entre a pessoa jurídica e seus administradores, sócios ou associados (a dita *formulação objetiva*); na formulação subjetiva, cabem todos os usos que configurem abuso da personalidade jurídica, abuso de poder, infração da lei, fato ou ato ilícito ou violação de estatutos ou contratos sociais (arts. 50 do NCC e 28, *caput*, 1ª parte, do CDC), sempre com intenção de frustrar os interesses dos credores. Já nos casos regidos pela *teoria maior*, admite-se a desconsideração da personalidade jurídica quando simplesmente houver falência, estado de insolvência, encerramento ou inatividade da pessoa jurídica provocados por má administração (art. 28, *caput*, 2ª parte, do CDC); ou, de um modo mais geral, sempre que sua personalidade for obstáculo ao ressarcimento dos prejuízos causados (art. 4º da LCA).

---

(2) V., por todos, COELHO, Fábio Ulhoa. *Curso de direito comercial*. 8. ed. São Paulo: Saraiva, 2005. v. II, p. 31 e ss.

O procedimento do NCPC aplica-se, ademais, às hipóteses de desconsideração "inversa" (ou "reversa") da personalidade jurídica, i.e., aos casos em que a cognição/execução deverá ir além do patrimônio da pessoa natural feita ré, para alcançar também o patrimônio da pessoa jurídica que tal pessoa administra ou integra e que, de algum modo, serviu de anteparo formal para ocultação de patrimônio próprio.

O incidente de desconsideração é cabível em todas as fases do processo de conhecimento, como também na fase de cumprimento de sentença e também nas execuções fundadas em título executivo extrajudicial. Sua autonomia formal está assegurada no § 1º do art. 134 do NCPC, pelo qual "[a] *instauração do incidente será imediatamente comunicada ao distribuidor para as anotações devidas*". Por outro lado, a instauração do incidente é dispensada, no processo civil, se a desconsideração da personalidade jurídica for requerida desde logo, na *petição inicial*, hipótese em que será imediatamente citado o sócio (na desconsideração direta) ou a pessoa jurídica (na desconsideração reversa); em tal caso, o contraditório será exercido imediata e conjuntamente com o réu principal, na própria fase cognitiva.

Se o incidente for efetivamente instaurado pelo juiz da causa, dar-se-á a suspensão do processo principal, exceção feita à hipótese do art. 133, § 2º, do NCPC (*i.e.*, quando a desconsideração for *ab initio* requerida na petição inicial). O novo código registra, ademais, que "[o] *requerimento deve demonstrar o preenchimento dos pressupostos legais específicos para desconsideração da personalidade jurídica*" (art. 133, § 4º), o que significa que a petição deverá indicar articuladamente os fatos configuradores da fraude, do abuso, da confusão patrimonial, do estado de insolvência etc.; ulteriormente, se acaso controvertidos, esses fatos deverão ser provados pela parte que os alega.

O sócio ou a pessoa jurídica indicados no incidente serão citados para manifestação em quinze dias; no mesmo prazo, deverão requerer as provas cabíveis. Havendo necessidade de provas, abre-se lapso instrutório, ao qual se aplicam as regras gerais das audiências de instrução (arts. 358 a 368 do NCPC) e do direito probatório (arts. 369 a 379), no que couber. E, concluída a fase instrutória, o incidente será resolvido por decisão interlocutória. Proferida em primeiro grau, caberá agravo de instrumento (art. 1.015, IV, NCPC); proferida em segundo grau, pelo relator, caberá agravo interno (art. 136, parágrafo único, NCPC).

Por fim, uma vez acolhido o pleito de desconsideração, reza a lei que "*a alienação ou a oneração de bens, havida em fraude de execução, será ineficaz em relação ao requerente*" (art. 137). Significa que, alienados ou onerados bens quaisquer da pessoa indicada no incidente — seja ele o administrador, o sócio, o associado (na desconsideração direta) ou a pessoa jurídica (na desconsideração reversa) —, nas condições jurídico-legais do art. 792, I a V, do NCPC, essas alienações e onerações serão desconsideradas no processo principal, já que ineficazes para a pessoa do requerente. De se ver, ademais, que, na hipótese do inciso IV ("*quando, ao tempo da alienação ou oneração, tramitava contra o devedor ação capaz de reduzi-lo à insolvência*"), deve-se ter em conta, obviamente, a própria ação principal ajuizada em face do réu cuja personalidade jurídica foi desconsiderada.

2. Do incidente de desconsideração da personalidade jurídica no processo do trabalho

A propósito do incidente de desconsideração da personalidade jurídica na Lei n. 13.105/2015, é comentário comum, entre alguns dos protagonistas intelectuais do NCPC, que o novo rito teria sido concebido "especialmente" para as execuções trabalhistas, ante as queixas reiteradas de excessos, notadamente entre representantes da advocacia.

Promulgada a lei, porém, já não importa aferir a *mens legislatoris*. Antes, ou ao lado dela, é preciso perquirir a *mens legis*, o que pressupõe mínima abstração sistemática[3]. O que significa indagar: uma vez integrado ao sistema processual brasileiro, o incidente de descon-

---

(3) V., a propósito, Ferraz Jr., apontando as críticas às chamadas "correntes subjetivistas": "*Não se vai primeiro à* mens legislatoris *para depois atingir o sentido da norma, posto que, na verdade, primeiro se alcança o sentido da norma (se interpreta) e só depois é que se descobre a intenção do legislador. Em segundo lugar, a corrente subjetivista recorre ao mesmo pressuposto indemonstrável da teoria idealista, supondo que a intenção do legislador* (mens *ou* voluntas) *é algo distinto da articulação linguístico-normativa e que existiria uma forma de acesso ao seu pensamento normativo que não seja por meio do seu discurso normativo. Ora, para reconhecer esse pensamento (como intenção) inarticulado linguisticamente teríamos de buscar uma vontade capaz de se comunicar de forma não linguística. Como isso é impossível, recorre-se aos debates preliminares, aos testemunhos pré-normativos, os quais, porém, também têm de ser interpretados! Se as palavras do legislador, unidades em que se expressa a consciência, representassem ideias, elas se fundariam num vazio, refletindo um certo arbítrio, o que torna o critério da interpretação verdadeira inexplicável*" (FERRAZ JR., Tércio Sampaio. Introdução ao estudo do direito: técnica, decisão, dominação. São Paulo: Atlas, 1991. p. 246-247). O autor, no entanto, critica também a teoria objetivista de interpretação da norma, propondo a utilização do método lógico-sistemático (para neutralizar os comunicadores e conferir à norma o caráter de *imperativo despsicologizado*) e dos métodos histórico-sociológico e teleológico-axiológico, logrando a máxima congruência entre autoridade, liderança e reputação, e por conseguinte, a *boa interpretação*, que revela a vontade do legislador racional (p. 257). Como reportamos em outra obra, cremos ser esta uma teoria igualmente *objetivista*, embora calcada em pressupostos diversos (teoria linguística e semiótica) e operacionalizada com instrumentos mais refinados.

sideração da personalidade jurídica *pode* ser aplicado ao processo do trabalho? Vejamos.

2.1. O art. 15 do NCPC: evolução e interpretação

O art. 15 do NCPC provocou, como se sabe, certa perplexidade quanto ao papel do art. 769 da CLT a partir da entrada em vigor do novo código. Originalmente, no PL n. 6.025/2010 (Câmara dos Deputados), o preceito estava assim vazado:

> Na ausência de normas que regulem processos eleitorais, administrativos ou trabalhistas, as disposições deste Código lhes serão **aplicadas supletivamente** (g. n.).[4]

Ditada desta maneira, a norma pareceu relativizar o clássico binômio de *subsidiariedade* que a jurisprudência e a doutrina processual trabalhista construíram a partir do art. 769 da CLT. É que, segundo o pensamento juslaboral consolidado, para que a norma de direito processual comum — *i.e.*, o *Direito Processual Civil* (ao menos pela interpretação hoje corrente[5]) — possa ser aplicada ao processo do trabalho, há que ter **omissão** (da legislação processual trabalhista) e **compatibilidade** (entre a norma importada do processo comum e a principiologia do processo do trabalho). O mesmo se diga, ademais, do art. 889 da CLT, quanto à execução trabalhista. O artigo 15, entretanto, ignoraria, ao menos textualmente, o segundo elemento do binômio (i.e., a *compatibilidade*), por se referir apenas à *"ausência de normas"* (*i.e.*, à omissão). Dir-se-ia que o pressuposto da compatibilidade é óbvio; mas, se tão óbvio fosse, não constaria expressamente do texto celetário de 1943 (*"...exceto naquilo em que for incompatível..."*). Os que advogam essa nova compreensão supõem, na verdade, que o art. 15 do NCPC *derrogou* a norma do art. 769 da CLT, já que sequer referia a subsidiariedade. E é fato que, nalgumas falas públicas, o próprio presidente da Comissão de Juristas, o Ministro Luiz Fux (STF), deixou transparecer tal pretensão, no pretenso propósito de auxiliar o operador do Direito Processual do Trabalho, às voltas com um diploma legislativo que ultrapassa o seu septuagésimo aniversário.

E, com efeito, lido e interpretado sem o devido cuidado, o preceito permitiria, por exemplo, que um juiz do Trabalho viesse a admitir agravo de instrumento contra decisão liquidatária de sentença (art. 1.015, parágrafo único, do NCPC[6]), já que a Consolidação das Leis do Trabalho hoje é omissa a respeito dos métodos de liquidação sentencial (exceto quanto à liquidação por cálculos, *ex vi* do art. 879, mas sem qualquer referência aos respectivos modos de impugnação). E, na mesma linha, entender-se-ia que, diante do silêncio da CLT, o incidente de desconsideração da personalidade jurídica seria integralmente aplicável ao processo do trabalho, inclusive quanto ao "prazo comum" de quinze dias para a defesa dos requeridos (maior que qualquer dos prazos celetários em fase de conhecimento). Mais ainda, a decisão interlocutória final, no incidente de desconsideração, desafiaria agravo de instrumento (arts. 135 e 1.015, IV, do NCPC)...

Tais exegeses, se levadas a cabo na esfera do processo laboral, representariam evidentes retrocessos, notadamente nas execuções trabalhistas. Isso porque, sem sombra de dúvidas, essas interpretações — que decorreriam da mera *omissão* da CLT a respeito — estariam em desacordo com a **principiologia do processo laboral**, notadamente em razão dos princípios da celeridade processual, da concentração dos atos processuais, da oficialidade da execução e da irrecorribilidade das decisões interlocutórias (*ut* art. 893, § 1º, da CLT).

Para evitar semelhantes dificuldades, que no limite fariam vir abaixo todo o pórtico de intelecção jurisprudencial já erigido sobre o art. 769 consolidado, era de toda conveniência *corrigir* a redação do preceito, durante a tramitação legsilativa, para que fosse promulgado o seguinte texto:

> Na ausência de normas que regulem processos penais, eleitorais, administrativos ou trabalhistas, as disposições deste Código lhes serão aplicadas supletivamente, **exceto naquilo em que forem incompatíveis com os respectivos sistemas ou princípios**. (g. n.)

É o que propuséramos originalmente, por intermédio da Associação Nacional dos Magistrados da Justiça do Trabalho (ANAMATRA). Com isso, já não restariam dúvidas de que, tanto no processo do trabalho quanto nos demais ramos da processualística contemporânea (processo administrativo, penal, penal militar, eleitoral etc.), a norma processual civil só poderia ser "importada" quando não conflitasse com os princípios e a sistemática própria de cada um daqueles ramos. No caso específico da Justiça do Trabalho, preservar-se-ia a jurisprudência já

---

[4] Em relação à redação original do PLS n. 166, no Senado da República, o texto em questão excluiu apenas os **processos penais**; e desnecessariamente, a nosso ver. Veja-se a nota subsequente.

[5] Com a qual, diga-se, não concordamos. A rigor, tanto o *processo civil* quanto o *processo penal* poderiam ser considerados, em um sentido mais amplo, "direito processual comum". Quanto a isso, v. *Fênix — por um novo processo do trabalho: a proposta dos juízes do Trabalho da 15ª Região para a reforma do processo laboral (comentada pelos autores)*, de nossa lavra, em coautoria com os juízes Gerson Lacerda Pistori, Jorge Luiz Souto Maior e Manoel Carlos Toledo Filho (São Paulo: LTr, 2011).

[6] A que correspondia, *"mutatis mutandis"*, o art. 475-H do Código de Processo Civil de 1973.

construída para o tema da subsidiariedade do direito processual comum, incrementando-se a segurança jurídica, sem prejuízo da renovação advinda dos novos princípios e regras positivados pelo NCPC (especialmente em seu art. 139). E, diga-se, *nem poderia ser outra a interpretação correta do preceito*. Mas, para prevenir arroubos colonizadores do processualismo civil, conviria ressalvar.

Entretanto, *não se ressalvou*. Ao final, para tentar evitar tal hermenêutica desconstrutiva, a própria ANAMATRA chegou a propor destaque supressivo para que, à maneira do processo penal, o processo do trabalho fosse *excluído* do art. 15. Outra vez não houve êxito. E assim se promulgou, no NCPC, o texto do art. 15:

> Na ausência de normas que regulem processos eleitorais, trabalhistas ou administrativos, as disposições deste Código lhes serão aplicadas **supletiva e subsidiariamente**. (g. n.)

Legem habemus. Resta agora, ao aplicador do Direito, manejar uma hermenêutica minimamente razoável. E a interpretação não poderia ser outra, se não aquela que ensaiamos acima: **o art. 15 do NCPC não ab-roga ou derroga o art. 769 da CLT**; antes, **reforça a sua intelecção tradicional** (inclusive na perspectiva da *mens legislatoris*, já que *assimilou*, na tramitação perante a Câmara dos Deputados, o advérbio "subsidiariamente"). O "supletivo", nesse passo, discrepa do "subsidiário", mas apenas naquilo que a doutrina processual laboral já havia incorporado desde as últimas alterações do CPC de 1973 (Leis ns. 11.187/2005, 11.232/2005, 11.276/2006, 11.277/2006 e 11.280/2006). Para as lacunas ditas "normativas", i.e., *textuais*, dir-se-á da aplicação *subsidiária* do processo comum, lá onde não houver texto legal específico em vigor; e de aplicação *supletiva* se dirá, com afastamento de textos legais formalmente em vigor, para as lacunas ditas *ontológicas* (em que o texto legislativo padece de decrepitude social, i.e., está irremediavelmente *desligado* da realidade social em que deve ser aplicado) e para as lacunas ditas *axiológicas* (em que o texto legislativo, uma vez aplicado, conduz a soluções que são — ou se tornaram — *injustas*, notadamente à luz dos valores constitucionais em vigor)[7].

Entendimentos similares foram recentemente externados, com maestria, por Athayde Chaves e Teixeira Filho (respectivamente):

> Ainda que esse tema tenha despertado alguma polêmica, quando promulgado o novo código, entendo que **o seu art. 15 em nada altera a metodologia de subsidiariedade e/ou supletividade das normas processuais comuns ao processo do trabalho**, assim como presente nos arts. 769 e 889 da CLT. A grande questão, ainda em aberto, diz respeito à necessidade de evolução na metodologia processual quanto ao diálogo das fontes, em especial em razão do influxo dos direitos fundamentais e a colmatação das insuficiências normativas processuais na Justiça do Trabalho. **Esse é um desafio que já se nos apresentava antes e que continua bastante presente, porque se produz pouca ciência sobre o problema das lacunas supervenientes no subsistema processual do trabalho**, revelando-se, não raro, certo colorido discricionário na questão da aplicação de normas processuais gerais nesse terreno especializado. Assim, entendo que **não existe antinomia entre as regras mencionadas. O problema é metodológico e de supremacia da Constituição Federal, que exige eficiência da tutela processual diferenciada que deve ser prestada pela Justiça do Trabalho**. E isso não significa uma defesa historicamente acrítica do processo do trabalho, que não nasceu para ser autônomo, normativamente falando. Nasceu impregnado com valores diferentes e uma ideologia de efetividade e simplicidade processuais, mas não isoladamente ou autonomia estanque. Não se pode negar a condição pré-constitucional da parte processual da CLT, bem como os avanços científicos do processo comum. A grande tarefa do intérprete e aplicador do processo do trabalho é considerar esse cenário e reconhecer o complexo método que se lhe apresenta na concretização da norma processual trabalhista.[8]

Ainda:

> **Nada muda, a meu ver**. O art. 769 da CLT, estabelece, desde sempre, os dois requisitos para a aplicação de normas do "direito processual comum" (em cujo conceito se compreende o CPC) ao processo do trabalho: a) omissão do sistema desse processo especializado; b) compatibilidade da norma externa com o aludido sistema. O art. 15 do NCPC, cogita, unicamente, da omissão (lacuna, "ausência de normas"), colocando de lado o requisito da compatibilidade, que tem funcionado, na prática, há mais de sessenta anos, como uma eficiente segunda linha de defesa do processo do trabalho, em face das sucessivas e crescentes arremetidas do processo civil. O que me preocupa, pois, no tocante ao art. 15 do NCPC, não é, propriamente, o que ele diz, e sim,

---

(7) Sobre a "completude" do sistema jurídico e as suas diversas lacunas, v., por todos, DINIZ, Maria Helena. *As lacunas no direito*. 7. ed. São Paulo: Saraiva, 2002. p. 68 e ss.

(8) CHAVES, Luciano Athayde. Entrevista. *Jornal Anamatra*. Brasília: ANAMATRA, n. 184, p. 11, 2016 (g. n.).

o que deixou de dizer. Como advertia o poeta Curitiba, Paulo Leminski: "Repara bem no que não digo". De resto, é importante lembrar que, **nos termos do art. 2º, § 2º, da Lei de Introdução das Normas do Direito Brasileiro (LINDB), norma genérica (CPC) não revoga norma específica (CLT)**.

A prevalecer a regra do art. 15, do CPC — possibilidade admissível apenas *ad argumentadum* —, estar-se-á rendendo ensejo a que sejam vilipendiados os princípios fundamentais do processo do trabalho. Não é despropositado advertir que o paroxismo dessa influência do NCPC pode implicar perigoso risco à sobrevivência institucional do próprio processo do trabalho, máxime se for atingido o que denominamos de seu núcleo vital, formado:

a) pela ampla liberdade concedida ao juiz na direção do processo (art. 765);

b) pela declaração de que somente haverá nulidade se o ato inquinado acarretar manifesto prejuízo à parte (art. 794, *caput*);

c) pela faculdade concedida ao juiz para proceder à intimação, *ex officio*, de testemunhas (art. 825, parágrafo único);

d) pela potestade reconhecida ao juiz de dar início à execução (de título judicial — art. 878, *caput*);

e) pela irrecorribilidade (imediata) das decisões interlocutórias (art. 893, § 1º) — apenas para referir alguns corolários.

Historicamente, aliás, houve tentativa de tornar concreta a possibilidade de sutil obliteração do processo do trabalho, mediante a inserção de parágrafo único no art. 769 da CLT, dispondo: "O direito processual comum também poderá ser utilizado no processo do trabalho, inclusive na fase recursal ou de execução, naquilo em que permitir maior celeridade ou efetividade de jurisdição, ainda que existente norma previamente estabelecida em sentido contrário" (destaquei). Cuidava-se, como se nota, não de incidência subsidiária ou supletiva do processo civil, e sim, substitutiva, significa dizer, derrogatória! Projeto, com esse objetivo, havia sido apresentado pelo então deputado federal Luiz Antônio Fleury Filho, sendo, todavia, arquivado, para alívio de quantos lutavam pela sobrevivência do processo do trabalho. Como nós.[9]

Conquanto não partam das mesmas teses, ambos concordam que, para a questão da subsidiariedade do processo comum no processo do trabalho, **nada muda**. É também como pensamos. E, com este norte, portanto, passamos ao tópico seguinte.

2.2. Incidente de desconsideração da personalidade jurídica no processo do trabalho: incompatibilidade

Se, como dito, na tensão entre o art. 15 do NCPC e o art. 769 da CLT, *as linhas mestras deste último devem sobressair-se* (notadamente quanto à *compatibilidade*), o que dizer da aplicação do incidente de desconsideração da personalidade jurídica (arts. 133 a 137 do NCPC) ao processo do trabalho?

A nosso ver, o filtro da compatibilidade leva necessariamente à tese da **inaplicabilidade** do incidente nos processos tramitados sob os ritos da Consolidação das Leis do Trabalho e da Lei n. 5.584/1970. E a sua *absoluta incompatibilidade* com o processo do trabalho deriva fundamentalmente de seis razões.

A uma, pelo histórico *impulso oficial do processo laboral na fase executiva* (estabelecido legalmente, diga-se, muito antes do "processo sincrético" civil, disposto pela Lei n. 11.232/2005). Com efeito, dispõe o art. 878 da CLT que "[a] *execução poderá ser promovida* [...] ex officio *pelo próprio Juiz ou Presidente ou Tribunal competente*" (g. n.). O processo do trabalho dispensa, portanto, qualquer exigência de *"pedido da parte ou do Ministério Público"*, como se lê no art. 133, *caput*, do NCPC (que, vimos, *não admite* a instauração *ex officio*); e isto obviamente se aplica às extensões subjetivas do polo passivo executivo, quando for o caso.

A duas, pela *irrenunciabilidade* prima facie *dos créditos trabalhistas reclamados ou exequendos*, a autorizar, *in casu*, a relativização do princípio dispositivo. Isto também se dá, *mutatis mutandis,* no exercício do direito de defesa perante o processo penal: pelas mesmas e óbvias razões — porque estão em jogo direitos humanos fundamentais aprioristicamente irrenunciáveis —, dar-se-á sempre a designação de um defensor, ainda que o réu *não queira* se defender. No entanto, como vista acima, o rito criado para a desconsideração da personalidade jurídica *não transige* com o impulso oficial, condicionando-o necessariamente à iniciativa interessada de terceiros. O princípio dispositivo, na regra ditada pelo art. 133, *caput,* do NCPC, reina absoluto.

A três, pela *natureza monolítica do processo laboral* e pelo próprio *princípio da concentração dos atos processuais,* que não se compadecem com "incidentes" autônomos ou com "exceções rituais", tramitadas em autos apartados, sob numeração própria e com comunicação formal ao distribuidor (art. 134, § 1º, NCPC). Nos procedimentos trabalhistas, *tudo se incorpora ao rito de fundo,* como se dá, p. ex., com a exceção de incompetência *ex ratione loci* (art. 800 da CLT), com a impugnação ao valor da causa

---

(9) TEIXEIRA FILHO, Manoel Antonio. Entrevista. *Jornal Anamatra*. Brasília: ANAMATRA, n. 184, p. 12, 2016 (g. n.).

(art. 2º, § 2º, da Lei n. 5.584/1970) e com os próprios embargos à execução (sempre entendidos pela doutrina nacional como um mero *incidente endógeno não autônomo*, enquanto os processualistas civis nele sempre viram uma ação autônoma incidental).

A quatro, pelo *princípio da simplicidade das formas*, inerente ao processo do trabalho (veja-se, *e. g.*, o art. 840, § 1º, da CLT), não se compadece com **(a)** a necessidade de requerimentos prévios formais (art. 133, *caput*, NCPC); **b)** a "demonstração" textual exauriente do preenchimento dos pressupostos materiais específicos das diversas hipóteses de *disregard* (art. 133, § 4º, NCPC) — que o reclamante, jejuno em leis e exercente do *ius postulandi* (art. 791/CLT), dificilmente conhecerá, notadamente nas variantes apontadas acima (teorias maior e menor); e **(c)** as citações prévias às restrições de patrimônio — e já se cogitam de "saídas" para essa impraticável aplicação, como, p. ex., a "universalização" das constrições cautelares *inaudita altera pars*, autorizadas pelo art. 139, IV, c.c. art. 9º, parágrafo único, do NCPC, para somente depois instaurar-se *ex officio* o incidente.

A cinco, pelo *princípio da celeridade processual*, que igualmente informa o processo do trabalho — mais intensamente do que o processo civil ou o processo penal, como revelam os próprios prazos processuais trabalhistas —, e que não se compadece **(a)** com o prazo dilatado para a resposta dos requeridos (*quinze dias* — art. 135/NCPC —, contra o prazo mínimo de *cinco dias* — art. 841/CLT — reservado para o réu originário no processo do trabalho); e **(b)** com a *suspensão do processo principal* durante a tramitação do incidente de desconsideração da personalidade jurídica (art. 133, § 3º, NCPC), absolutamente desconhecida, até então, do processo do trabalho e do próprio processo civil. O processo do trabalho, em particular, suspende-se apenas nas hipóteses de exceções de incompetência, impedimento e suspeição (art. 799/CLT); ou, em sede executiva, nos embargos de terceiros (art. 678/NCPC), porque omissa a CLT; e nada mais. Nas práticas hoje correntes, nada obsta a que, concomitantemente ao curso de prazo judicial deferido para a produção de provas requeridas pelo sócio retirante (que alega, p. ex., já não ter responsabilidade patrimonial, à vista do art. 1.003 do Código Civil, desejando provar o momento da sua saída), produzam-se atos de constrição patrimonial para a garantia do juízo, além de outros atos de comunicação processual que acaso sejam necessários. E nada justifica que tal possibilidade deixe de existir.

A seis, porque entendemos que, no âmbito do Direito do Trabalho, a responsabilidade patrimonial dos sócios pelos débitos trabalhistas de pessoas jurídicas rege-se pelos critérios da chamada *teoria menor*, à vista do que dispõem os arts. 2º, *caput*, 10 e 448 da CLT, associados ao próprio art. 28, § 5º, do CDC (pela via do art. 8º, parágrafo único, da CLT). Disso decorre que, sendo líquida e certa a dívida e atestada a inadimplência da pessoa jurídica, estão já presentes os pressupostos materiais da desconsideração, sendo despicienda, de regra, qualquer dilação probatória para comprovação de fraude ou abuso de direito, e menos ainda para colheita de provas acerca das "intenções" do administrador, do sócio ou do associado. Jogando com a coerência interna do sistema jurídico, parece-nos insustentável que a responsabilidade subsidiária de sócios quanto a créditos decorrentes de lesões a consumidores ou ao meio ambiente regule-se pela teoria menor, bastando-lhe a mera insolvência (ou, de modo mais abrangente, que a personalidade jurídica seja, *"de alguma forma, obstáculo ao ressarcimento de prejuízos"*), e que, em relação a credores trabalhistas — detentores de créditos superprivilegiados, *ut* art. 449, § 1º, da CLT —, aquela responsabilidade regule-se pela teoria maior, exigindo confusão patrimonial, fraude ou abuso comprovados. E, para os casos regidos pela teoria menor (como são, insista-se, os relativos a créditos trabalhistas), o novo rito criado pelo NCPC tem pouquíssima utilidade: em geral, constatada a inadimplência na fase executiva, nada mais resta a provar.

Não estamos sós. Com fundamentos semelhantes, a melhor doutrina tem repudiado a aplicação do IDPJ na Justiça do Trabalho. Assim, p. ex., Athayde Chaves:

> Dizem que esse dispositivo foi pensado para a Justiça do Trabalho, em razão da intensidade com que se promove a desconsideração direta e inversa da personalidade jurídica das pessoas executadas. Sem adentrar no mérito dessa afirmação, quase preconceituosa (na medida em que o esforço que se faz na execução visa a efetividade das tutelas), creio que a formalidade do incidente não reverbera no processo do trabalho. Tal como já sucedeu ao tempo em que os embargos do devedor, no processo comum, eram uma ação autuada de forma apartada dos autos da execução, a instrumentalidade processual trabalhista não demanda um procedimento lateral para a desconsideração. Desde que respeitados os direitos fundamentais processuais, não vejo razão para o excesso de formalismo.[10]

E, na mesma linha, Teixeira Filho:

> Dizer se o procedimento respeitante ao incidente de desconsideração da personalidade jurídica, traçado pelos arts. 133 a 137 do NCPC, incidirá, ou não, no processo do trabalho, implica certo vaticínio temerário. O que posso afirmar, em concreto, é que esse procedimento se revela

---

(10) *Op. cit.*, p. 13.

incompatível com o processo do trabalho pelas seguintes razões jurídicas, entre outras:

1) Retira a possibilidade de o juiz instaurar, por sua iniciativa, o incidente, contrariando os arts. 765 e 878, *caput*, da CLT. O NCPC somente atribui legitimidade à parte ou ao Ministério Público para isso (art. 133, *caput*); não, portanto, ao juiz;

2) Há suspensão do processo (NCPC, art. 134, § 3º), fato que conspira contra a celeridade do procedimento trabalhista, lembrando que o art. 799, *caput*, da CLT, dispõe que unicamente terão efeito suspensivo do processo as exceções de suspeição (e impedimento) ou incompetência (relativa). A despeito de o NCPC haver banido essas exceções (arts. 64, *caput*, e 146), a CLT ainda as prevê (arts. 799 a 802); destarte, sob o aspecto essencialmente técnico (CLT, art. 769), não há como aplicar ao processo do trabalho os mencionados dispositivos do estatuto processual civil;

3) Atribui ao autor da ação o ônus da prova quanto ao preenchimento dos pressupostos legais específicos para a desconsideração da personalidade jurídica (art. 134, § 4º); no processo do trabalho, tem-se aplicado, com fulcro no art. 8º, da CLT, o art. 28, § 5º, do Código de Defesa do Consumidor (CDC), que conduz a resultado diverso daquele que tenderá a ser produzido pela incidência do art. 134, § 4º, do NCPC;

4) Estabelece um contraditório prévio (NCPC, art. 135), ao passo que a Justiça do Trabalho sempre adotou o contraditório diferido, ou seja, estabelecido após a constrição patrimonial do sócio. Não há, nisso — e por isso —, ofensa ao art. 5º, inciso LV, da Constituição Federal;

5) Prevê a interposição de recurso da decisão interlocutória que julga o incidente (NCPC, art. 136, parágrafo único, em interpretação sistemática), em visível contraposição ao art. 893, § 1º, da CLT.[11]

Outros tantos autores seguem na mesma direção.[12] Razões várias e suficientes, afinal, para que desde logo se alijasse o novel rito dos processos que tramitam perante a Justiça do Trabalho. Nada obstante, entendeu de outro modo o Tribunal Superior do Trabalho.

3. A Instrução Normativa n. 39/2016 e o IDPJ

Diversamente de tudo quanto exposto até aqui, o Tribunal Superior do Trabalho, por sua composição plenária, compreendeu ser *aplicável ao processo do trabalho* o rito do incidente de desconsideração da personalidade jurídica, por intermédio da Resolução n. 203, de 15.3.2016, que editou a *Instrução Normativa n. 39/2016*. Esta, por sua vez, *"dispõe sobre as normas do Código de Processo Civil de 2015 aplicáveis e inaplicáveis ao Processo do Trabalho, de forma não exaustiva"*. Trata-se do produto intelectual dos intensos trabalhos de uma comissão de ministros do TST designada para esse fim e coordenada pelo Ministro João Oreste Dalazen.

Nos seus *"consideranda"*, o Tribunal Pleno entendeu, como nós, que *"as normas dos arts. 769 e 889 da CLT não foram revogadas pelo art. 15 do CPC de 2015, em face do que estatui o art. 2º, § 2º da Lei de Introdução às Normas do Direito Brasileiro"*. E, adiante, ao cogitar da aplicação dos arts. 9º e 10 do NCPC (que não é objeto deste estudo), também pondera a necessidade de *"se compatibilizar* [os conteúdos do NCPC] *com os princípios da celeridade, da oralidade e da concentração dos atos processuais no Processo do Trabalho, visto que este, por suas especificidades e pela natureza alimentar das pretensões nele deduzidas, foi concebido e estruturado para a outorga rápida e impostergável da tutela jurisdicional (CLT, art. 769)"*.

Não obstante, no que diz respeito ao IDPJ, premissas iguais levaram a conclusões diferentes. Nos termos do art. 6º da IN n. 39/2016,

> [a]plica-se ao Processo do Trabalho o incidente de desconsideração da personalidade jurídica regulado no Código de Processo Civil (arts. 133 a 137), assegurada a iniciativa também do juiz do trabalho na fase de execução (CLT, art. 878).
>
> § 1º Da decisão interlocutória que acolher ou rejeitar o incidente:
>
> I — na fase de cognição, não cabe recurso de imediato, na forma do art. 893, § 1º da CLT;
>
> II — na fase de execução, cabe agravo de petição, independentemente de garantia do juízo;
>
> III — cabe agravo interno se proferida pelo Relator, em incidente instaurado originariamente no tribunal (CPC, art. 932, inciso VI).
>
> § 2º A instauração do incidente suspenderá o processo, sem prejuízo de concessão da tutela de urgência de natureza cautelar de que trata o art. 301 do CPC.

---

(11) *Op. cit.*, p. 14.
(12) V., *e.g.*, SILVA, José Antônio Ribeiro de Oliveira; DIAS, Carlos Eduardo de Oliveira; FELICIANO, Guilherme Guimarães; TOLEDO FILHO, Manoel Carlos. *Comentários ao novo CPC e sua aplicação ao processo do trabalho*. São Paulo: LTr, 2016. v. I, *passim*.

Pela intelecção do texto acima, cumpriria ao juiz do Trabalho abrir, ao requerido (administrador, sócio, associado, pessoa jurídica etc.), o dilatado prazo de *quinze dias* para a sua "defesa", como também para a especificação de provas, ainda que o magistrado entenda por bem aplicar, à hipótese, a teoria menor (e supor, por isto, desnecessária qualquer prova acerca de fraudes, abusos ou confusões patrimoniais). Deveria, ademais, entender suspenso o processo, pelo tempo necessário para a produção das provas que fossem indicadas pelo requerido; nenhum outro ato processual poderia praticar, senão aqueles de natureza cautelar (art. 301/NCPC). A nosso ver, o comando é notoriamente *avesso* aos fundamentos do processo do trabalho, pelas tantas razões explicitadas no tópico anterior. Mas isto tudo dissemos lá.

Aqui, há outro importante aspecto a debater: afinal, os juízes do Trabalho estão *adstritos* ao rigoroso cumprimento da Instrução Normativa n. 39/2016, ainda que não compartilhem de suas teses?

Compreendemos que **não**.

Em primeiro lugar, não há vinculatividade porque o direito processual não pode ser ditado por uma instrução normativa, à vista do que diz o art. 22, I, da Constituição. Com efeito, "[c]*ompete privativamente à União legislar sobre* [...] *direito* [...] *processual* [...]"; e só se legisla pelas espécies normativas previstas no art. 59/CF, de modo que *instruções normativas de tribunais* não são fontes formais idôneas para ditar direito novo em seara processual (ou, a rigor, em qualquer seara), nem para vincular a conduta dos cidadãos, à luz do art. 5º, II, CF.

De outro turno, se a IN n. 39/2016 não está a ditar direito novo (porque não pode fazê-lo), e se tampouco está a consolidar jurisprudência (porque ainda não se formou a respeito), é certo que, como ato oficial, *não pode tisnar a independência técnica dos juízes do Trabalho,* sob pena de agressão à *independência funcional* da Magistratura, como lepidamente descrita por Canotilho[13]:

> A **independência funcional** é uma das dimensões tradicionalmente apontadas como constituindo o **núcleo duro do princípio da independência**. Significa ela que **o juiz está apenas submetido à lei — ou melhor, às fontes de direito jurídico-constitucionalmente reconhecidas — no exercício da sua função jurisdicional**. (g. n.)

É, ademais, o que pontua, com grande proximidade, a Associação Nacional dos Magistrados da Justiça do Trabalho (ANAMATRA), em recente ação direta de inconstitucionalidade apresentada ao Supremo Tribunal Federal e distribuída à Min. Cármen Lúcia (ADI n. 5.516/DF). Com efeito, já em seu primeiro item ("*Objeto da Ação*"), rejeita-se a "*instrução normativa do tribunal superior do trabalho que, a pretexto de regulamentar o novo código de processo civil, (1) legisla, (2) sem competencia constitucional ou legal, e (3) viola a independencia dos magistrados*". Nessa medida, ataca a IN n. 39/2016, a uma:

> porque invadiu a competência do legislador ordinário federal para dizer, desde logo, quais seriam os dispositivos do novo CPC que seriam aplicáveis ao processo trabalhista, assim como os que não seriam. Ou seja, instituição uma típica norma de "sobredireito", como a Lei de Introdução às Normas do Direito Brasileiro (antiga LICC, instituída pelo Decreto-Lei n. 4.657/42 e alterada pela Lei n. 12.376/10).

A duas, ataca-a porque viola:

> o art. 5º, II, da CF (princípio da reserva legal) e o art. 96, I, "a", da CF (competências privativas dos Tribunais para editar seus Regimentos Internos apenas sobre as matérias internas do Tribunal), porque o Tribunal Superior do Trabalho não possui competência, quer constitucional, quer legal, para o fim de expedir Instrução Normativa com a finalidade de "regulamentar" a lei processual federal.

A três, impugna-a porque viola:

> o princípio da independência dos magistrados, contido em vários dispositivos da CF, como o art. 95, I, II e III, e o art. 5º, incisos XXXVII e LIII, porque cabe a cada magistrado ou Tribunal, no exercício da prestação jurisdicional, conferir a interpretação da lei ao julgar os casos concretos, e não ter de se submeter a normas de "sobredireito" editadas por um Tribunal, que não tem função legislativa.

E arremata:

> Devia o TST, no máximo, ter editado enunciados ou expedido recomendação, para que os juízes e Tribunais observassem o entendimento que a Comissão de Ministros compreendeu que seria o mais adequado e correto.

Nunca, d.v., realizado a edição de uma Instrução Normativa, que submete os magistrados à sua observância, como se fosse uma lei editada pelo poder legislativo.

Por tudo isso, a ANAMATRA pede a concessão da medida cautelar para o fim de que seja *suspensa* a eficácia da Instrução Normativa n. 39/2016, com efeitos *ex nunc*; e, ao final, a procedência do pedido de declaração de nulidade por vício de inconstitucionalidade

---

(13) A *independência funcional* está ao lado da *independência pessoal*, que diz com a impraticabilidade de transferências, suspensões, aposentações e demissões à margem da lei ou em razão das decisões emanadas, e da *independência coletiva*, que diz com a autonomia da judicatura — inclusive orçamentária — em relação aos demais poderes da República. V. CANOTILHO, J. J. Gomes. *Direito constitucional e teoria da constituição*. 3. ed. Coimbra: Almedina, 1998. p. 617-618.

formal e material, também com efeitos *ex nunc*. Mas daí também poderá advir, como nos parece mais adequado, provimento declaratório de eficácia *erga omnes* com *interpretação conforme* da IN n. 39, para que a ela não se reconheçam senão efeitos de *recomendação* (*i.e.*, efeitos não vinculantes), como, aliás, sugerido no preâmbulo da peça.

Seria, a nosso sentir, a solução jurídica mais adequada. Mas o tempo dirá.

Considerações finais

Pelo quanto exposto, supomos ter restado, ao leitor que buscou nestas linhas elementos para o seu convencimento, mais perplexidade e muito menos convicções. Afinal, temos conosco, a favor da tese esgrimida, doutrinadores de escol; e temos contra nós — *i.e.*, contra a tese esgrimida — nada menos que uma instrução normativa do Tribunal Superior do Trabalho. É evidente que a IN n. 39/2016 sinaliza, desde sempre, qual deverá ser a compreensão das diversas turmas do Tribunal Superior do Trabalho acerca da aplicabilidade dos arts. 133 a 137 do NCPC ao processo do trabalho; e, portanto, arrisca-se mais quem quiser enfrentá-la (ainda que, na linha das razões há pouco expostas, não a compreendamos "vinculante" em qualquer sentido).

Por outro lado, a vingar o tratamento próprio das nulidades no processo do trabalho — no sentido de que, *"[n]os processos sujeitos à apreciação da Justiça do Trabalho[,] só haverá nulidade quando resultar dos atos inquinados manifesto prejuízo às partes litigantes"* (art. 794/CLT: *pas de nullité sans grief*) —, parece certo que não caberá anular atos processuais e excussões patrimoniais em detrimento de administradores, sócios e associados, ainda se não instaurado previamente o incidente de desconsideração da personalidade jurídica, desde que, no bojo do procedimento em curso, *o juiz do Trabalho tenha assegurado aos prejudicados* **contraditório bastante**, *ainda que diferido*; e que tenha apreciado, em decisão fundamentada, as razões por eles expostas, como também as provas acaso produzidas. Atendidos, nessa alheta, os ditames dos arts. 5º, LV, e 93, IX, da Constituição da República, nada haverá a reparar. Ao revés, anulando os atos pela mera inobservância do rito civil do IDPJ, os tribunais do trabalho estarão, a rigor, **negando** a instrumentalidade do processo do trabalho e **renegando** o art. 794 da CLT (princípio da transcendência). Inadequado e retrocessivo.

Resta, pois, optar. E, nos casos concretos, decidir, com coragem, conforme a opção feita. Valham-nos neste epílogo, afinal, as palavras de Luther King: *"Our lives begin to end the day we become silent about things that matter"*...

Referências bibliográficas

BAPTISTA SILVA, Ovídio Araújo. *Processo e ideologia*: o paradigma racionalista. 2. ed. Rio de Janeiro: Forense, 2004.

CANOTILHO, J. J. Gomes. *Direito constitucional e teoria da constituição*. 3. ed. Coimbra: Almedina, 1998.

CHAVES, Luciano Athayde. Entrevista. *Jornal Anamatra*, Brasília: ANAMATRA, n. 184, 2016.

COELHO, Fábio Ulhoa. *Curso de direito comercial*. 8. ed. São Paulo: Saraiva, 2005. v. II.

COSTA MACHADO, Antonio Claudio da. Um novo código de processo civil? *Jornal Carta Forense*, São Paulo: Stanich & Maia, 5.7.2010 (Legislação).

FELICIANO, Guilherme Guimarães. Desconsideração e consideração da pessoa jurídica no direito penal ambiental: convergindo antíteses aparentes para a tutela penal do meio ambiente humano. *Revista da Faculdade de Direito da Universidade de São Paulo*, São Paulo: FDUSP, v. 118, jan./dez. 2013.

FELICIANO, Guilherme Guimarães; PISTORI, Gerson Lacerda; MAIOR, Jorge Souto; TOLEDO FILHO, Manoel Carlos. *Fênix* — por um um novo processo do trabalho: a proposta dos juízes do Trabalho da 15ª Região para a reforma do processo laboral (comentada pelos autores). São Paulo: LTr, 2011.

FERRAZ JR., Tércio Sampaio. *Introdução ao estudo do direito: técnica, decisão, dominação*. São Paulo: Atlas, 1991.

FREITAS, Elizabeth Cristina Campos Martins de. *Desconsideração da personalidade jurídica*: análise à luz do código de defesa do consumidor e do novo código civil. 2. ed. São Paulo: Atlas, 2004.

MARINONI, Guilherme. *Teoria geral do processo*. 3. ed. São Paulo: Malheiros, 2008. v. I.

SILVA, José Antônio Ribeiro de Oliveira; DIAS, Carlos Eduardo de Oliveira; FELICIANO, Guilherme Guimarães; TOLEDO FILHO, Manoel Carlos. *Comentários ao novo CPC e sua aplicação ao processo do trabalho*. São Paulo: LTr, 2016. v. I.

TEIXEIRA FILHO, Manoel Antonio. *Comentários ao novo código de processo civil sob a perspectiva do processo do trabalho*. São Paulo: LTr, 2016.

_____. Entrevista. *Jornal Anamatra*, Brasília: ANAMATRA, n. 184, 2016.

Breves Considerações sobre o Papel Histórico da Doutrina Trabalhista na Introdução do Neoliberalismo no Brasil

Jorge Luiz Souto Maior[*]

Embora os historiadores digam que o neoliberalismo chega ao Brasil como força cultural na década 1990, seus fundamentos já se alastravam entre nós, tendo sido introduzidos a propósito dos debates estimulados pela constituinte de 1987, notadamente pelas mãos e mentes de alguns doutrinadores trabalhistas.

Para essa constatação, vejamos, para essa demonstração, alguns dos principais artigos publicados na *Revista LTr* em 1987.

O primeiro artigo publicado, em janeiro de 1987, é da autoria de Marco Aurélio Mendes de Farias de Mello, então Ministro do TST.

O artigo, de fato, é a reprodução de uma palestra proferida pelo autor na Faculdade de Direito da Universidade Federal Fluminense em setembro de 1986. O conteúdo do texto reflete, com exatidão, a ideia enunciada no título: *Constituinte — reivindicação básica dos trabalhadores*.

É possível verificar nesse texto a completa ausência de influência neoliberal, pautando-se o autor por uma clara defesa dos interesses dos trabalhadores. O Min. Marco Aurélio destaca a importância de se preservar na nova Constituição, no que se refere ao Direito do Trabalho, a noção fundamental, extraída dos movimentos históricos, de que "a liberdade não basta para assegurar a igualdade, pois os mais fortes depressa se tornam opressores".

Conforme explica o autor:

> A atenção despertada para as precárias situações da classe acabou por surtir efeito. O Estado, buscando o implemento da justiça social, compreendeu que as desigualdades reinantes somente poderiam ser corrigidas com a introdução de desigualdades reinantes somente poderiam ser corrigidas com a introdução de desigualdades de sentido oposto — Couture — surgindo, assim, o Direito do Trabalho, revelado por normas jurídicas asseguradoras de proteção mínima ao hipossuficiente.[1]

Tratando, especificamente, do Projeto Afonso Arinos para a Constituinte, o Min. Marco Aurélio dá ênfase à importância de ser preservar a ideia central do projeto, no que tange ao Direito do Trabalho, de garantir aos trabalhadores a estabilidade no emprego, junto com o Fundo de Garantia do Tempo de Serviço (FGTS), fazendo, ainda, uma crítica no sentido de que a estabilidade deveria ser garantida aos trabalhadores não apenas quando estes completassem 10 (dez) anos de serviço.

Conforme sustenta Marco Aurélio:

(*) Professor da Faculdade de Direito da USP. Juiz do Trabalho.
(1) MELLO, Marco Aurélio Mendes de Farias. Constituinte – reivindicação básica dos trabalhadores. *Revista LTr* 51-1/5.

No campo da preservação do emprego, caminhou-se para a compatibilização almejada entre os dois sistemas — o da estabilidade e o do Fundo. Ocorre, porém, que a proposta não levou em conta a nefasta experiência. Consigna o direito do trabalhador à estabilidade e ao Fundo de Garantia do Tempo de Serviço, sem maior indicação quanto aos parâmetros da primeira. Tudo indica que estes continuarão sendo os da Consolidação das Leis do Trabalho. Assim, para alcançar a estabilidade, o empregado terá que percorrer o longo caminho pertinente aos dez anos, ficando sujeito, enquanto isto, vir a ser despedido. Com todo o respeito, o Projeto não atende, no particular, aos anseios gerais. Melhor teria sido o abandono do instituto da estabilidade e a adoção da pura e simples garantia de emprego após os primeiros seis meses de serviço, com a possibilidade de cessação do vínculo caso verificado motivo socialmente justificável.[2]

No mesmo número, Coqueijo Costa, também tratando do Anteprojeto Constitucional da Comissão Provisória de Estudos Constitucionais, instituída pelo Decreto n. 91.450, de 18 de julho de 1985, publicado no Suplemento do Diário Oficial de setembro de 1986, Seção I, refere-se ao disposto no inciso XVI, do art. 343, como a "desejada coexistência da estabilidade com o FGTS".[3]

Em 24 de novembro de 1986, realizou-se em São Paulo o I Congresso Brasileiro de Direito Coletivo do Trabalho, comemorativo do Jubileu de Ouro da *Revista LTr*, e a revista de março de 1987 traz a publicação de algumas da conferências e palestras proferidas no evento.

Coqueijo Costa, no texto intitulado "Constitucionalismo social, intervenção do Estado, sindicalismo", defende, claramente que o Estado de Direito, no século XX, transmudou-se para "Estado Social de Direito", que parte do princípio, fixado na Constituição de Weimar, de que "a vida econômica deve ser organizada conforme os princípios de justiça, para garantir a todos uma existência digna".[4]

O texto se dedica, principalmente, à defesa da liberdade sindical por meio da ratificação da Convenção n. 87 da OIT.

É de extrema importância, para o efeito da investigação que se está realizando, o destaque dado na Revista, na edição de fevereiro, à posse do novo Presidente do Tribunal Superior do Trabalho, Ministro Marcelo Pimentel, cujo discurso abre as portas para a introdução de uma concepção neoliberal no trato das relações de trabalho no Brasil.

Analisando o discurso de forma mais detida não se pode dizer que o seu teor seja neoliberal. Bem ao contrário, o Ministro faz críticas diretas ao fato de que as políticas econômicas no Brasil sempre atrelaram o social ao econômico, privilegiando este último em detrimento do primeiro. Além disso, preconiza: "a) a ampliação das hipóteses de condenação do pagamento em dobro de prestações trabalhistas; b) adoção do princípio da sucumbência a todos os casos de condenação do empregador e nas ações temerárias ajuizadas pelo empregado; c) depósito integral da condenação ou acrescido como pressuposto do recurso cabível, permitida caução idônea quando a importância exigida for vultuosa; d) inadmissibilidade de embargos, neste Tribunal, quando a Turma não houver conhecido, por unanimidade, do recurso de revista ou, em qualquer caso, quando decidir agravo de instrumento; e) não restituição de prazo recursal, quando os embargos declaratórios forem considerados meramente protelatórios; e f) aumento da alçada, tornando-a mais real, conforme o recurso intentado".[5]

Mas, ainda que por convicção descomprometida com o ideário neoliberal, ao preconizar a adoção de solução extrajudicial para os conflitos individuais trabalhistas, incluindo a arbitragem, e fazer menção à primazia da normatização pela negociação coletiva, sem fazer qualquer ressalva quanto aos limites da proteção jurídica, legalmente estabelecida, e ainda visualizar a greve, fora dos parâmetros legalmente impostos, como um atentado à democracia, o Ministro, falando com a autoridade de um presidente da mais alta corte trabalhista do país, concedeu um grande espaço para o avanço da teoria neoliberal.

Não à toa, no mesmo número, publicou-se na Revista, logo na sequência do discurso, artigo da lavra de Edy de Campos Silveira, com o título. *Arbitragem facultativa na solução dos conflitos do trabalho: na Itália* e logo no número seguinte, em março, o editorial da Revista deu relevo a uma decisão do recém-inaugurado Tribunal Regional do Trabalho da 15ª Região (cujas atividades tiveram início em dezembro de 1986), na qual o relator designando, José Pedro de Camargo Rodrigues de Souza, declarou a ilegalidade de uma greve promovida sem a observância dos "prazos e requintes" da Lei n. 4.330/64, greve esta que durou três dias e que por ocasião do julgamento já havia encerrado em virtude de acordo celebrado entre as partes nos autos.

---

(2) MELLO, Marco Aurélio Mendes de Farias. Constituinte – reivindicação básica dos trabalhadores. *Revista LTr* 51-1/5.
(3) COSTA, Coqueijo. Os direitos dos trabalhadores no anteprojeto da constituição. *Revista LTr*, 51-1/18.
(4) COSTA, Coqueijo. Constitucionalismo social, intervenção do Estado, sindicalismo. *Revista LTr*, 51-03/262.
(5) PIMENTEL, Marcelo. Discurso de posse na Presidência do Tribunal Superior do Trabalho, em 19.12.1986. *Revista LTr* 51-2/139.

O que se verificou na sequência, pela atuação de doutrina trabalhista atrelada a tal ideário, apoiada por parte da grande mídia, foi a difusão incessante apenas dessa parte de seu discurso, chegando-se mesmo a falar em "novos tempos para a solução de conflitos trabalhistas" (Editorial de abril de 1987, da *Revista LTr*, cuja coordenação acadêmica cabia a Amauri Mascaro Nascimento).

O Editorial destacou a necessidade da adoção de métodos extrajudiciais, trazendo ao conhecimento público o teor de palestra proferia pelo Ministro, já na condição de Presidente do TST, proferida em Congresso jurídico, em março/87, no qual, inclusive, já fala, de forma mais reveladora, em necessidade de modernização do Direito do Trabalho:

> Em segundo plano, mas também de caráter urgente e inadiável, repousam as modificações estruturais, de conteúdo mais profundo e caráter perene, Aqui, cogita-se de transformações e melhorias que se iniciam por uma reelaboração do Direito do Trabalho modernizando o direito material consolidado, subtraindo-lhe o anacronismo...[6]

Vale frisar que a modernização preconizada pelo Ministro não era no sentido de uma redução de direitos para melhorar a competitividade das empresas frente aos desafios internacionais e sim com vista a um Pacto Social, que partia da ideia central de uma melhor distribuição da renda produzida, exortando os capitalistas a abrirem mão de seus privilégios e os trabalhadores a um espírito de colaboração e responsabilidade.

De todo modo, a fissura aberta pela defesa da modernização, partindo do pressuposto de que a legislação era arcaica, dá margem ao avanço da ideia de desmonte do direito do trabalho e da própria Justiça do Trabalho. Em complemento ao edital referido, a Revista publica artigo do mesmo Edy de Campos Silveira, retomando o tema da arbitragem: "Contribuição e elaboração de um anteprojeto de lei dispondo sobre 'a arbitragem facultativa na solução dos conflitos individuais do trabalho'".[7]

Na edição de maio, destaca-se interessante artigo de Arion Sayão Romita, defendendo a ultratividade das cláusulas normativas dos convênios coletivos e preconizando a possibilidade de liberdade na realização de novo ajuste "mas sempre de maneira que, no conjunto, haja melhoria para a categoria profissional interessada".[8]

A edição de junho da Revista, no entanto, notoriamente pautada pelos temas em questão, traz artigos com essas discussões, mas já com um viés ligado ao interesse empresarial.

Em *A Convenção n. 87 e o sindicalismo brasileiro*, Ildélio Martins defende a não ratificação da Convenção n. 87 da OIT, preconizando que ela "poderá trazer, se ratificada, um reboliço prejudicial ao sistema vigente". O autor defende o sistema vigente sob os argumentos de que ele incentiva a sindicalização e favorece a "sedimentação socioeconômico-profissional das atividades submetidas à mesma dinâmica de produção e de vida dos seus atores"[9].

O texto publicado na sequência, "A estabilidade e as novas tendências do direito do trabalho, da lavra de Ricardo Nacim Saad, é bastante revelador do elemento investigado: a raiz do avanço do neoliberalismo no Brasil. Saad, que se demonstra bastante crítico à estabilidade no emprego, vale-se, para tanto, do conteúdo de aula proferida pelo professor alemão Bernd Ruthers, no curso de pós-graduação da Faculdade de Direito da USP. Segundo Ruthes, citado por Saad, "a garantia abrangente de emprego faz, sobretudo, que pequenos e médios empresários tenham, por assim dizer, grande receio em empregar alguém, porquanto, sabem que uma vez que empregam alguém, dele não mais se livram. A garantia de emprego, no seu dizer, é uma faca de dois gumes, um sistema muito cruel. A garantia de emprego protege os que estão empregados e prejudica os desempregados".[10]

O autor traz, ainda, parte da fala do professor português Mario Pinto, proferida em Congresso realizado pela Associação dos Advogados Trabalhistas de Santos, com o seguinte teor:

> É tempo de concluir.
>
> Permitam-me que o faça insistindo na razão subjacente ao tratamento de quase todos os temas de Direito do Trabalho numa relação com a crise econômica. É que esta crise, tal como um sismo que faz tremer e modificar os solos em que se implantam os edifícios e as cidades, abala e modifica a economia e o sistema produtivo, que suportam as relações de trabalho. As nossas construções jurídico-laborais têm de ser

---

(6) PIMENTEL, Marcelo. Palestra proferida no Congresso Internacional de Direito do Trabalho, realizado em Fortaleza, em março de 1987. *Editorial da Revista LTr* 51-4/87.
(7) SILVEIRA, Edy de Campos. Contribuição e elaboração de um anteprojeto de lei dispondo sobre a arbitragem facultativa na solução dos conflitos individuais do trabalho. *Revista LTr* 1-4/393.
(8) ROMITA, Arion Sayão. Extinção de convênios coletivos: efeitos sobre os contratos de trabalho. *Revista LTr* 51-5/533.
(9) MARTINS, Ildélio. A Convenção n. 87 e o sindicalismo brasileiro. *Revista LTr* 51-6/645-651.
(10) SAAD, Ricardo Nacim. A estabilidade no emprego e as novas tendências do direito do trabalho. *Revista LTr* 51-6/632-657.

reparadas e reconstruídas procurando simultaneamente basear-se nos novos dinamismos e nas formas da vida econômico-produtiva, ao mesmo tempo que há que manter sempre invariável o desígnio do equilíbrio, que significa a balança da justiça, e o desígnio da sistematização, que significa a ordem da paz.

Percebe-se nestas manifestações, com toda a sua carga ideológica, a presença dos elementos neoliberais, que procuram identificar os direitos dos trabalhistas como prejudiciais para os próprios trabalhadores, apontando a crise econômica como fundamentos das necessárias retrações de direitos, tudo para salvar a economia e em nome da "justiça".

É relevante anotar que essas falas foram proferidas por autores estrangeiros já impregnados pelo neoliberalismo, e que cumpriam, ademais, a função de difusão internacional desse ideário.

Do texto em exame é bastante interessante verificar que mesmo com esse viés da defesa do interesse empresarial, atacando a estabilidade por considerá-la contrária à modernidade das relações de trabalho, o autor, sem se desvincular de seu objetivo, se vê forçado a reconhecer que a introdução do FGTS em 1967 trouxe prejuízos aos trabalhadores:

> Passados vinte anos da entrada em vigor da Lei n. 5.107/66, impossível deixar de reconhecer que seus objetivos não foram alcançados, sobretudo em razão das deturpações geradas pelas constantes burlas à legislação disciplinadora do FGTS. Com isto, porém, não estamos querendo dizer que os adeptos do nosso anacrônico modelo de estabilidade devam ser festejados por terem se colocado, de plano, contra o Fundo de Garantia do Tempo de Serviço.[11]

Ainda na edição junho aparece, sem qualquer receio, artigo defendendo a necessidade do direito do trabalho proteger a empresa, deixando de lado o que teria sido, segundo o autor, uma "intervenção desmedida do Estado na ordem econômica privada"[12].

Diz o autor:

> Por força do grande progresso da técnica, as empresas se diversificam, surgindo entre elas disparidades que a ordem jurídica não pode deixar de considerar.

> A empresa, como núcleo produtivo do país, não pode soçobrar. Há empresas grandes, médias e pequenas, com seus problemas específicos. Os empregados são os maiores interessados na subsistência e melhor desenvolvimento de suas empresas.

> Deve o sindicato estimular o livre desenvolvimento das empresas, incentivando a melhor integração dos empregados em seus objetivos.

> Reconhece-se o direito da empresa dirigir os seus próprios negócios e interesses, com a participação sempre que possível dos seus empregados. A autonomia da empresa é fundamental. Inadmissível que o sindicato ou qualquer outro agente externo substitua os seus naturais dirigentes.[13]

Destaca-se, na edição de julho, o texto de Luiz Carlos Amorim Robortella, *O impacto das novas tecnologias nas condições de trabalho e de emprego*[14], publicado na edição de julho, que é, de fato, a reprodução da manifestação realizada pelo autor, na condição de "relator brasileiro", no Primeiro Congresso Regional Americano de Direito do Trabalho e Seguridade Social, realizado em Buenos Aires, de 24 a 27 de abril de 1987. No texto, o autor não chega a trazer soluções para o direito do trabalho diante da evolução tecnológica, limitando-se a advertir para a necessidade de se preocupar com o tema, tomando como ponto de partida o debate *Trabalho, Ciência e Tecnologia*, realizado em São Paulo, em novembro 1985, pelo Ministério da Ciência e Tecnologia, por intermédio de um de seus órgãos, SEI (Secretaria Especial de Informática), contando com a participação de técnicos do Ministério do Trabalho e do Conselho Nacional de Desenvolvimento Científico e Tecnológico e do DIEESE.

No artigo, *Direitos dos trabalhadores na futura Constituição*, publicado na edição de agosto, Orlando Teixeira da Costa, então Ministro do TST, aplaude a alteração imposta pela Comissão da Ordem Social ao anteprojeto elaborado pela Comissão Provisória de Estudos Constitucionais, no que se refere à substituição do direito à estabilidade pela proteção contra dispensa arbitrária. Segundo o autor, "a Comissão da Ordem Social conseguiu imprimir a essa matéria um enfoque mais moderno, mais apropriado e mais consentâneo com o tratamento que ele vem recebendo nos principais países europeus"[15].

---

(11) SAAD, Ricardo Nacim. A estabilidade no emprego e as novas tendências do direito do trabalho. *Revista LTr* 51-6/656.
(12) PRADO, Roberto Barreto. A empresa e o direito do trabalho. *Revista LTr* 51-6/669-671.
(13) PRADO, Roberto Barreto. A empresa e o direito do trabalho. *Revista LTr* 51-6/671.
(14) ROBERTELLA, Luiz Carlos Amorim. O impacto das novas tecnologias nas condições de trabalho e emprego. *Revista LTr* 51-7/788-792.
(15) COSTA, Orlando Teixeira da. Direitos dos trabalhadores na futura constituição. *Revista LTr* 51-8/904-909.

Mas sua fala, em absoluto, pode ser identificada ao ideário neoliberal. O autor adverte que a extinção do vínculo estaria submetida ao preenchimento de condições objetivas e acredita que isso, ao mesmo tempo, preservaria a dignidade do trabalhador e resguardaria o interesse da empresa.

A respeito de críticas de empregadores expressas ao texto do anteprojeto constitucional, Orlando Teixeira da Costa assim se pronuncia:

> Pelo equilíbrio e adoção dessa solução a nível internacional, não podemos compreender a reação dos empregadores sulinos a ela. Tais atitudes, apenas revelam radicalismo cego, ignorância, ou, no mínimo, absoluta falta de bom-senso.[16]

Importantíssima, ainda, a defesa feita pelo autor ao contido no inciso XXIV do art. 14 do anteprojeto: "proibição das atividades de intermediação remunerada de mão de obra permanente, temporária ou sazonal, ainda que mediante locação".

Na edição de setembro, Cássio Mesquita Barros Jr., tratando do *Impacto das novas tecnologias no âmbito das relações individuais do trabalho*, praticamente dá continuidade ao texto iniciado, na edição anterior, por Luiz Carlos Amorim Robortella. O texto, aliás, foi apresentado no mesmo Congresso referido por Robortella.

Ao contrário do primeiro, este texto de Cássio Mesquita Barros Jr., baseando-se nas evoluções tecnológicas, é repleto de propostas de reduções de direitos trabalhistas, tratadas, eufemisticamente, de flexibilizações.

O texto de Cássio Mesquita Barros Jr. é a demonstração explícita da presença do neoliberalismo no meio jurídico trabalhista bem antes do período admitido enquanto tal pela historiografia.

Diz Mesquita:

> A flexibilização econômica e social parece ser a mais importante questão das economias europeias atingidas pela crise internacional. No conjunto das formas institucionais e jurídicas, relativas às relações de trabalho, é o meio privilegiado de lutar contra os sistemas rígidos que engendram custos insuportáveis na competição internacional.[17]

No que se refere ao trabalho temporário preconiza o autor:

> A flexibilização na contratação da força de trabalho segue se impondo para responder a necessidades econômicas distintas e dar satisfação a interesses específicos das partes.
>
> A fenomenologia mais recente multiplicou empresas cujo objeto é oferecer mão de obra a outras empresas para a execução de serviços temporários. Estas organizações facilitam as empresas quando necessitam de mão de obra passageira para satisfazer necessidades emergentes de substituição de empregados em férias, sobrecarga inesperada de serviços etc.[18]

E vai além, preconizando a adoção de um modelo amplo de intermediação de mão de obra:

> Um dos traços característicos da economia moderna é o da cooperação entre empresas. A necessidade de aumentar a sua produtividade conduz a especialização dos serviços para adquirir dimensão que lhe permita o uso intenso da tecnologia mais recente. As atividades que não se inserem no âmbito da sua especialização são transferidas a outras empresas.
>
> (...)
>
> É perfeitamente compreensível essa realidade palpitante da economia de nossos dias. Uma empresa devotada à fabricação de máquinas de calcular pode admitir empregados e administrar a limpeza de todo o seu estabelecimento. Todavia empresas de limpeza especializadas, pelo fato de comprarem material de limpeza em grande quantidade a mais baixo custo, terem quadro de trabalhadores já aperfeiçoados a esses serviços e dimensão suficiente para adquirirem poderosas máquinas de limpeza, podem se desempenhar desses serviços com maior grau de eficiência e a mais baixo preço.
>
> (...)
>
> Não se compreende nesse contexto posturas doutrinárias, legislativas ou judiciais contrárias a prestação de serviços a terceiros porque divorciadas da realidade palpitante de nossos dias. No Brasil, chocante Enunciado n. 255 do Colendo Tribunal Superior do Trabalho derivado de um incidente de uniformização de jurisprudência

---

(16) COSTA, Orlando Teixeira da. Direitos dos trabalhadores na futura constituição. *Revista LTr* 51-8/906.
(17) BARROS JR., Cássio Mesquita. Impacto das novas tecnologias no âmbito das relações individuais do trabalho. *Revista LTr* 51-9/1.045-1.056.
(18) BARROS JR., Cássio Mesquita. Impacto das novas tecnologias no âmbito das relações individuais do trabalho. *Revista LTr* 51-9/1.045-1.056.

proclamou a ilicitude da prestação de serviços a terceiros com a única ressalva dos temporários, regulados pela Lei n. 6.019/74 e dos vigilantes regulados pela Lei n. 7.102/83.[19]

Por fim, defende, como não poderia deixar de ser, dentro do contexto ideológico do texto, a flexibilização do caráter cogente da norma trabalhista, para permitir à negociação coletiva fixar direitos e obrigações sem os limites fixados pela lei.[20]

O texto apresentado na sequência, de Sebastião Antunes Furtado, vai direto ao assunto, sem a intermediação da retórica da evolução tecnológica, *Crise econômica e flexibilização do mercado de trabalho*, deixando clara a existência de um movimento de ataque aos direitos trabalhistas.

O autor, indo na linha da defesa dos direitos trabalhistas, rechaça os argumentos que buscam por meio da redução de direitos solucionar os problemas econômicos. Em suma, adverte para o fato de que o direito do trabalho surge em época de crise e que, portanto, a crise econômica não pode ser apontada como fundamento para a retração do direito do trabalho, também porque, mesmo que assim não fosse, os problemas econômicos são ligados à economia, não podendo ser solucionados pelo jurista, sendo, por isso, desproposidato culpar o direito do trabalho pela crise[21].

Vale insistir no tema pertinente à estabilidade por ter estado no centro da maior parte dos debates constituintes. A informação consta do artigo "Garantia contra a despedida arbitrária", de Arnaldo Süssekind, publicado na edição de dezembro de 1987 da *Revista LTr*. Segundo o autor, "a estabilidade do trabalhador no emprego é um dos temas que tem gerado maior controvérsia no seio da Assembleia Nacional Constituinte"[22].

Antes de tratar do artigo de Süssekind, convém dar destaque ao editorial da mesma edição da Revista, que se refere, exatamente, ao tema em questão, expressando posição no sentido de que o texto aprovado pela Comissão de Sistematização, já referida, não confere estabilidade no emprego, mas garantia de emprego, que seriam institutos distintos, já que a estabilidade seria "o direito de permanecer no emprego, ainda que contra a vontade do empregador", só se extinguindo por falta grave, declarada judicialmente, enquanto que na garantia de emprego o vínculo pode ser rompido dentro de certos parâmetros, cumprindo ao trabalhador, caso queira, discutir as razões da cessação.

O editorial, ainda, faz coro à preocupação expressa pelo Ministro Marcelo Pimentel de que essa situação geraria um colapso na Justiça do Trabalho, antevendo a interposição de um enorme volume de reclamações discutindo os motivos da dispensa, e aproveitando o ensejo para corroborar a posição de Barreto Prado, expressa no texto *A empresa e o direito do trabalho*, referente ao incentivo ao implemento da arbitragem e à criação dos conselhos de fábrica como mecanismos extrajudiciais de solução de conflitos, para desafogar a Justiça do Trabalho.

Süssekind vai na mesma linha da distinção entre estabilidade no emprego e garantia de emprego.

Adverte para o fato de que "a estabilidade no emprego após o decurso de longo tempo de serviço, com a despedida do trabalhador restrita aos casos de falta grave por ele praticada ou de extinção de estabelecimento ou setor onde trabalha, constitui fórmula superada do direito comparado"[23].

Süssekind destaca, porém, que o sistema de FGTS, criado para substituir a estabilidade, ainda que tivesse conferido maior segurança financeira aos trabalhadores, do ponto de vista social não teria atendido o pressuposto de garantir aos trabalhadores a permanência no emprego. Daí porque propunha apoiara a proposta feita por Délio Maranhão da acumulação dos institutos do FGTS e da garantia contra a dispensa arbitrária.

Em resumo, a proteção contra a dispensa arbitrária representaria a supressão do direito potestativo de resilição contratual por parte do empregador. Nas palavras de Amauri Mascaro Nascimento, citado por Süssekind, "afastou-se a concepção da dispensa como direito potestativo e como ato sujeito ao arbítrio patronal e em seu lugar repercutiu a ideia da ruptura contratual como um procedimento constituído de fases nas quais exercita-se o direito de dispensa sob controle"[24].

O editorial da edição de janeiro de 1988 deixa claro o papel cumprido pela Revista no sentido de "estar atenta" aos debates travados na Assembleia Nacional Constituinte, buscando influir, pois, nas inovações que poderão advir com a Constituição.

Nesta linha, realiza a publicação de diversos textos sobre os mais variados assuntos constitucionais já na

---

(19) BARROS JR., Cássio Mesquita. Impacto das novas tecnologias no âmbito das relações individuais do trabalho. *Revista LTr* 51-9/1.045-1.056.
(20) BARROS JR., Cássio Mesquita. Impacto das novas tecnologias no âmbito das relações individuais do trabalho. *Revista LTr* 51-9/1.045-1.056.
(21) FURTADO, Sebastião Antunes. Crise econômica e flexibilização do mercado de trabalho. *Revista LTr* 51-9/1.063-1.070.
(22) SÜSSEKIND, Arnaldo Lopes. Garantia contra a despedida arbitrária. *Revista LTr* 51-12/1.423-1.438.
(23) SÜSSEKIND, Arnaldo Lopes. Garantia contra a despedida arbitrária. *Revista LTr* 51-12/1.424.
(24) *Apud* SÜSSEKIND, Arnaldo Lopes. Garantia contra a despedida arbitrária. *Revista LTr* 51-12/1.431.

edição de janeiro, iniciando pela palestra proferida por Amauri Mascaro Nascimento no II Congresso Brasileiro de Direito Coletivo do Trabalho, que é, no entanto, pouco esclarecedor, bem ao contrário do artigo de Octavio Bueno Magano, *Arbitragem*, publicado na mesma edição.

No bojo de sua argumentação em favor da adoção da arbitragem como modo de solução de conflitos trabalhistas, que parte do pressuposto da injustiça da demora das lides processuais, Magano vai ao ponto de sustentar a supressão do princípio da irrenunciabilidade: "...há de assinalar a tendência moderna no sentido de as normas trabalhistas tornarem-se flexíveis, perdendo mesmo o caráter tuitivo para se converterem em normas dispositivas"[25].

Bastante interessante e importante o texto de Tarso Genro, publicado na edição de janeiro. O autor, de fato, tenta mudar o rumo do debate, apontando os limites do papel transformador do Direito do Trabalho, que pode, inclusive, se apresentar como obstáculo à efetiva melhoria da condição de vida da classe trabalhadora. Vale-se, para essa observação, da seguinte passagem de Eduardo Monreal, extraída do livro, *El derecho como obstáculo al cámbio social*:

> É de esperar que o Direito do Trabalho aprofunde no futuro uma matéria que foi colocada até agora num plano mais filosófico. A questão consiste em se é possível a um homem vender seu trabalho, algo que é parte de sua própria vida e que importa num tão profundo compromisso pessoal que poderia estimar-se que integra os direitos da personalidade. A isso se soma que não há realmente uma equivalência possível entre trabalho humano e dinheiro. Se ao anterior agrega-se que o contrato de trabalho afeta a vida inteira do trabalhador e o coloca numa situação de subordinação perante outro homem, poderia pensar-se que no fundo não é senão uma forma atenuada de escravidão, que o hábito nos faz aceitar sem reflexão, mas que num futuro poderia ser rechaçada como uma forma social ultrapassada.

Em fevereiro são publicados mais dois textos tratando da estabilidade no emprego.

Eduardo Gabriel Saad exprime sua posição com as seguintes palavras:

> Dar ao empregado a garantia de que seu patrão só poderá dispensá-lo em determinadas situações não causa qualquer dano à livre empresa. Ao invés, tudo indica que a produtividade da mão de obra tenderá a melhorar porque o empregado não trabalhará preocupado com o dia de amanhã e estará liberto do receio de ficar desempregado de um momento para outro.
>
> A estabilidade mitigada ou relativa não cria maiores dificuldades ao desenvolvimento econômico do Brasil. É ela conhecida e aplicada em nações de economia mais forte que a nossa e, no entanto, as classes sociais interessadas não se rebelam contra esse benefício trabalhista.[26]

Traz, por fim, importantíssimo esclarecimento de que a fixação da garantia de emprego é totalmente compatível com o regime do FGTS, sendo que uma coisa é a indenização prevista no regime do FGTS, aplicável para as dispensas motivadas, autorizadas porque fora do contexto da arbitrariedade, e outra, bem diferente, a que decorre de despedida imotivada, ou seja, arbitrária, que seria, por conseguinte, ilegal[27].

João de Lima Teixeira Filho traz relevante reflexão quando sustenta:

> Repugna ao Direito que uma relação jurídica, de caráter continuado, venha a se tornar instável pelo fato de uma das partes deter a faculdade de, a seu talante e a qualquer tempo, ceifar o vínculo que as une por mera idiossincrasia, arrufo de poder ou represália.[28]

E sobre a limitação da jornada chama a atenção para a previsão contida na Recomendação n. 116 da OIT, "que aponta para uma redução progressiva do tempo de trabalho até o atingimento da meta de 40 horas semanais"[29].

Na edição de março aparece a transcrição da aula magna, proferida por Octavio Bueno Magano, na abertura do ano letivo (de 1988) da Faculdade de Direito da Universidade de São Paulo, com o título: *O Direito do Trabalho em face da nova Constituição*.

A fala inicia reconhecendo o momento histórico do fenômeno jurídico, concebido, então, como Direito Social:

> Modernamente, caracteriza-se o Direito Social, como instrumento do Estado do Bem-Estar Social. Compreende, portanto, o conjunto de normas e instituições, fundadas no princípio

---

(25) MAGANO, Octavio Bueno. Arbitragem. *Revista LTr* 52-1/27-30.
(26) SAAD, Eduardo Gabriel. A constituinte e a estabilidade no emprego. *Revista LTr* 52-2/125-147.
(27) SAAD, Eduardo Gabriel. A constituinte e a estabilidade no emprego. *Revista LTr* 52-2/147.
(28) TEIXEIRA FILHO, João de Lima. Algumas considerações sobre o ingresso da garantia do emprego e da jornada de trabalho na Constituição Federal. *Revista LTr* 52-2/153-156.
(29) TEIXEIRA FILHO, João de Lima. Algumas considerações sobre o ingresso da garantia do emprego e da jornada de trabalho na Constituição Federal. *Revista LTr* 52-2/155.

da solidariedade e destinadas a promover o bem estar dos indivíduos integrantes de uma sociedade.(30)

Mas faz questão de preservar a existência de uma ordem jurídica paralela, reservada ao que chama de direitos democráticos e aos direitos e garantias individuais e aos direitos civis e políticos.

Traçando precisamente a linha, destaca no primeiro volume deste livro, da separação ideológica estabelecida pelos Pactos de 1996, entre direitos individuais, de cunho liberal, com eficácia imediata, e direitos sociais, com eficácia condicionada, Magano deixa clara sua repulsa à intenção do Constituinte em atribuir eficácia imediata aos direitos sociais.

> De um ponto de vista prático, o que se não pode admitir sem relutância é que se queira atribuir efeito imediato a normas constantes do capítulo denominado dos "direitos sociais", de caráter meramente programático, como as que tratam do seguro desemprego; da participação nos lucros das empresas; da assistência gratuita a filhos e dependentes, em creches e pré-escolas etc. A natureza dos apontados direitos implica, quase sempre, a prévia montagem de estruturas em que se apoiem e por isso a sua realização prática só pode ocorrer progressivamente, nunca de imediato. Não obstante, os constituintes — alguns certamente por inadvertência — aprovaram texto onde se lê o seguinte: "As normas definidoras dos direitos e garantias fundamentais tem aplicação imediata".(31)

Ao menos até este ponto, analisando textos e manifestações dos constituintes, constantes dos anais da Constituinte, nenhuma interpretação neste sentido, mesmo com o avanço da concepção neoliberal, foi verificado.

De todo modo, a aula magna de Magano, talvez antevendo que o resultado normativo da Constituição não seria aquele que pretendesse, termina com o anúncio da luta que se instalaria no momento seguinte à promulgação da Constituição, a da interpretação:

> Contudo, as constituições dependem muito menos dos que a elaboraram do que dos que as aplicam. A fé que deposito na juventude me faz crer que a nova Constituição venha a ser aplicada de modo construtivo, equilibradamente, com engenho e arte, tendo em vista as exigências do país.(32)

Os meses seguintes se passam sem muita discussão, ao menos no âmbito da Revista, como se estivessem os autores esperando a conclusão da Constituição, preparando-se para iniciar a atividade de interpretá-la. E, exatamente neste aspecto, atendendo à convocação de Magano, Ney Prado publica, na edição de julho, o artigo *Justiça do Trabalho e economia invisível: por uma jurisprudência de transição*. No texto, o autor, partindo do pressuposto de que a legislação trabalhista é injusta porque trata de maneira igual empresas com porte econômico distintos e prevendo que a situação possa se agravar com o advento da nova Constituição, preconiza uma atuação criativa e consciente da Justiça do Trabalho para que aplique a lei trabalhista de modo a não sacrificar as pequenas empresas, tratadas sob o codinome de "economia invisível".

> Mas se a Justiça do Trabalho não tomar a si a tarefa de interpretar essa legislação de acordo com as distinções apontadas, arrisca-se, mais a mais, a reincidir nas injustiças: *summun jus, summa injuria*. Tratar, por exemplo, auxiliar de costureira de uma favelada idosa da mesma maneira que um operário da Petrobras ou da General Motors é negar o sentido social da lei. Se a CLT é a mesma, a diferença deverá estar no juiz.(33)

Já o artigo de Antônio Rodrigues de Freitas Jr., publicado na edição de julho, traz significativa identificação da existência de uma "doutrina da desregulação e da flexibilização da legislação trabalhista"(34), posicionando-se contrário a ela.

Precisamente em outubro de 1988, mês de promulgação da Constituição, o único artigo que faz interface com o tema é o de Orlando Teixeira da Costa, então Ministro do Tribunal Superior do Trabalho, abordando, precisamente, as questões cruciais da crise econômica e da estabilidade no emprego.

O artigo em questão poderia ter sido escrito hoje (fevereiro de 2016) e deveria ser lido por todos que ainda se baseiam na crise econômica para demandar retirada de direitos da classe trabalhadora.

O texto é bastante importante para nos situar historicamente, deixando claro que em 1988 há algum tempo a crise econômica vinha sendo adotada como argumento para a retirada de direitos:

---

(30) MAGANO, Octavio Bueno. O direito do trabalho em face da nova constituição. *Revista LTr* 52-3/277-281.
(31) MAGANO, Octavio Bueno. O direito do trabalho em face da nova constituição. *Revista LTr* 52-3/279.
(32) MAGANO, Octavio Bueno. O direito do trabalho em face da nova constituição. *Revista LTr* 52-3/281.
(33) PRADO, Ney. Justiça do trabalho e economia invisível: por uma jurisprudência de transição. *Revista LTr* 52-7/780-785.
(34) FREITAS JR., Antônio Rodrigues. Os direitos sociais e a nova constituição brasileira – protecionismo jurídico e desregulação da relação de emprego. *Revista LTr* 52-7/799-809.

> A chamada crise econômica mundial tem sido usada, desde algum tempo, como motivação, para justificar, ideologicamente, a reversão do propósito inicial do Direito do Trabalho, de modo que venha a desenvolver, igualmente, uma proteção para com os empregadores ou empresários, mediante a diminuição do que foi antes atribuído ao operariado.[35]

Teixeira da Costa explica, com bastante propriedade, que a crise não é motivada por uma situação específica, determinada pelo custo do trabalho, e sim efeito natural de uma economia dinâmica sujeita aos desequilíbrios relacionados às equações oferta-procura de produtos e serviços e oferta-procura de capital. Assim, não é correto falar em crise, mas em crises, vez que elas são cíclicas[36].

> Com o apogeu do capitalismo, as crises econômicas, que outrora se caracterizavam como períodos agudos de escassez ou de subprodução, passavam a momentos de superprodução. Na sociedade industrial quanto tal ocorre, o mercado manifesta-se incapaz de absorver a massa dos produtos industrializados, em razão do que os estoques acumulam-se, os preços caem, a produção perece, as falências multiplicam-se e aumenta o desemprego a níveis insuportáveis.
>
> A crise contemporânea está sendo predominantemente caracterizada pela ocorrência simultânea de três fenômenos: depressão, elevada inflação e alto índice de desemprego, pelo que vem sendo chamada de "estagflação".
>
> O desemprego decorrente dessa crise é que tem servido para fundamentar, imediatamente, a flexibilidade laboral e sua preocupação, dentre outros temas trabalhistas, pelo regime dos despedimentos.[37]

Apoiando-se em fala expressa em discurso proferido em janeiro de 1988 pelo então senador Fernando Henrique Cardoso, no sentido de que "o Brasil já atingiu um patamar de riqueza e desenvolvimento econômico que torna criminosa a indiferença das elites diante da miséria", Teixeira da Costa adverte para o fato de que a redução de direitos trabalhistas já vinha sendo imposta de forma autoritária entre nós, exemplificando com a substituição concreta (embora não jurídica) da estabilidade pelo regime do FGTS, a partir de 1966, mas observando que essa retirada de direitos sempre foi encarada com restrições.

O autor procura demonstrar que a demanda empresarial por redução de custos encontra óbices jurídicos, que são criados pela própria dinâmica contraditória do direito. Observa que mesmo a criação do FGTS, que na prática, possibilitou aos empregadores exigir que seus empregados optassem por tal regime, eliminando a estabilidade decenal, não impediu, e de fato até estimulou, a criação de outras formas de estabilidade no emprego, ainda que provisórias, seja pela via negocial (acordos e convenções coletivas de trabalho), seja pela via legal. Explicita que a própria Lei n. 5.107/66, que criou o FGTS, em seu art. 25, "vedou a dispensa do empregado sindicalizado a partir do momento do registro de sua candidatura a cargo de direção ou representação sindical, até o final do seu mandato, caso seja eleito, inclusive como suplente, salvo de cometer falta grave, devidamente apurada da mesma forma que a Consolidação das Leis do Trabalho prevê para autorizar a dispensa do empregado que adquiriu a estabilidade decenal"[38].

Assim, nem o FGTS nem a crise econômica teriam impedido que a dinâmica própria do Direito do Trabalho oferecesse condições para a recuperação normativa da estabilidade no emprego, necessária, sobretudo, nas situações de crise econômica.

Advém, enfim, a promulgação da nova Constituição e a Revista, imediatamente, publica uma edição integralmente voltada à interpretação da Constituição.

O que se vê, claramente, no conteúdo das manifestações é uma preocupação de "desdizer" a Constituição, de negar o processo histórico político de sua realização, no qual a força da classe trabalhadora mostrou-se essencial mesmo para a superação do regime ditatorial vivenciado durante 21 anos de nossa história, atuando, sobretudo, com a força das greves. Os autores, no geral, simplesmente negam isso e tentam levar adiante os postulados da teoria neoliberal desenvolvida mundialmente e já expressa em muitos dos artigos citados, notadamente no que se refere à força da negociação coletiva para reduzir direitos trabalhistas, negando, inclusive, as potencialidades ampliativas de direitos contidas no texto constitucional.

Deixando o processo histórico de lado, os autores tentam dar uma voz própria à Constituição, mas subjetivando-a a partir de sua própria visão de mundo. A Constituição passa, então, a ter uma vontade, que nada tem a ver com o processo histórico de sua formação, mas com a inventividade interpretativa, ideologicamente impregnada é claro, dos doutrinadores trabalhistas.

---

(35) COSTA, Orlando Teixeira da. A estabilidade dos trabalhadores e a crise econômica. *Revista LTr* 52-10/1.169-1.172.
(36) COSTA, Orlando Teixeira da. A estabilidade dos trabalhadores e a crise econômica. *Revista LTr* 52-10/1.169.
(37) COSTA, Orlando Teixeira da. A estabilidade dos trabalhadores e a crise econômica. *Revista LTr* 52-10/1.169-1.170.
(38) COSTA, Orlando Teixeira da. A estabilidade dos trabalhadores e a crise econômica. *Revista LTr* 52-10/1.170.

De plano, tem-se o artigo de Amauri Mascaro Nascimento[39], chamando a atenção para aquilo que chamada de "sentido da Constituição", que seria a "valorização das negociações coletivas", baseada na "autonomia privada coletiva". Teria sido este, segundo Mascaro, "o objetivo da Constituição".

O autor chega mesmo a propor que a figura do representante não sindical nas empresas poderia intermediar uma espécie de acordo específico para os empregados dessa empresa sem a presença do sindicato.

No que se refere à greve, no aspecto de competir aos trabalhadores fixar a oportunidade e o âmbito de interesses que queiram por meio dela defender (art. 9º), Mascaro reconhece que o critério adotado pelo constituinte para defini-la foi "revolucionário", apontando sua origem no direito constitucional português.

No entanto, logo na sequência tenta destruir esse potencial revolucionário do texto:

> Não me parece que a Constituição tenha consagrado a liberdade de greve num sentido lato e de modo a afastar qualquer tipo de limitação ou, mesmo, qualquer possibilidade de declaração de legalidade ou ilegalidade da greve. Não é bem assim, apesar de autorizar os trabalhadores para que decidam sobre a oportunidade e os interesses que devam defender por meio da greve, garantia que traduz um princípio de autodefinição dessas questões. A ideia da ilimitação da greve esbarra nas restrições inerentes à sua própria conceituação, como, também, nas limitações decorrentes da própria Constituição ao assegurar outras garantias individuais e coletivas que devem ser preservadas diante de eventuais paralisações do trabalho.[40]

E ainda que faça uma defesa dos avanços contidos na Constituição, notadamente no que se refere à redução do limite semanal para 44 horas e à "defesa do emprego contra a dispensas arbitrárias", chamando a atenção para a necessidade do desenvolvimento econômico corresponder a um desenvolvimento social, termina seu texto com uma enigmática e, aparentemente, desconectada dos parágrafos antecedentes, advertência de que:

> Nos modernos sistemas democráticos de relações de trabalho a tendência maior é a crescente **desregulamentação** que significa menos leis elaboradas pelo Estado e mais negociações coletivas que levem às convenções coletivas em diversos níveis, o nacional, com os pactos sociais, o local, com acordos de empresas e o setorial, por categorias.[41] (com grifo no original)

Já Octavio Bueno Magano, no texto *Proteção da relação empregatícia*[42], faz um grande exercício hermenêutico a respeito do inciso I, do art. 7º da Constituição, para chegar no mesmo lugar, ou seja, a lugar nenhum, pois todo ajuste histórico da consagração da Constituição estaria vinculado ao advento futuro, por obra não do constituinte mas do legislador ordinário, de uma lei complementar definidora dos dizeres da Constituição.

O interessante é que antes da publicação da Constituição ninguém, nem o próprio Magano, conforme se depreende do teor da aula magna por ele proferida e acima mencionada, falava em postergar a aplicação da Constituição neste tema, que foi talvez o mais debatido entre os temas, para momento posterior e ao alvedrio do legislador infraconstitucional.

Magano chega mesmo a admitir que seria de aplicação imediata o preceito constitucional referente à proibição contra dispensa arbitrária. Assim, teria se dado o fim da denúncia vazia para a cessação do vínculo empregatício por parte do empregador. Ou em outras palavras, não existiria mais o direito potestativo do empregador de resilição contratual.

Seguindo a linha de tentar de toda forma desconstituir a Constituição vem, na sequência, o artigo de Irany Ferrari[43], pelo qual o autor desconsidera a disposição final do art. 7º da Constituição, que igualou os direitos dos trabalhadores urbanos e rurais, e se expressa no sentido de que "não se pode dar aos rurícolas o mesmo tratamento dado aos trabalhadores urbanos, diante das especificidades das atividades rurais e das consideradas urbanas, cada qual até aqui regidas por diplomas legais próprios". E conclui: "Nessas condições, tanto para o trabalhador rural como para o empregado doméstico, o preceito constitucional em exame, não é autoaplicável, somente passando a ter eficácia quanto a eles, após sua regulamentação pelo legislador ordinário".

Quanto aos turnos ininterruptos de revezamento, embora apresente interpretação favoráveis ao trabalhador, expressa-se no sentido de que a convenção coletiva poderá ampliar o limite de 6 (horas), fazendo a ressalva de que a validade dessa ampliação ao menos estaria

---

(39) NASCIMENTO, Amauri Mascaro. O direito do trabalho nas constituições brasileiras. *Revista LTr* 52-11/1.295-1.301.
(40) NASCIMENTO, Amauri Mascaro. O direito do trabalho nas constituições brasileiras. *Revista LTr* 52-11/1.299.
(41) NASCIMENTO, Amauri Mascaro. O direito do trabalho nas constituições brasileiras. *Revista LTr* 52-11/1.301.
(42) MAGANO, Octavio Bueno. Proteção da relação empregatícia. *Revista LTr* 52-11/1.310-1.314.
(43) FERRARI, Irany. Jornada de trabalho alterações legais e contratuais. *Revista LTr* 51-11/1.348-1.352.

sujeita à fixação de um adicional pelas horas excedentes superior a 50%.[44]

O processo interpretativo prossegue com a abordagem de Luiz Carlos Amorim Robortella, tratando de salário, férias e aviso-prévio[45].

O autor inicia fazendo várias considerações sobre justiça social e função distributiva do salário, mas na busca do sentido das normas em exame já começa como uma ilação que não decorre da literalidade dos dispositivos constitucionais de que "o salário mínimo é devido a todos que cumpram o máximo de 44 horas semanais, a teor do inciso XIII do mesmo art. 7º"[46].

A respeito do tema central referente ao salário, a irrenunciabilidade, Robortella a ela se refere como um "dogma da doutrina clássica" e trazendo à tona o disposto no inciso VI do art. 7º diz que tal texto "parece ser fruto das ideias de **flexibilização**, tema bastante versado na atual doutrina europeia e que coloca em cheque (*sic*) algumas posturas dogmáticas do Direito do Trabalho"[47] — com grifo no original.

O autor deixa bastante claro como pretende utilizar a tal noção de flexibilização no processo de interpretação da Constituição quando diz:

> Em suma, o direito deve atender às necessidades da sociedade e ao bem comum. Uma interpretação da lei pode ser razoável em época de prosperidade e, entretanto, absolutamente irrazoável e socialmente nociva em face da grave crise econômica.[48]

A partir desse pressuposto conclui:

> A frincha aberta no princípio da irrenunciabilidade salarial pelo art. 7º, inciso VI da nova Carta, ao admitir sua superação por convenção ou acordo coletivo, deflui das ideias de flexibilização, com o fito de assegurar aos parceiros sociais a busca de soluções globais negociadas, mediante concessões recíprocas, ao melhor estivo transacional.[49]

Bastante importante também o artigo de Roberto Barreto Prado, cujas revelações já começam pelo título, *O direito de greve em face da Constituição de 5.10.1988*, que, portanto, toma o "direito de greve" como algo superior à própria Constituição, vez que o texto constitucional (art. 9º) não satisfez ao intérprete.

Assim, o direito de greve não estaria consagrado na Constituição, devendo, isto sim, ser construído em face dela, ou seja, contra o que ela dispôs. Após tecer várias considerações históricas sobre o comunismo, o autor, sem muita relação com as colocações precedentes, conclui dizendo:

> Diante da redação confusa, vaga e ambígua do art. 9º da Constituição de 1988, impõe-se a urgente regulamentação do direito de greve, devendo da lei a ser elaborada constar o conceito de greve com suas limitações, bem como as normas regulares de sua tramitação, exercício e demais consequências jurídicas. Não se pode exercer um direito sem que se conheça o seu objeto.[50]

A amplitude da atuação interpretativa do texto constitucional por parte da doutrina é expressa também em artigo de Antônio Rodrigues de Freitas Jr., publicado em novembro, nos seguintes termos:

> Já aqui não importa apenas a decisão formal dos constituintes, mas o sentido e o alcance das políticas sociais que, por seu intermédio e a partir dela, seremos capazes de verificar.[51]

Mas, no geral, o que se vê é uma total ausência de debate acerca das potencialidades do texto constitucional no que se refere à ampliação de direitos trabalhistas, notadamente no aspecto de terem sido tais direitos elevados ao patamar de direitos fundamentais. A não ser nas questões insuperáveis do avanço, redução do limite semanal para 44 horas, ampliação do adicional de horas extras para 50%, fixação do valor das férias com 1/3 a mais do salário normal, tudo o mais é alvo de interpretações restritivas e que se expressam quase que sem uma contestação: eliminação da estabilidade; redução de salários e aumento de jornada por negociação coletiva; natureza não salarial da participação nos lucros; possibilidade ilimitada de trabalho em horas extras; responsabilidade do empregador por acidente do trabalho apenas no caso de dolo ou culpa; ampliação limitada dos direitos dos traba-

---

(44) FERRARI, Irany. Jornada de trabalho alterações legais e contratuais. *Revista LTr* 51-11/1.351.
(45) ROBORTELLA, Luiz Carlos Amorim. Salário, férias e aviso-prévio. *Revista LTr* 51-11/1.353-1360.
(46) ROBORTELLA, Luiz Carlos Amorim. Salário, férias e aviso-prévio. *Revista LTr* 51-11/1.354.
(47) ROBORTELLA, Luiz Carlos Amorim. Salário, férias e aviso-prévio. *Revista LTr* 51-11/1.356.
(48) ROBORTELLA, Luiz Carlos Amorim. Salário, férias e aviso-prévio. *Revista LTr* 51-11/1.357.
(49) ROBORTELLA, Luiz Carlos Amorim. Salário, férias e aviso-prévio. *Revista LTr* 51-11/1.357.
(50) PRADO, Roberto Barreto. O direito de greve em face da Constituição de 5.10.1988. *Revista LTr* 52-11/1.388-1393.
(51) FREITAS JR., Antônio Rodrigues. Direito do trabalho e mudança constitucional: os direitos sociais como condição da democracia. *Revista LTr* 52-11/1.398-1.412.

lhadores domésticos (com preocupação de encontrar um prazo prescricional⁽⁵²⁾); limitação ao direito de greve etc.

A limitação do direito de greve, por exemplo, aparece novamente como preocupação principal do texto de Arnaldo Süssekind, *Limitações ao direito de greve*⁽⁵³⁾ e no aspecto específico da estabilidade, sem qualquer aviso-prévio, começam a aparecer as interpretações de que a referência ao FGTS entre o rol dos direitos dos trabalhadores teria representado uma opção do constituinte por um dos regimes, vistos como incompatíveis. Essa posição vem expressa no texto de José Ajuricaba da Costa e Silva, *Dispensa arbitrária e FGTS na nova Constituição*, publicado na edição de fevereiro de 1989⁽⁵⁴⁾, tomando como parâmetro artigos de Amauri Mascaro Nascimento e Roberto Dornas.

Um debate mais intenso é verificado apenas no que se refere ao prazo prescricional. Vários são os textos publicados com posições distintas⁽⁵⁵⁾, destacando-se o belíssimo texto de Márcio Túlio Viana, *Prescrição: dúvidas e soluções*, que aparece na edição de janeiro de 1988⁽⁵⁶⁾, sendo de se ressaltar que o final dessa história todos conhecem que foi a da prevalência da interpretação menos benéfica ao trabalhador, no sentido de que o prazo ampliativo da prescrição não retrocedeu para alcançar situações fáticas já abarcadas pela prescrição anterior, de prazo menor, e de que a contagem do prazo de cinco anos conta-se retroativamente a partir da data da propositura da reclamação trabalhista e não no término do contrato de trabalho.

No frigir dos ovos o que se verificou foi uma avalanche da racionalidade neoliberal, de tal modo impregnada nas falas e textos que buscar uma interpretação ampliativa de direitos do texto constitucional parecia uma heresia, uma atitude retrógrada e, por assim dizer, não intelectualizada, fazendo com que se transforma-se em voz corrente, quase sem contestação, o argumento de que a Constituição de 1988 acolheu o princípio da flexibilização, como forma de conduzir às relações de trabalho no Brasil ao nível da modernidade, necessária para a superação do momento de crise econômica.

É emblemática, como forma de demonstração da existência e da força desse processo, a mudança drástica de posição assumida por Orlando Teixeira da Costa.

No texto publicado em outubro de 1988, acima apresentado, o autor é bastante crítico ao argumento que parte da crise econômica para pleitear flexibilização de direitos trabalhistas, preconizando que como a crise é típica do capitalismo e cíclica, cumpre ao direito do trabalho trilhar o caminho de conferir estabilidade ao trabalhador.

Já no texto publicado em janeiro de 1898, *A crise econômica e a atuação dos sindicatos*⁽⁵⁷⁾, o mesmo autor argumenta que a crise cíclica, ela própria, é suficiente para justificar uma flexibilização do direito do trabalho.

Há passagens que se repetem nos textos, mas com conclusões totalmente distintas.

No primeiro, como visto acima, o autor diz:

> A chamada crise econômica mundial tem sido usada, desde algum tempo, como motivação, para justificar, ideologicamente, a reversão do propósito inicial do Direito do Trabalho, de modo que venha a desenvolver, igualmente, uma proteção para com os empregadores ou empresários, mediante a diminuição do que foi antes atribuído ao operariado.⁽⁵⁸⁾

No segundo, o que diz é que:

> Ante a realidade, procura-se subordinar a evolução do Direito do Trabalho a novos propósitos, revertendo a sua intenção inicial, de modo a que se venha a desenvolver, também, uma proteção para com os empregadores ou empresário, à semelhança da tutela que se dispensou e se dispensa, ainda hoje, aos trabalhadores.⁽⁵⁹⁾

---

(52) DE LUCA, Carlos Moreira. O prazo de prescrição dos direitos assegurados aos empregados domésticos. *Revista LTr* 53-1/81-82.
(53) SÜSSEKIND, Arnaldo Lopes. Limitações ao direito de greve. *Revista LTr* 53-1/28.
(54) SILVA, José Ajuricaba da Costa e. Dispensa arbitrária e FGTS na nova constituição. *Revista LTr* 53-2/138-139.
(55) CORDOVIL, Antonino E. B. Da prescrição para as causas de natureza segundo a nova Constituição Federal. *Revista LTr* 52-11/1369-1.373; AZEVEDO, Gelson de. O novo prazo de prescrição das ações trabalhistas. *Revista LTr* 52-11/1.374-1.375; AZEVEDO, Marcos Juliano Borges de. A prescrição trabalhista na Constituição. *Revista LTr* 52-11/1.384-1.387; SILVA, Moacyr Mota da. Prescrição constitucional. *Revista LTr* 53-1/60-64; OLIVEIRA, Oris de. A prescrição no direito do trabalho brasileiro. *Revista LTr* 53-2/174-183; GONÇALVES, Ione Salin, GUTERRES, Jurema Reis de Oliveria, VARGAS, Luiz Alberto de, FRAGA, Ricardo Carvalho. A prescrição trabalhista constitucional. *Revista LTr* 53-4/427-431; NEVES, José Tôrres das. Prescrição no direito do trabalho à luz da nova Carta Magna. *Revista LTr* 53-9/912-931; SÜSSEKIND, Arnaldo. Prescrição. *Revista LTr* 53-9/1.019-1.022; LAMARCA, Antônio. Prescrição. *Revista LTr* 53-9/1.023-1.025; BARROS JR., Cássio Mesquita. Prescrição. *Revista LTr* 53-9/1.034-1.038; DALAZEN, João Orestes. A nova prescrição das ações trabalhistas. *Revista LTr* 53-10/1.147-1.154; CARMO, Júlio Bernardo. A prescrição trabalhista na Constituição de 1988. *Revista LTr* 53-10/1.155.
(56) VIANA, Márcio Túlio. Prescrição: dúvidas e soluções. *Revista LTr* 53-1/72-74.
(57) COSTA, Orlando Teixeira da. A crise econômica e a atuação dos sindicatos. *Revista LTr* 53-1/23-27.
(58) COSTA, Orlando Teixeira da. A estabilidade dos trabalhadores e a crise econômica. *Revista LTr* 52-10/1.169-1.172.
(59) COSTA, Orlando Teixeira da. A crise econômica e a atuação dos sindicatos. *Revista LTr* 53-1/23.

Repare-se que em outubro de 1988, Orlando Teixeira da Costa mostra-se bastante crítico à ideia de diminuição de direitos, como trata a figura da flexibilização, no texto produzido em janeiro, assume a nova função do Direito do Trabalho como fruto da realidade e ainda admite a flexibilização como necessária em tempos de crises cíclicas:

> Na escolha de um desses três caminhos é que se coloca, neste momento, a atuação dos sindicatos, principalmente dos sindicatos brasileiros, já que a flexibilidade labora cada vez mais se impõe, por força das crises cíclicas, principalmente ante a possibilidade de agravamento da que se encontra em curso, e que terminará numa nova grande depressão, segundo tese de Ravi Batra.[60]

O que se verifica é quase uma disputa para ver quem consegue atingir uma interpretação mais restritiva dos direitos constitucionais trabalhistas. Em algumas passagens o autor pode até parecer buscar um sentido que favoreça os trabalhadores, mas se o faz logo se vê quase que obrigado, pela força da compreensão média estabelecida, a atenuar seu pensando, para não ter tratado de radical ou mesmo de irracional. Não é bem o exemplo, pois o autor em questão não se via submetido à força da opinião geral, vez que era, de fato, um grande formador de opiniões, mas no texto publicado por Magano em abril de 1988[61] bem se vê essa espécie de gangorra compensatória, quando chega à conclusão, forçada pela acuidade gramatical, de que a compensação de jornada, prevista no inciso XIII do art. 7º só se pode realizar por acordo coletivo ou convenção coletiva de trabalho, afastando a interpretação que queria ver o permissivo de que isso se fizesse pela via do acordo individual, mas logo a seguir faz questão de esclarecer que se essa interpretação amplia a proteção aos trabalhadores, se comparada com a previsão contida no art. 59 da CLT, por outro lado, confere maior possibilidade de "redução da jornada" (ainda que o texto constitucional não trate especificamente de redução com redução de salário) sem qualquer condicionamento à comprovação de crise econômica, como ocorria na Lei n. 4.923/65, que assim é dita, mesmo sem ser dito expressamente pelo autor, não recepcionada pela Constituição.

O texto de Arion Sayão Romita, *Proteção contra a dispensa arbitrária (garantia de emprego?)*[62], representa o esforço máximo para retração dos direitos trabalhistas fixados na Constituição, preconizando dois valores que se reproduziram em larga escala no período.

Primeiro, de que a Constituição abarcou o princípio da flexibilização. De fato, com a liberdade do uso das palavras, Romita chega a dizer que essa foi uma opção assumida pelo país: "O certo é que, diante do novo quadro surgido com a aprovação do texto constitucional de 1988, o país decidiu trilhar a via da flexibilização. Caracterizou-se sem dúvida, o 'desfiguramento da rigidez estrutural que representa a Consolidação das Leis do Trabalho, em sua integridade', para usar a expressão de Paulo Emílio Ribeiro de Vilhena".

E, segundo, de que o fato de se ter conferido aos trabalhadores na Constituição o direito ao FGTS teria eliminado a necessidade de opção e, consequentemente, eliminado a estabilidade no emprego, acrescentando que a proteção contra a dispensa arbitrária não representaria garantia de emprego mas de direito ao recebimento de uma indenização, sujeita à regulamentação lei complementar, além de que a previsão constitucional do direito à indenização impediria o Brasil de ratificar a Convenção n. 158 da OIT, vez que esta prevê a reintegração como forma punitiva do seu descumprimento.

Por fim, após fazer uma crítica à atitude deplorável do constituinte de incluir na Constituição, em minúcias, benefícios à classe trabalhadora, deixa o recado aos sindicatos de que é função deles tirar o Brasil da crise, ao mesmo tempo, é claro, que os culpa pelo insucesso da economia em razão de uma possível atitude de defesa de direitos de seus representados:

> Os efeitos nefastos da crise econômica e da introdução de novas tecnologias só podem ser enfrentados com possibilidade de bom êxito pelas organizações sindicais de trabalhadores mediante apelo à negociação coletiva.[63]

Em concreto, a doutrina trabalhista, ainda que reproduza nos seus cursos e manuais, a noção de que as fontes do Direito do Trabalho se apresentam na perspectiva material e formal, sendo a fonte material os elementos políticos, sociais e econômicos, concebidos historicamente, que dão origem à fonte formal, qual seja, a regra legal propriamente dita, dando destaque às reivindicações e mobilizações da classe trabalhadora, quanto à forma de interpretação da Constituição praticamente anulou a existência desses elementos históricos para atribuir à Constituição um valor construído *a posteriori*, extraído de suas concepções ideológicas, já dominadas pelo ideário neoliberal.

Repare-se, por exemplo, na fala de Saião Romita quando diz que a flexibilização adota na Constituição foi uma opção do país, quando, em verdade, o termo flexibilização não foi utilizado em nenhuma dos inúme-

---

(60) COSTA, Orlando Teixeira da. A crise econômica e a atuação dos sindicatos. *Revista LTr* 53-1/25.
(61) MAGANO, Octavio. Redução da jornada. *Revista LTr* 53-4/394.
(62) ROMITA, Arion Sayão. Proteção contra a despedida arbitrária (garantia de emprego?). *Revista LTr* 53-4/400-420.
(63) ROMITA, Arion Sayão. Proteção contra a despedida arbitrária (garantia de emprego?). *Revista LTr* 53-4/420.

ros debates travados na Comissão de Sistematização, expressos em 2.397 páginas.

Na década de 1990, o neoliberalismo se aprofundou e o que se preconizou neste período, por meio dessa doutrina, não foi mais a mera retenção de direitos trabalhistas, mas a própria extinção do Direito do Trabalho e da Justiça do Trabalho.

Nesse período, ganharam expressão midiática as falas no sentido do fim do Direito do Trabalho. Em 1994, Luiz Carlos Amorim Robortella escrevia a obra, *O moderno Direito do Trabalho*, que, no fundo, preconizava o fim do Direito do Trabalho, no que foi acompanhado pelo conteúdo de diversos artigos escritos por Arion Sayão Romita, compilados em obra publicada em 2003, com o sugestivo título, *O princípio da proteção em xeque*. E como preconizava, à época, um dos principais porta-vozes dessa corrente: "Convenhamos: a CLT e a Justiça do Trabalho têm mais de 50 anos. Elas foram criadas para um mundo fechado e para uma economia protegida contra as agressões do processo competitivo"[64].

Uma obra que estimula bastante a linha de remodelação do Direito do Trabalho no sentido do abandono de sua racionalidade social, tendo como alvo, sobretudo, a atuação jurisdicional da Justiça do Trabalho, é a produzida por José Eduardo Faria, com o título, que não deixa dúvida: *Os novos desafios da Justiça do Trabalho* (1995).

A obra, como refere o próprio autor, é fruto de uma série de encontros realizados com Associações de Magistrados trabalhistas, notadamente, motivadas pelos seus estudos acerca da formação técnico-profissional da magistratura brasileira, que motivaram vários textos escritos a partir de 1992.

A erudição do autor, no entanto, consegue mascarar o conteúdo ideológico do texto, altamente destrutivo da Justiça do Trabalho e do Direito do Trabalho, consequentemente.

O autor inicia destacando a origem "corporativa" da Justiça do Trabalho e parte do pressuposto da existência de um "realismo econômico", que requer o abrandamento da "rigidez" do Direito do Trabalho, para defender um novo paradigma de atuação da magistratura trabalhista.

Propõe a adoção de mecanismos extrajudiciais de solução de conflitos, afirmando que o desprezo pelo reconhecimento desses mecanismos é o que teria gerado "o grau de erosão da legitimidade do Poder Judiciário"[65].

Quanto ao Direito do Trabalho, propriamente dito, diz que em razão da ineficácia com que esses direitos se apresentam na realidade, acusando haver uma "inflação legislativa", que impõe ao Estado um desafio que não pode superar, de criar uma estrutura para fazer valer as leis que cria, e que seria causa, inclusive, da "informalidade" no mercado de trabalho, propõe a adoção de uma espécie de flexibilização moderada, que, como resultado de um "ajuste fino", seja capaz de atender as necessidades de um mundo cada vez mais complexo, fruto das alterações tecnológicas e da amplitude da concorrência, como repete várias vezes, sem com isso deixar de garantir aos trabalhadores direitos básicos que possam ser efetivamente aplicados, mas sem indicar que direitos seriam estes, vez que seriam fruto de uma "engenharia normativa flexível", na qual se integrariam as leis, as normas resultantes de negociações entre trabalhadores em empregadores, vistos com suas peculiaridades, e a atuação interpretativa da Justiça do Trabalho:

> Desenvolvendo uma engenharia normativa flexível, especialmente concebida para dar conta dos inúmeros problemas surgidos em contextos altamente diferenciados, essa ordem jurídica teria por objetivo socializar riscos, neutralizar perdas e atenuar diferenças, mediante tratamentos diversificados por parte do Executivo e da Justiça do Trabalho.[66]

(...)

A consecução desse equilíbrio depende, basicamente, da efetividade de uma importante "regra" no âmbito do sistema normativo, destinada a assegurar sua adequação à realidade socioeconômica. São as "regras de julgamento", por meio das quais as normas e os conceitos jurídicos podem e devem ser interpretados num dado contexto social e num determinado período histórico; são essas regras que tornam possível identificar e compreender como, dentro de uma certa regularidade, vão ocorrendo mudanças quer no conteúdo quer no sentido das normas. Na lógica das regras de julgamento, o equilíbrio designa um juízo que permite ponderar a relação entre interesses divergentes e balancear tanto os direitos quanto as obrigações num determinado sistema social. Enfatizando uma ideia de escala, da média e de pesos e contrapesos, bem como pressupondo uma concepção "realista" de justiça, encarda como a distribuição e a alocação equitativa de vantagens, benefícios e prerrogativas, o julgamento em termos de equilíbrio acaba

---

(64) PASTORE, José. Relações de trabalho numa economia que se abre. Palestra realizada no congresso brasileiro de direito coletivo do trabalho. *Revista LTr*, São Paulo, 4.11.1996. In: PASTORE, José. *A agonia do emprego*. São Paulo: LTr, 1997. p. 93.
(65) FARIA, José Eduardo. *Os novos desafios da justiça do trabalho*. São Paulo: LTr, 1995. p. 17.
(66) FARIA, José Eduardo. *Os novos desafios da justiça do trabalho*. São Paulo: LTr, 1995. p. 133.

sendo sempre flexível, adaptável às mudanças socioeconômicas ao longo da história.[67]

Em contexto em que a teoria neoliberal não encontrava receios em expressar seu rancor frente aos direitos trabalhistas e à própria Justiça do Trabalho, a obra de Faria, rechaçando a mera retirada de direitos e conferindo nova razão de existir para a Justiça do Trabalho, acabou tendo forte acolhida entre a magistratura trabalhista, dita progressista.

Àquelas alturas, no entanto, não se conseguia perceber o quanto a obra de Faria, uma espécie de lobo em pele de cordeiro, favorecia ao avanço da teoria neoliberal, no sentido da destruição da compreensão da materialidade histórica dos direitos trabalhistas, atribuindo-lhe mero efeito de atender às necessidades e exigências do mercado, sendo que a própria proteção jurídica básica dos trabalhadores estaria atrelada a tais pressupostos. Representava, igualmente, um ataque institucional à Justiça do Trabalho, vez que atribuía aos juízes do trabalho, notadamente os de primeiro grau, a tarefa de reescrever o Direito do Trabalho à luz desse "sentimento de justiça" que, de forma não revelada no texto, seria, efetivamente, determinado pela racionalidade econômica, de modo a atingir, inclusive, a busca da plena efetividade dos direitos sociais inscritos na Constituição de 1988, embora também isso não se expresse, de maneira clara, no texto.

O texto da obra é, propositalmente, ambíguo, marcado por uma defesa da atuação criativa da magistratura trabalhista de primeiro grau, para atrair a simpatia dos juízes do trabalho, mas para atraí-los a uma atuação mais consentânea com as exigências de mercado.

É interessante perceber que esse poder conferido aos juízes, de impor regras de julgamento superando a literalidade da lei, acabou sendo acatado pelos juízes do trabalho para rechaçar as iniciativas legislativas flexibilizantes que advieram no mesmo período, sobretudo, a partir de 1998. Mas aí essa atuação da magistratura, recuperando um sentimento de justiça pautado pela proteção da classe trabalhadora, acabou sendo alvo de críticas do próprio Faria, em obra publicada em 1999: *O direito na economia globalizada*, quando, libertando-se dos limites de uma fala direcionada a juízes do trabalho, expõe mais claramente suas ideias da necessidade de vinculação do direito à economia.

Nessa obra, Faria acusa a Justiça do Trabalho de ter gerado uma crise no Direito, que adviria do descompasso entre o que Direito vem proporcionando à sociedade e aquilo que a sociedade espera do Direito. Apontando "incoerências" e "contradições" nos julgamentos da Justiça do Trabalho, Faria assevera:

> A ideia de crise aparece quando as racionalidades parciais já não mais se articulam umas com as outras, gerando assim graves distorções ou disfunções estruturais para a consecução do equilíbrio social. Cada instituição aparece como independente em relação às demais, de modo que a crise representaria a sociedade como eivada de incoerências e invadida por contradições.[68]

O ano de 1995, quando o neoliberalismo encontra as condições mais propícias para se difundir com a posse do governo de FHC, inicia com a publicação do artigo de Amauri Mascaro Nascimento, *A autonomia coletiva como fonte do direito do trabalho na América Latina*, com o qual o autor vai dar o tom da estratégia mais eficaz para se atingir a redução de direitos: atribuir aos sindicatos de trabalhadores a possibilidade jurídica de admitirem redução de direitos, sabendo que, no contexto de crise, não teriam condições materiais para resistir, possibilitando-se com isso, inclusive, que se deixasse de fora qualquer discussão em torno das limitações do modelo de produção capitalista e ainda permitindo que se identificassem os sindicatos dos trabalhadores como responsabilizáveis pelos problemas vivenciados pela classe trabalhadora, caso não aceitassem a redução de direitos, sendo, assim, os direitos trabalhistas os culpados pela retração econômica, resultando como única solução possível o eufemismo da "flexibilização".

> A flexibilização negociada, resultante da autonomia coletiva para adaptação e rerregulamentação do direito do trabalho é mais consistente do que a impositiva, desregulamentadora, e nesse ponto é necessária uma correção de rumos...[69]

Na sequência, como não poderia deixar de ser, vem a publicação do maior representante do capital, que ganhou notoriedade nos Congressos e Revistas trabalhistas no período, por falar aquilo que os ideólogos neoliberais queriam ouvir, José Pastore, com o título, *Relações do trabalho numa economia que se abre*.

O texto é a reprodução da palestra proferida pelo autor no *Congresso de Direito Coletivo do Trabalho*, organizado pela LTr, sob a batuta de Amauri Mascaro Nascimento, realizado em São Paulo, em 1994. Na ocasião o autor, que possivelmente teve ter sido muito aplaudido, disse, dentre outras coisas:

---

(67) FARIA, José Eduardo. *Os novos desafios da justiça do trabalho*. São Paulo: LTr, 1995. p. 134.
(68) FARIA, José Eduardo. *Os novos desafios da justiça do trabalho*. São Paulo: LTr, 1995. p. 41.
(69) NASCIMENTO, Amauri Mascaro. A autonomia coletiva como fonte do direito do trabalho na América Latina. *Revista LTr* 59-01/17.

A ideologia do "garantismo legal" está sendo desmentida. A realidade mostra que, proteção exagerada vira discriminação. Os encargos sociais decorrentes da Constituição e CLT, no Brasil, somam a 102% do salário enquanto que nos países mais avançados isso fica em torno de 35%-40%. Encargos altos e rígidos dificultam o emprego formal e induzem as empresas a buscar automação ou trabalho informal.

O Brasil já entrou na fase da abertura econômica, mas o seu quadro legal é exageradamente rígido, onde o grosso dos direitos e deveres está na Constituição e CLT — regulados pela Justiça do Trabalho. É um sistema de muita legislação e pouca negociação quando o mundo da competição exige negociação e menos legislação. Definitivamente, a nossa Constituição e a nossa CLT foram desenhadas para uma economia fechada, protegida, sem concorrência, onde o Estado bancava a ineficiência e se satisfazia em garantir direitos para uma minoria de trabalhadores privilegiados que conseguiam trabalhar no mercado formal.

(...)

A flexibilização da lei é fundamental para o sucesso econômico e social deste grande País.

(...)

E daqui para frente, só se pode esperar uma economia que se abre ainda mais. O tempo da proteção já passou. Porque acabou o dinheiro para proteger. Porque a realidade demonstrou a ineficácia da proteção. Porque a proteção é cara, desumana e injusta.[70]

Mas essa escalada destrutiva, que pressupunha uma necessária interlocução com os profissionais do Direito do Trabalho, não foi tão tranquila quanto se planejava. Bem ao contrário, foi bastante tensa porque boa parcela desses profissionais não se convenceu dos argumentos que fundamentavam as propostas de reformas, tendo sabido identificar as reais motivações, meramente econômicas, que as inspiravam. Claro, houve também o desenvolvimento de uma contradição insuperável, já que parte da resistência era pautada também por uma lógica de mercado, preocupados que estavam muitos desses profissionais com a reserva de mercado para a sua atuação, ameaçada de desaparecer.

Fato é que em paralelo à teoria da flexibilização formou-se uma forte corrente, que rapidamente ganhou grande expressão, de contrariedade à flexibilização, posicionando-se, por consequência, na defesa do Direito do Trabalho e da Justiça do Trabalho, também ameaçada de extinção.

Verifica-se, desde o final da década de 1990, um embate declarado de ataque e resistência, tendo como objeto o Direito do Trabalho.

Do ponto de vista doutrinário, para fugir das amarras econômicas e dos preconceitos já difundidos sobre a "antiga" normatividade celetista, a linha da resistência vai se dar pela atração dos direitos de personalidade para a proteção do trabalhador e, precisamente, pela visualização da incidência concreta do princípio da dignidade humana. Essa reação se deu também por uma necessidade já que sem os freios de um direito do trabalho assumidamente protetivo do trabalhador as empresas, sobretudo grandes corporações, se viram livres para extremar a exploração do trabalho, buscando maior produção e invadindo os direitos de personalidade dos trabalhadores, como forma de diminuir as suas possibilidades de resistência.

A questão da supressão plena da condição humana começa a chegar aos tribunais antes de mesmo de ser tratada teoricamente e, só depois, passa a ser alvo de estudos teóricos, no qual novo campo de combate se instaura entre os que veem nessa temática a possibilidade de reconstruir o Direito do Trabalho e aqueles que, obviamente, querem evitar isso.

Destaca-se, a propósito, o texto e Antonio Carlos Amaral Leão, *A questão do dano moral na Justiça do Trabalho*, publicado em março de 1994[71], e referido no artigo de Antonio Chaves, *Direitos da personalidade de dano moral*, publicado em março de 1995[72].

Ou seja, diante do abalo da proteção jurídica trabalhista a doutrina passa a falar da "necessidade de se garantir a ética nas relações laborais"[73], da "dignidade do trabalhador"[74] e da "tutela da personalidade do trabalhador"[75].

---

(70) PASTORE, José. Relações do trabalho numa economia que se abre. *Revista LTr* 59-01/20-22.
(71) LEÃO, Antonio Carlos Amaral. A questão do dano moral na justiça do trabalho. *Revista dos Tribunais*, v. 701, p. 248-9, mar. 1994.
(72) CHAVES, Antonio. Direitos da personalidade de dano moral. *Revista LTr* 59-03/342-347.
(73) CASTELO, Jorge Pinheiro. Do dano moral trabalhista. *Revista LTr* 59-03/488-491.
(74) COSTA, Orlando Teixeira. O trabalho e a dignidade do trabalhador. *Revista LTr* 59-05/591-594.
(75) SÜSSEKIND, Arnaldo Lopes. Tutela da personalidade do trabalhador. *Revista LTr* 59-05/595-598.

Dentro desse contexto ganha bastante relevo o texto publicado em julho de 1995, de autoria de Marcio Túlio Viana, que trata a flexibilização por meio de suas contradições, visualizando, mesmo no seu contexto, formas de ampliação da proteção jurídica dos trabalhadores[76].

Em dezembro de 1995, é publicado o texto *A Justiça do Trabalho no Brasil moderno*, de Jorge Luiz Souto Maior que, pela primeira vez, ao menos no âmbito das publicações daquela Revista, enfrenta de forma direta a teoria da modernidade e seus impactos na Justiça do Trabalho. O autor, que inicia o texto dizendo que será considerado retrógrado pelo que pretende expressar no texto, assume que pretende defender ideias "antigas" como a "permanência da Justiça do Trabalho como órgão estatal conciliador e julgador dos conflitos trabalhistas, com manutenção de seu poder normativo, combatendo a criação das comissões de conciliação no âmbito das fábricas, no momento atual, e advertindo para o risco que gira em torno da teoria da flexibilização"[77].

Para enfrentar a teoria da flexibilização, sustenta o autor:

> O fato é que o modelo estatal atual tem sofrido nítidas influências de ideologias sociais, o que contraria o avanço descontrolado do capitalismo, provocando a reação do modelo neoliberal que procura, por isso, ao contrário do que sempre fez, desmoralizar a lei e o próprio Estado. Em suma, enquanto há uma ligação coerente entre Estado e poder econômico, a satisfação dos interesses de ambos, que não antagônicos, se faz, facilmente, mas, quando o Estado se apresenta num modelo social, há um certo choque de interesses, que, em última análise, é a razão de existência da teoria da flexibilização de direitos.
>
> Deve-se, por isso, questionar a teoria do "modernismo" das relações de trabalho entendida, unicamente, como fórmula mágica para se integrar o Brasil às tendências atuais do "primeiro mundo".

Merece grande destaque a defesa da aplicabilidade da Convenção n. 158 da OIT, feita por Arnaldo Süssekind, conforme pode ser verificado em artigo publicado em março de 1996, *A compatibilidade entre a Convenção OIT n. 158 e a Constituição Brasileira*[78].

Inúmeros foram os textos literalmente atacando a Convenção n. 158 da OIT, até que, em 20 de novembro de 1996 o governo efetivou a denúncia da referida Convenção, acatando parecer do Ministro do Trabalho, Paulo Paiva, o qual, por sua vez, se valeu exatamente das posições doutrinárias de críticas à Convenção. Diz Paulo Paiva, em seu parecer:

> Ante o empenho de modernizar a legislação trabalhista, situado no objetivo maior do Governo Federal, de otimizar produtividade e qualidade no âmbito das empresas, e negociação entre estas e seus empregados, a Convenção n. 158 da OIT tem inspirado movimento oposto, que fomenta intervenção estatal, e reduz o círculo de mobilidade dos interlocutores.

Por conta da denúncia, Arnaldo Süssekind, discordando da atitude assumida pelo governo federal, durante o *11º Congresso Brasileiro de Direito Coletivo do Trabalho*, organizado pela LTr e realizado em São Paulo, em novembro de 1996, renunciou à qualidade de representante do Brasil na Comissão de Peritos da OIT. No mês de dezembro de 1996, Süssekind pediu demissão da Comissão Permanente de Direito Social do Ministério do Trabalho, à qual havia retornado em 1993.

Em 1997, é publicado o livro de José Martins Catharino, *Neoliberalismo e sequela*, que inaugura a linha de uma resistência mais consistente ao neoliberalismo no meio jurídico, valendo lembrar que no campo da sociologia este caminho já havia sido aberto em 1995, por Ricardo Antunes, com a obra *Adeus ao Trabalho*.

José Martins Catharino expressa, claramente, que a flexibilização é uma forma adaptação da norma jurídica às demandas da economia, apontando-a como efeito do neoliberalismo, que teria como característica básica o "anti-humanismo", gerando efeitos nefastos para os setores populares e marginalizados na sociedade e nas relações de trabalho.

E adverte:

> Esses efeitos nefastos somente os cegos e os que para eles fecham os olhos não enxergam, ou, o que é pior, deles conhecem e consideram secundários e irrelevantes, por serem o "preço" do progresso econômico, servido pela tecnologia.[79]

Mas esclarecedor mesmo é o texto publicado, em julho de 1999, por Marcio Túlio Viana, *A proteção social do trabalhador no mundo globalizado — o direito do trabalho no limiar do século XXI*.

---

(76) VIANA, Márcio Túlio. Desregulamentar... regulamentando. *Revista LTr* 59-07/884-889.
(77) SOUTO MAIOR, Jorge Luiz. A justiça do trabalho no Brasil moderno. *Revista LTr* 59-12/1621-1634.
(78) SÜSSEKIND, Arnaldo Lopes. A compatibilidade entre a Convenção OIT n. 158 e a Constituição brasileira. *Revista LTr* 60-03/332-333.
(79) CATHARINO, José Martins. *Neoliberalismo e sequela*. São Paulo: LTr, 1997. p. 20.

Márcio Túlio realiza nesse texto, de forma inaugural, uma análise mais crítica e profunda do neoliberalismo, revelando as suas inconsistências teóricas e o seu papel ideológico, além das influências sobre a racionalidade das relações de trabalho, com repercussão no Direito do Trabalho.

Como diz o autor:

> No discurso da moda, o Estado é sempre *paternalista*, o sindicato faz *baderna*, funcionário público *não trabalha*, todo juiz é *marajá*, ensino *deve ser pago*, nada como a *livre negociação*, o melhor é *privatizar*, o direito deve ser *flexível*. A ideologia justifica e reforça o papel do mercado como remédio para todos os males, santo para todos os milagres.
>
> É verdade que o *santo* tem seus limites, impostos por sua própria teologia, e as últimas crises financeiras já começam a desnudá-lo. Mas — ainda assim — não se criticam as políticas que o apoiam, não se questiona o que está posto. A culpa (ou a desculpa) é a *globalização*, palavra mágica que respalda qualquer medida, responde a qualquer pergunta, oculta outras verdades.
>
> Outra palavra-chave é o desemprego. O mesmo sistema que o provoca serve-se dele, convencendo a opinião pública de que a solução é precarizar. Ou seja: o desemprego legitima a espoliação. E ele agora está na mídia, pois atinge a classe média.
>
> (...)
>
> Na retórica neoliberal, a lei está cheia de velharias, é rígida em excesso, tem raízes corporativas, é paternalista. Além do mais, tende a *proteger* uma elite, pois os empregados de ontem serão os autônomos de amanhã, e, mesmo hoje, a maioria emigra ara a informalidade. De resto, com diz a frase da moda o que importa não é tanto o "Direito *do* Trabalho", mas o Direito *ao* Trabalho.
>
> O *slogan* tem certo charme e causa impacto. Mas como criar empregos? A mesma doutrina responde: *flexibilizando*.[80]

Nas duas primeiras décadas dos anos 2000, a produção acadêmica de resistência se intensifica, ganhando maior peso, sobretudo, na produção feminina de com destaque para Carmen Camino, Sayonara Grillo Coutinho, Daniela Muradas Reis, Magda Biavaschi, Gabriela Neves Delgado, Aldacy Rachid Coutinho, Márcia Novaes Guedes, Valdete Souto Severo, Walküre Lopes Ribeiro da Silva, valendo registrar também o aparecimento dos cursos de Alice Monteiro de Barros e de Mauricio Godinho Delgado, que se tornam os clássicos do período, com proeminência ainda hoje, e até se pode dizer que já nesse momento as obras, todas elas, acabam reforçando a importância do Direito do Trabalho no cenário jurídico nacional.

E já que se está falando de doutrinadores e doutrinadoras que com sua produção intelectual contribuíram para a reconstrução do Direito do Trabalho, é essencial fazer referência — e prestar reverência — a Pedro Vidal Neto, cuja relevância foi destacada em texto de Marcus Orione, Luís Carlos Moro, Luís Fernando Moro e Jorge Luiz Souto Maior[81].

É dentro desse contexto que se insere a inestimável contribuição de Benedito Calheiros Bomfim, em texto publicado em setembro de 2002, com o título *A legislação trabalhista e a flexibilização*[82].

No referido texto, de forma inaugural, o autor passa em revista a história da legislação trabalhista no Brasil das últimas seis décadas e demonstra o quanto a CLT já havia sido "flexibilizada" e os efeitos nefastos dessa política tanto para o trabalhador quanto para a própria economia:

> Há anos, mais acentuadamente na última década, governo, empresários, mídia, parlamentares, seminários jurídicos, meios acadêmicos, publicações especializadas, todos discutem a "rigidez" da legislação trabalhista, e advogam a premente necessidade de sua mudança, com vistas à sua flexibilização.
>
> Alega-se que, editada em 1942, a Consolidação das Leis do Trabalho, decorridas cerca de seis décadas, tornou-se obsoleta, ultrapassada, e necessita de imediatas e profundas alterações, visando à sua atualização e modernização, a fim de adequá-la à realidade do país e às exigências da economia globalizada. A reforma preconizada, no dizer de seus adeptos, reduziria o custo da mão de obra e de seus encargos, tornaria o país mais competitivo, estimularia o desenvolvimento econômico e a geração de empregos. E, em

---

(80) VIANA, Márcio Túlio. Proteção social do trabalhador no mundo globalizado — o direito do trabalho no século XXI. *Revista LTr* 63-07/890.
(81) ORIONE, Marcus; MORO, José Fernando; MORO, Luís Carlos; SOUTO MAIOR, Jorge Luiz. *Pedro Vidal Neto:* um herói invisível. Disponível em: <http://www.migalhas.com.br/dePeso/16,MI168756,11049-Pedro+Vidal+Neto+o+heroi+invisivel>. Acesso em: 29.5.2016.
(82) BOMFIM, Benedito Calheiros. A legislação trabalhista e a flexibilização. *Justiça do Trabalho*, n. 225, p. 6, set. 2002.

consequência, serviria para incentivar a vinda de capitais estrangeiros, o mesmo argumento utilizado para justificar a criação do Fundo de Garantia do Tempo de Serviço.

Poucos temas, no país, alcançaram a intensidade polêmica, o nível de interesse e de polarização como o concernente à propugnada reforma da legislação do trabalho, baseada, agora, fundamentalmente, na proposta governamental de alteração do art. 618 da CLT, para estabelecer a prevalência do negociado sobre o legislado.

Não é propósito deste ensaio mostrar a inconstitucionalidade do questionado projeto, já demonstrada, entre outros, por juristas do porte de Arnaldo Süssekind e Alberto Couto Maciel. Diverso é o ângulo sob o qual pretendemos abordar o assunto.

Ora bem. Ao longo do tempo, a CLT vem passando por constantes e fundas modificações, na maior parte redutoras de vantagens e direitos dos assalariados. Entre elas, a mais importante mudança consistiu na criação do FGTS, que acabou com a estabilidade no emprego e com a indenização por despedida injusta, espinha dorsal do sistema, outorgando ao empregador o direito de despedida arbitrária. Com esse regime jurídico, que confere ao empresário liberdade para remanejar seu quadro de pessoal, equivalente à denúncia vazia no contrato de trabalho, aumentou a rotatividade na mão de obra, com sérios prejuízos, inclusive para a qualificação profissional, num país já carente de trabalho qualificado e de empregos.

Para atrair adesões ao FGTS, a legislação originária garantia aos optantes, no caso de acordo para rescisão contratual, o direito ao levantamento dos depósitos, regalia essa revogada logo que o Governo conseguiu que a maioria dos trabalhadores optassem pelo novo sistema jurídico.

A faculdade de opção, consagrada na lei, largamente alardeada, não passava de uma farsa, vez que a adoção do FGTS, na prática, erigiu-se em condição para admissão ao emprego. E os que já se encontravam trabalhando, se não optavam, geralmente sofriam pressão para fazê-lo, quando não eram demitidos.

Por isso mesmo, Victor Russomano, classificou o regime do FGTS como "tremendamente reacionário", e "intrinsecamente, nocivo aos interesses do trabalhador, considerados esses interesses, de forma macroscópica, dentro da empresa e da comunidade". (*A estabilidade do trabalhador na empresa*, p. 295/297)

A Carta Política de 1988 generalizou o malsinado sistema do Fundo de Garantia, tornando obrigatória sua adoção.

No tocante ao prazo prescricional de 5 anos para propositura de ação (até o limite de 2 anos do fim do contrato), a Emenda Constitucional n. 28/00 igualou trabalhadores urbanos e rurais, restringindo direito destes últimos.

Da mesma forma, na área da Previdência Social — tema que não nos cabe analisar aqui — as alterações legislativas têm sido invariavelmente lesivas a benefícios e direitos dos segurados ativos e inativos.

A reforma radical por que passou a CLT consistiu na supressão da antiquada representação classista, instituição que representava a característica marcante, e, durante algumas décadas, a singularidade da nossa legislação trabalhista, mudança que importou em profunda reestruturação da Justiça do Trabalho.

A Constituição de 1946 reconheceu o direito de greve, mas um Decreto- Lei n. 9.070/46, que, na prática, proibia o exercício desse direito, embora lhe fosse anterior, foi considerado constitucional, por força de distorcida exegese do STF.

Ao aplicar a Lei n. 605/49, a jurisprudência trabalhista, após alguma hesitação, passou a entender que os mensalistas já têm integrado em seu salário a retribuição pelos domingos e feriados. Por isso, quando trabalham em tais dias só lhes é reconhecido o direito à remuneração do dia laborado, de forma simples, sequer sem o percentual devido por horas extras. Não fosse a Lei n. 605, receberiam as horas trabalhadas nos dias de descanso, como suplementares, com o adicional de 50%. Vale dizer, foram os trabalhadores prejudicados pela lei que teve por escopo beneficiá-los.

A CLT não estabelecia que "a caracterização e a classificação da insalubridade e da periculosidade" (...) "far-se-ão através de perícia a cargo de Médico do Trabalho ou Engenheiro do Trabalho, registrados no Ministério do Trabalho", o que passou a ser feito a partir da Lei n. 6.514/77. Acontece mais que a obtenção do adicional de insalubridade é dificultada e onerada com a obrigatoriedade dessa perícia, exigida mesmo quando não contestada pelo empregador, o que, além de ser um contrassenso, não se compadece com o espírito nem com a letra do aludido diploma legal.

Dentro da linha flexibilizadora, a Constituição de 1988 permitiu a redução de salários, compensação de horários e encurtamento da jornada, além da hipótese de turnos ininterruptos de revezamento. Os direitos resultantes da ação trabalhistas alcançam o período de 5 anos, mas, incongruentemente, só podem ser postulados até 2 anos contados da cessão da relação de emprego.

O salário mínimo vem decaindo de valor e, hoje, equivale a menos de um sexto do que, realmente, representava quando foi instituído. E cada vez se distancia mais da garantia estipulada no art. 7º, IV, da CF. Como se não bastasse, nos últimos anos, com o agravamento da crise econômica e o alastramento do desemprego, o valor do salário real vem sofrendo sucessivas quedas. Na década de 1990, o salário caiu 22,5%. O Brasil, hoje, é o segundo país do mundo em quantidade de desempregados, segundo divulgado. Nem é suficiente ao trabalhador possuir emprego. É indispensável, mais, libertá-lo do medo de vir a perdê-lo.

A Medida Provisória n. 1.906/97 e a Lei n. 9.971/00 acabaram com a correção do salário mínimo, que passa a ser definido por Medida Provisória do Executivo a cada ano.

Além do salário mínimo definido na Lei Maior, ficaram no papel "a relação de emprego protegida contra despedida arbitrária" e o "aviso-prévio proporcional ao tempo de serviço".

A Consolidação das Leis do Trabalho, ao longo de sua vigência, vem sofrendo alterações, na maioria das vezes, benéficas aos empregadores. Tantas são as modificações nesse sentido, que, se se comparar a CLT originária com a atual, constatar-se-á facilmente a profunda desfiguração do texto original.

Enumeremos outras significativas mudanças introduzidas no Estatuto celetista, em sua maior parte desfavoráveis aos trabalhadores.

Ao art. 58, acrescentou-se parágrafo para não serem computadas como extraordinárias "as variações de horário no registro de ponto não excedentes de 5 minutos, observado o limite máximo de 10 minutos diários".

Outro parágrafo ao mesmo artigo dispõe que a hora *in itinere* "não será computada na jornada de trabalho, salvo quando, tratando-se de local de difícil acesso ou não servido por transporte público, o empregador fornecer condução".

Alterou-se o mesmo dispositivo para instituir o "trabalho em tempo parcial", de duração não excedente a 25 horas semanais, com salário proporcional, permitido ao empregado com contrato vigente optar por tal sistema, através de negociação (Medida Provisória n. 2.164/01).

O art. 134 foi adicionado de um parágrafo, para admitir que, "em casos excepcionais as férias serão concedidas em dois períodos".

Permitiu-se a conversão de "1/3 do período de férias" em abono, bem como, mediante acordo coletivo, a concessão de férias coletivas (art. 143).

Excluiu-se do vínculo empregatício os associados de cooperativas, bem como entre estes e os tomadores de serviços daquela (art. 442, parágrafo único).

O contrato a prazo determinado, em sua redação original, não estabelecia condições para a sua validade, o que passou a ser feito pelo Decreto-Lei n. 229/67, podendo ser prorrogado mais de uma vez. A teor da Medida Provisória n. 1951-21/2000, o percentual de recolhimento do FGTS foi reduzido para 2%, nas hipóteses que prevê. Incumbe às partes, em ajustes coletivos, fixar a indenização devida nos casos de rescisão antecipada do contrato.

O "contrato de experiência", não previsto no texto primeiro da CLT, foi introduzido pelo Decreto-Lei n. 229/76.

O art. 453 foi reformulado para estabelecer que a aposentadoria espontânea do empregado importa extinção do vínculo empregatício sem ônus para a empresa.

Deu-se nova redação ao art. 458, para não serem consideradas salários, despesas com educação, transporte para o trabalho, assistência médica, hospitalar, odontológica, seguro de vida, previdência privada.

A Lei n. 10.272/01 modificou o art. 467 consolidado, para, em caso de rescisão, reduzir a 50% o pagamento do salário incontroverso, que, antes, era devido em dobro, excepcionando ainda os entes públicos desse acréscimo.

Ao art. 469, a Lei n. 6.203/75 introduziu parágrafo para, em caso de necessidade, permitir a transferência do empregado para localidade diversa da que resultar do contrato de trabalho.

O Decreto-Lei n. 1.535/77, reformulando o art. 138 da CLT, proíbe ao empregado prestar serviços a outro empregador durante as férias. Ao empregador ficou facultada, ainda, a concessão de férias coletivas (Decreto-Lei n. 1.535/77), não previstas na CLT primitiva.

A Lei n. 9.601/98 e a Medida Provisória n. 1.702-2/98 alteraram disposições celetistas para criar outras modalidades de contrato por prazo determinado, inclusive por "tempo parcial", assim considerado aquele em que o empregado não trabalha mais de 5 horas semanais, além das legalmente previstas. Essa mesma Lei instituiu o banco de horas, pelo qual, mediante negociação, a empresa pode estipular jornada para todo o ano, segundo flutuações do negócio, com prazo de 1 ano para compensação.

Criou-se, também, (Lei n. 9.608/98), o contrato de trabalho voluntário, cuja principal característica é a prestação de serviço não remunerada.

A Medida Provisória n. 2.180-35/2000 introduz ao art. 884, o § 5º, afastando a exequibilidade de sentenças transitas em julgado envolvendo "aplicação ou interpretação tida como incompatível com a Constituição".

Ao art. 476 da CLT foi acrescida a letra A, para admitir, mediante convenção ou acordo coletivo, suspensão do contrato de trabalho por um período de 2 a 5 meses, quando, com sua aquiescência, participe o empregado de curso ou programa de qualificação profissional oferecido pelo empregador, mediante previsão em convenção ou acordo coletivo, desobrigado o empregador de pagar-lhe salário. O prazo em causa poderá ser prorrogado.

Ao art. 625 adicionou-se a letra D para sujeitar "qualquer demanda trabalhista", antes de seu ajuizamento, à Comissão de Conciliação Prévia, impedindo o direito de acesso direto das reclamações do trabalhador à Justiça, o que contravém a CF, que assegura que nenhuma lesão ou ameaça a direito poderá ser subtraída à apreciação do Judiciário.

A Consolidação Trabalhista não contemplava, inicialmente, a figura da convenção coletiva, mas, unicamente, os contratos coletivos, cuja celebração sujeitava-se a regras extremamente simples, tornadas, porém, complexas pelas formalidades introduzidas naquele diploma legal com o instituto da convenção coletiva pelo Decreto-Lei n. 229/67.

A ação sindical no setor público sofreu limitação imposta pelo Decreto n. 20.066/96.

Ao Presidente do Tribunal Superior do Trabalho foi facultado emprestar efeito suspensivo aos recursos de decisões proferidas em dissídio coletivo de natureza econômica (Lei n. 4.725/65), faculdade que vem sendo exercitada quase sistematicamente.

O art. 13 da Lei n. 10.192/01 determina que, no acordo ou convenção e no dissídio coletivo, é vedada a estipulação ou fixação de cláusula de reajuste ou correção salarial automática vinculada ao índice de preço.

Tantas são as exigências feitas pela Instrução Normativa n. 4, do TST, para a instauração de dissídios coletivos de natureza econômica, que na maioria dos casos são eles julgados extintos, inviabilizando sua apreciação.

Pautando-se pela filosofia neoliberal, os tribunais, especialmente o Tribunal Superior do Trabalho, na interpretação e aplicação da legislação trabalhista, vêm restringindo ainda mais o seu alcance e efeitos.

Pela sua relevância, comecemos pela greve, cujo exercício é assegurado plenamente na CF. Pois bem, o exercício desse direito fundamental do trabalhador torna-se impraticável, porque o TST considera a paralisação do trabalho quase sempre abusiva, tantos e tais são os pressupostos exigidos para sua legitimação. A severidade com que encara a paralisação coletiva leva a Corte a aplicar multas tão altas que, a serem pagas, tornaria impossível a sobrevivência da entidade multada.

A substituição processual, uma das mais úteis e significativas conquistas dos trabalhadores e suas entidades de classe, inclusive por ser instrumento de economia e celeridade processual, tem sido objeto de tantas restrições, que, na prática, perdeu boa parte de sua eficácia e utilidade.

O TST, e com ele toda a Justiça do Trabalho, abriu mão de seu poder normativo, que tanto servia aos sindicatos mais frágeis, sem capacidade de negociação.

Como se não bastasse, capitaneados pelo TST, tribunais trabalhistas, com surpreendente e incompreensível liberalidade, vêm deferindo liminares em ações rescisórias, para sustar execução de sentenças, com acintosa ofensa à coisa julgada e em afronta à letra do art. 489 do CPC, que veda expressamente — e para esse fim especial assim prescreveu — se suspenda a execução da sentença rescindenda.

A jurisprudência trabalhista sumulada, além de conceder a prescrição total nos casos que envolvam prestações sucessivas decorrentes de alteração contratual, ainda restringiu a dois anos do ajuizamento da ação o prazo prescricional em outras hipóteses, tais como: pedidos de complementação de aposentadoria, correção de desvio de função, diferenças de equiparação salarial.

Onde os tribunais trabalhistas estão também exorbitando, com danosas repercussões para as relações de trabalho e de postos de emprego, é na interpretação extensiva que estão dando às normas que regem a terceirização de mão de obra, admitindo com frequência a licitude da contratação de pessoal vinculado à atividade-fim da empresa tomadora de serviço.

Relatório do Tribunal de Contas da União, publicado na imprensa em 18.6.2002, informa que o Governo terceirizou, desde 1995, quase 30 mil postos de trabalho. O processo equivale a um repasse anual de R$ 1,5 bilhão para prestadores de serviço e organismos internacionais, equivalente a 24% de todos os gastos de pessoal civil ativo no Brasil.

O Enunciado n. 41 consubstanciava a interpretação do art. 477, restritivamente, nestes termos: "A quitação, nas hipóteses dos §§ 1º e 2º do art. 477 da CLT, concerne exclusivamente aos valores discriminados no documento respectivo". O Enunciado n. 330, substituindo o 41, ampliou, *in pejus* do trabalhador, os pressupostos para a validade do instrumento de rescisão, dispondo que a quitação "tem eficácia liberatória em relação às parcelas expressamente consignadas no recibo, salvo se oposta ressalva expressa e especificada ao valor dado à parcela ou parcelas impugnadas".

Eis outro exemplo da frequente mudança de orientação jurisprudencial, em prejuízo do assalariado: O Enunciado n. 265, firmou o entendimento de que "a transferência para o período diurno de trabalho implica na perda do direito ao adicional noturno". Com isso, tornou sem efeito a orientação, antes pacífica, inclusive do Pleno do TST, no sentido de que, mesmo suprimido o serviço noturno que se tornara habitual, o valor do adicional incorporava-se ao salário.

Os ressarcimentos reconhecidos judicialmente ao trabalhador — ao contrário do que acontece com a sucumbência na Justiça comum — são desfalcados do valor dos honorários devido a seu advogado, salvo quando perceba menos que o dobro do salário mínimo e esteja assistido por seu sindicato (Enunciado n. 219).

Como se vê, a legislação trabalhista vem passando por incessante maleabilização, quase sempre em detrimento dos interesses e direitos dos empregados. O Presidente do TST, ministro Francisco Fausto, criticando a forma com que o Governo quer extinguir direitos do trabalhador, afirmou que a Corte que dirige já vem adotando decisões flexibilizadoras da CLT.

Ainda recentemente o Tribunal Superior julgou legal cláusula de convenção coletiva excluindo o pagamento de 18 minutos extras de jornada diária aos trabalhadores, além de outra que prevê o não pagamento do adicional noturno para os que cumprem jornada de 13h às 23h 18min, com 30 minutos de intervalo.

A ineficiência da fiscalização, nas empresas, do cumprimento da legislação trabalhista faz parte da política liberal de enfraquecimento da presença do Estado nas relações de trabalho.

A todos esses fatores negativos, junte-se a agravante consistente na circunstância de que os direitos trabalhistas que remanescem, quando pleiteados na Justiça, à exceção dos sujeitos a rito sumaríssimo, são neutralizados pela excessiva demora em sua tramitação, benéfica aos empregadores.

Não satisfeitos com essa poda que vem se fazendo nos interesses e direitos dos trabalhadores, o Governo e entidades patronais pretendem reformar o art. 618 da CLT, para acabar com o que nela resta de tutelar do hipossuficiente, particularmente seus arts. 468 e 444.

Como observa o ministro Arnaldo Süssekind, se o questionado Projeto governamental vier a ser convertido em lei, inúmeros direitos dos trabalhadores serão certamente reduzidos, entre eles:

"a. Valor da remuneração do repouso semanal, que poderá ser em qualquer dia da semana; b. redução dos adicionais de trabalho noturno, insalubre ou perigoso e de transferência provisória do empregado; c. ampliação do prazo para pagamento do salário; d. ampliação da hora do trabalho noturno; e. ampliação das hipóteses de trabalho extraordinário; f. extensão da eficácia da quitação de direitos; g. redução do período de gozo das férias, ampliação do seu fracionamento e alteração da forma de pagamento da respectiva remuneração, observado, a nosso ver, o disposto na Convenção da OIT n. 131, que o Brasil ratificou; h. redução dos casos de ausência legal do empregado, inclusive da licença-paternidade; i. redução do valor do depósito do FGTS; j. transformação do 13º salário em parcelas mensais". (*Prática Jurídica*, p. 41, maio 2002)

O professor Cláudio Armando Couce de Menezes afirma que a negociação *in pejus* do trabalhador já vem ocorrendo no Brasil, do que são exemplos: a. supressão de intervalos para almoço e refeição; b. pagamento, pelo frentista de posto de gasolina, de cheque devolvido; c. limitação das horas *in itinere*. O trabalhador fica à disposição do empregador em transporte por este concedido, pelo menos duas horas diárias, mas o pacto coletivo determina o pagamento de apenas 1 hora; d. redução do período de estabilidade por acidente de trabalho; e, ampliação do prazo para anotação das CTPS, com criação de um "período de experiência" não previsto em lei; f. hora noturna de 60 minutos". (Jtb, 13.5.2002, p. 19-914/7)

A Associação Nacional dos Magistrados da Justiça do Trabalho divulgou estudo elencando 57 itens relacionados com direitos previstos na CLT, que, se aprovado o Projeto de reforma desta, poderão ser alterados, em prejuízo dos assalariados, por via de negociação coletiva. (*apud Jornal dos Trabalhadores no Comércio do Brasil*, p. 16, maio 2002)

Conclusão

Pode-se, pois, dizer que, salvo a irrecusável necessidade de suprimir a anacrônica contribuição sindical e mais alguns poucos pontos suscetíveis de modernização e aperfeiçoamento, inclusive na área da organização sindical, não há mais o que flexibilizar na legislação trabalhista, já exaustivamente maleabilizada e alterada em detrimento dos assalariados.

A agravar o quadro descrito de precarização das relações de trabalho, sobressai o efeito do impacto do desemprego que fragiliza as associações sindicais, tornando-as impotentes para sustentar reivindicações outras que não a manutenção de postos de emprego, obtida frequentemente à custa de perdas salariais e outros direitos legais e contratuais.

O efeito desse conjunto de fatores, aliado ao avanço da candidatura de Luís Inácio Lula da Silva, que rompe a tradição oligárquica da política nacional, foi que o ano de 2002 acabou se constituindo um marco histórico na desaceleração do processo de retração de direitos trabalhistas e de resistência ao projeto neoliberal.

O que se passou daí por diante é uma outra história...

Norma Trabalhista, Sistema Jurídico e a Proibição do Retrocesso Social
Ensaio sobre a inconstitucionalidade dos projetos de lei que visam permitir a terceirização da atividade-fim da empresa

José Affonso Dallegrave Neto[*]

1. O sistema jurídico pátrio

Desde a definição clássica de Kant, que caracteriza o sistema como *unidade, sob uma ideia de conhecimentos variados* ou *conjunto de conhecimentos ordenado segundo princípios*, todo conceito de sistema requer, na observação de Claus-Wilhelm Canaris[1], a presença de dois elementos: a) ordenação; b) unidade. *Ordenação* expressando um estado de coisas intrínseco, racionalmente apreensível, isto é, fundado na realidade. *Unidade* no sentido de recondução da multiplicidade do singular a alguns poucos princípios constitutivos. Assim, o sistema jurídico implica *uma unidade totalmente coordenada*[2].

O sistema jurídico é incompleto e inacabado, o que é perfeitamente compreensível se admitirmos que o direito visa regular anseios dos integrantes da sociedade, os quais, por sua essência, são mutantes e mutáveis. Esta metamorfose de valores é dialética, devendo o direito acompanhá-la, sob pena da norma jurídica perder sua reflexividade e legitimidade.

Nesse compasso, exsurge a noção de sistema jurídico como o plexo de normas dinâmico, imbricado e hierarquizado. O Brasil adota o sistema jurídico do tipo aberto. Vale dizer, todo o aparato normativo se vincula ao quadro de princípios e valores proeminentes contidos na Constituição Federal. E, nessa perspectiva, o sistema atua como um filtro de adequação de toda a ordem legal aos valores e princípios constitucionais[3].

O papel do sistema é o de traduzir e concretizar a adequação valorativa e a unidade interior da ordem jurí-

---

(*) Advogado, Mestre e Doutor em Direito das Relações Sociais pela Universidade Federal do Paraná — UFPR; Membro eleito da Academia Brasileira de Direito do Trabalho; Membro da Associação Luso-brasileira de Juristas do Trabalho; Professor da pós-graduação da Escola da Magistratura Trabalhista do Paraná, das Faculdades de Direito da PUC-PR e do UNICURITIBA; Professor convidado da Universidade Clássica de Lisboa, Portugal.
(1) CANARIS, Claus-Wilhelm. *Pensamento sistemático e conceito de sistema na ciência do direito*. Introdução e tradução de Antonio Menezes Cordeiro. 2. ed. Lisboa: Calouste Gulbenkian, 1996. p. 10-12.
(2) CANARIS, Claus-Wilhelm. *Op. cit.*, p. 12-76.
(3) A propósito, Juarez Freitas conceitua sistema jurídico como "a rede axiológica e hierarquizada de princípios gerais e tópicos, de normas e de valores jurídicos, cuja função é a de, evitando ou superando antinomias, dar cumprimento aos princípios e objetivos fundamentais do Estado Democrático de Direito, assim como se encontram consubstanciados, expressa ou implicitamente, na Constituição". FREITAS, Juarez. *A interpretação sistemática do direito*. São Paulo: Malheiros, 1995. p. 40.

dica. Com efeito, a interpretação mais correta de qualquer ato normativo é sempre a sistematizada em detrimento da exegese meramente gramatical e isolada.

> "A interpretação mais prestante na ordem jurídica do texto constitucional é a interpretação sistêmica. Quer dizer, eu só consigo desvendar os segredos de um dispositivo constitucional se eu encaixá-lo no sistema. É o sistema que me permite a interpretação correta do texto." (STF, MS n. 27931, rel. Min. Celso de Mello, julgado em 27.3.2009)

A partir dessa noção conceitual, passa-se a analisar e esquadrinhar o tema da possibilidade de supressão de direitos fundamentais, em especial a possibilidade de um direito trabalhista já concretizado ser posteriormente revogado pelo legislador sem qualquer justificativa ou compensação. Senão vejamos.

José Afonso da Silva[4] observa que os direitos fundamentais versam sobre situações jurídicas "sem as quais a pessoa humana não se realiza, não convive e, às vezes, nem mesmo sobrevive". Conforme observa Antonio Pérez Luño, os direitos fundamentais constituem a fase mais avançada de positivação dos Direitos Humanos[5]. Com efeito, se os direitos humanos são aqueles naturais, contemplados nas declarações e convenções internacionais, os direitos fundamentais são aqueles formalmente catalogados e positivados no direito interno constitucional.

Em face disso, o Ministro Celso de Mello, quando de sua posse na Presidência do Supremo Tribunal Federal, fez questão de sublinhar a importância de tutela incondicional dos aludidos direitos essenciais do homem:

> "Os juízes, em sua atuação institucional, não podem desconhecer a realidade insuprimível dos direitos essenciais da pessoa, trate-se de direitos de 1ª, 2ª ou 3ª gerações. (...)
>
> Em uma única palavra: o juiz é, e sempre deve ser, o instrumento da Constituição na defesa incondicional e na garantia efetiva dos direitos fundamentais da pessoa humana."[6]

Por tais razões de proeminência é que os direitos fundamentais contêm regras especiais de aplicação imediata, de catálogo de proteção progressivo e de *status* de Emenda Constitucional, *ex vi* dos §§ 1º a 3º do art. 5º da Constituição Federal, *verbis*:

> § 1º As normas definidoras dos direitos e garantias fundamentais têm *aplicação imediata*.
>
> § 2º Os direitos e garantias expressos nesta Constituição *não excluem outros* decorrentes do regime e dos princípios por ela adotados, ou dos tratados internacionais em que a República Federativa do Brasil seja parte.
>
> § 3º Os tratados e convenções internacionais sobre direitos humanos que forem aprovados, em cada Casa do Congresso Nacional, em dois turnos, por três quintos dos votos dos respectivos membros, serão *equivalentes às emendas* constitucionais.

Um dos princípios que regem os direitos fundamentais é o da primazia da norma mais favorável à vítima, consoante enunciado geral de todas as Declarações de Direitos Humanos, inclusive na nossa Convenção Americana (art. 29), e da Constituição da OIT (Organização Internacional do Trabalho), na parte em que consagra o *princípio favor laboris*:

> Art. 19, VIII: Em caso algum, a adoção, pela Conferência, de uma convenção ou recomendação, ou a ratificação, por um Estado-Membro, de uma convenção, deverão ser consideradas como afetando qualquer lei, sentença, costumes ou acordos que assegurem aos trabalhadores interessados *condições mais favoráveis que as previstas pela convenção ou recomendação*.

Nessa esteira, o já mencionado § 2º do art. 5º da Carta da República dispõe que os direitos expressos na Constituição *não excluem outros decorrentes do regime de princípios por ela adotados, ou dos tratados internacionais* em que a República Federativa do Brasil seja parte. Diante disso, impende arrolar os seguintes princípios cardeais adotados pela nossa Constituição Federal, os quais servem de base exegética para o tema em debate:

A) solidariedade e dignidade da pessoa humana: art. 3º, I, e art. 1º, III;

B) valorização do trabalho humano e da justiça social: arts. 170 e 193;

C) não discriminação: art. 3º, IV;

D) função social da propriedade e pleno emprego: art. 170, III e VIII;

E) melhor condição social ao trabalhador: art. 7º, *caput*.

---

(4) SILVA. José Afonso da. *Curso de direito constitucional positivo*. 9. ed. rev. 4. tir. São Paulo, Malheiros: 1994. p. 207-208.
(5) PÉREZ LUÑO, Antonio Enrique *et al. Los derechos humanos, significación, estatuto jurídico y sistema*. Sevilha: Publicaciones de la Universidad de Sevilla, 1979.
(6) A data da Sessão Solene em que foi proferido o discurso é 22.5.1997. Íntegra do discurso do Ministro Celso de Mello disponível no sítio eletrônico do STF: <http://www.stf.jus.br/bibliotecadigital/Plaquetas/210995/PDF/210995.pdf#search='210995210995'>. Acesso em: 2.5.2016.

Aludidos princípios vinculam não só o julgador, mas também o legislador. Veja-se que o último princípio acima arrolado propugna pela progressividade das condições sociais, princípio alcunhado de *proibição de retrocesso social*, o qual será visto a seguir.

2. Princípio de proibição de retrocesso social

Como é cediço, a nossa Carta Constitucional de 1988 deixou clara a sua intenção de construir e aperfeiçoar um Estado de Direito, Democrático e Social. Não por acaso que o art. 7º e o § 2º do art. 5º, ambos da Constituição Federal, ao mesmo tempo em que relacionam direitos sociais, fazem questão de assinalar que referido catálogo de direitos traduz um *minus* de proteção a ser aperfeiçoado de forma progressiva.

> (...) É princípio basilar da nossa Constituição Federal a proteção dos direitos humanos, que, dentre outros princípios protetivos, alberga **a proibição do retrocesso social.** De acordo com este princípio, uma vez reconhecidos, os direitos fundamentais, dentre os quais se insere o direito ao trabalho justo, adequado e não prejudicial a vida e saúde do trabalhador e os direitos sociais laborais, não podem ser eles suprimidos ou diminuídos. (TRT 5ª R. RO n. 0001278-07.2013.5.05.0102. 2ª Turma. Rel. Graça Laranjeira. DEJT: 18.7.2014)

Como se vê, o norte jurídico é a *progressiva* condição social ao cidadão e ao trabalhador. Desses dois dispositivos mencionados, art. 5º, § 2º, e art. 7º, *caput*, ambos da Constituição Federal, já se percebe que o Brasil recepcionou o *princípio de não retrocesso social*, assim observado por Ingo Wolfang Sarlet:

> "(...) **a proibição de retrocesso**, mesmo na acepção mais estrita aqui enfocada, também resulta diretamente do princípio da maximização da eficácia de (todas) as normas de direitos fundamentais. (...) portanto, além de estarem incumbidos de um dever permanente de desenvolvimento e concretização eficiente dos direitos fundamentais (inclusive e, no âmbito da temática versada, de modo particular os direitos sociais) não pode — em qualquer hipótese — suprimir pura e simplesmente ou restringir de modo a invadir o núcleo essencial do direito fundamental ou atentar, de outro modo, contra as exigências da proporcionalidade."[7]

Em igual toada, o jurista português Gomes Canotilho examina os contornos desse princípio constitucional:

> "O princípio da **proibição de retrocesso social** pode formular-se assim: o núcleo essencial dos direitos sociais já realizado e efetivado através de medidas legislativas deve considerar-se constitucionalmente garantido, sendo inconstitucionais quaisquer medidas que, sem a criação de esquemas alternativos ou compensatórios, se traduzam na prática em uma anulação, revogação ou aniquilação pura e simples desse núcleo essencial. A liberdade do legislador tem como limite o núcleo essencial já realizado."[8]

Nesse sentido, por exemplo, é o correto fundamento utilizado na Súmula n. 437, item II, do TST, quando apregoa ser "inválida cláusula de acordo ou convenção coletiva de trabalho contemplando a supressão ou redução do intervalo intrajornada porque este constitui medida de higiene, saúde e segurança do trabalho, garantido por norma de ordem pública (art. 71 da CLT e art. 7º, XXII, da CF/88), infenso à negociação coletiva". Nesse exemplo, o TST deixou clara a existência de um direito nuclear blindado e intocável: as medidas de saúde e segurança do trabalho.

Registre-se, ainda, a posição similar do Excelso Supremo Tribunal Federal:

> "Aos acordos e convenções coletivos de trabalho, assim como às sentenças normativas, não é lícito estabelecer limitações a direito constitucional dos trabalhadores, que nem à lei se permite." (STF-RE 234186/SP — 1ª Turma. Rel. Sepúlveda Pertence; DJ data 31.8.2001)

Com efeito, não há dúvidas de que a supressão de direito trabalhista já concretizado fere o *princípio de proibição de retrocesso social*, mormente quando assim o faz "sem a criação de quaisquer esquemas alternativos ou compensatórios", na feliz expressão mencionada por Canotilho.

Não se olvide ser apanágio dos países que adotam o sistema jurídico do tipo aberto, a exemplo do Brasil, a existência do *princípio de proibição de retrocesso social*, o qual, como o próprio nome sugere, atua como postulado protetivo da prevalência social. A jurisprudência do Excelso Supremo Tribunal Federal atesta essa recepção pela ordem jurídica pátria:

> "Controle jurisdicional de legitimidade da omissão do poder público: atividade de fiscalização judicial que se justifica pela necessidade de observância de certos parâmetros constitucionais (**proibição de retrocesso social**, proteção ao mínimo existencial, vedação da proteção insuficiente e proibição de excesso). Doutri-

---

(7) SARLET, Ingo Wolfgang. *A eficácia dos direitos fundamentais*. 4. ed. rev. atual e ampl. Porto Alegre: Livraria do Advogado, 2004. p. 420.

(8) CANOTILHO. Joaquim José Gomes. *Direito constitucional e teoria da constituição*. Coimbra: Almedina, 2002. p. 227.

na. Precedentes do STF em tema de implementação de políticas públicas delineadas na Constituição da República (RTJ 174/687. RTJ 175/1212-1213. RTJ 199/1219-1220). Existência, no caso em exame, de relevante interesse social." (STF. ARE-AgR 745.745. MG. 2ª Turma; Rel. Min. Celso de Mello. DJE: 19.12.2014. p. 66)

Da mesma forma, o Colendo Tribunal Superior do Trabalho reforça a aplicação do *princípio de proibição de retrocesso social* na esfera judicante das relações de trabalho:

> "Não se pode olvidar que o art. 7º da Constituição Federal revela-se como uma centelha de proteção ao trabalhador a deflagrar um programa ascendente, sempre ascendente, de afirmação dos direitos fundamentais. Quando o *caput* do mencionado preceito constitucional enuncia que irá detalhar o conteúdo indisponível de uma relação de emprego, e de logo põe a salvo "outros direitos que visem à melhoria de sua condição social", atende a um postulado imanente aos direitos fundamentais: **a proibição de retrocesso**. Recurso de revista conhecido e provido." (TST-RR-001287-49.2011.5.01.0037. 6ª Turma. Rel. Min. Augusto César de Carvalho. DEJT: 19.2.2016)

Em igual sentido, caminha a conclusão do C. TST no processo RR-0000307-31.2011.5.03.0075, da 6ª Turma, tendo como Relatora a Ministra Kátia Magalhães Arruda (DEJT: 13.11.2015), bem como a jurisprudência majoritária dos Tribunais Regionais do Trabalho:

> "Considerando que a Constituição Federal ao tratar dos direitos dos trabalhadores estabeleceu como premissa a melhoria de sua condição social, entende-se que a norma prevista no art. 384 da CLT, em homenagem ao **princípio do não retrocesso social**, não foi suprimida. Recurso provido." (TRT 4ª Região. RO n. 0020528-29.2013.5.04.0401. 10ª Turma. Rel. Conv. Luis Carlos Pinto Gastal. DEJT: 24.6.2015)

Assim, se uma lei, ao regulamentar um mandamento constitucional, "instituir determinado direito, este se incorpora ao patrimônio jurídico da cidadania e não pode ser absolutamente suprimido"[9].

Diante dessa consolidação, fica no ar a seguinte pergunta:

— um direito social e fundamental, concretizado ao longo do tempo, pode ser posteriormente aniquilado ou restringido sem qualquer justificativa ou compensação?

A resposta é negativa. Conforme assinala o constitucionalista português Jorge Miranda, os direitos sociais previstos na Constituição da República, quando já concretizados, "não podem ser suprimidos, sob pena de retirar a eficácia das normas constitucionais"[10]. Não se ignore que as normas ordinárias que concretizam direitos sociais com elas formam uma unidade e assim "uma garantia institucional e um direito subjetivo" na expressão de Gomes Canotilho[11].

3. Da necessidade do direito equacionar as novas demandas oriundas dos avanços tecnológicos com a proteção dos direitos sociais

Se durante todo o século XX, lutou-se para impedir que o trabalho fosse reduzido a mera mercadoria, no início deste o objetivo é maior: impedir que a própria pessoa do trabalhador seja reduzida a condição mercantil, justamente neste momento em que as novas tecnologias e a exigência de intensificação dos ritmos das tarefas vêm precarizando o ambiente de trabalho, aumentando os riscos a ele inerentes e, por consequência, fomentando o número de acidentes e doenças ocupacionais[12].

O direito, conforme visto antes, na parte em que descrevemos a reflexividade e legitimidade da norma jurídica, não pode ignorar as recentes demandas ocupacionais. Se por um lado a sociedade avança, ao obter maior conforto por meio de novas ferramentas tecnológicas, de outro, tem o ônus de investigar os novos riscos à saúde que o atual cenário causa ou potencialmente possa vir a causar.

Não por acaso que, nos últimos tempos, a jurisprudência avançou para tutelar não apenas os danos consumados, mas também os danos em potencial. Impende lembrar que o art. 5º, XXXV, da CF/88 reza que não será excluído da apreciação do Poder Judiciário "a lesão ou *ameaça a direito*". A jurisprudência está atenta a essas circunstâncias:

> Falta de sanitários. Transporte com ausência de cinto de segurança. Dano moral. O trabalho em condições inseguras e degradantes enseja o pagamento de indenização por dano moral. (TRT 3ª R.; RO 00903-2012-151-03-00-7; Sétima Turma; Rel. Des. Luis Felipe Lopes Boson; DEJT 3.5.2013)

---

(9) BARROSO, Luis Roberto. *O direito constitucional e a efetividade de suas normas*. 5. ed. Rio de Janeiro: Renovar, 2001. p. 158.
(10) "Nisto consiste a regra de não retorno da concretização ou do não retrocesso social, fundada também no princípio da confiança inerente ao Estado de Direito." MIRANDA, Jorge. *Manual de direito constitucional*. 3. ed. Coimbra: Coimbra, 2000. p. 397. t. IV: Direitos fundamentais.
(11) CANOTILHO, José Joaquim Gomes. *Direito constitucional*. 6. ed. rev. Coimbra: Almedina, 1993. p. 393.
(12) GEMIGNANI, Tereza Aparecida Asta. GEMIGNANI, Daniel. Meio ambiente de trabalho. Precaução e prevenção. Princípios norteadores de um novo padrão normativo. Revista Fórum Trabalhista — RFT, Belo Horizonte, ano 1, n. 1, p. 147, jul./ago. 2012.

"(...) *expondo a reclamante ao risco de se contaminar*, o que por certo lhe trouxe medos, angústias e constrangimentos, está demonstrado o dano moral passível de indenização." (TRT 3ª R.; Processo: 02074-2012-152-03-00-3 RO; 5ª T.; Rel. Lucilde D'Ajuda de Almeida; Publicação: 2.6.2014)

Dano moral. Condições precárias de trabalho. O trabalhador que presta serviços em condições de difícil acesso aos banheiros, sofre ofensa em sua dignidade, sendo patente o dano moral infligido, a teor dos arts. 1º, III, 5º, X, da CR/88, 186 e 927, do CC/2002. [...] (TRT 8ª R.; RO 0001036-80.2012.5.08.0205; Quarta Turma; Rel. Des. Fed. Georgenor de Sousa Franco Filho; DEJTPA 16.11.2012; p. 26)

Não é ocioso lembrar que toda a ordem econômica encontra-se fundada na valorização do trabalho humano, tendo por fim assegurar a existência digna de todos, inclusive dos trabalhadores (art. 170 da CF). Com efeito, já passou da hora de a classe empresarial e até mesmo de o legislador mudarem seus conceitos e passarem a enxergar o trabalhador não como uma peça de engrenagem ou insumo de produção, mas como gente de carne e osso, que respira, tem vida própria e, portanto, merece tratamento digno (art. 1º, III, da CF). Não se ignore, a propósito, a eficácia horizontal dos direitos sociais (*drittwirking*) que estende aos empregadores o dever de observar os direitos fundamentais de seus empregados, assegurando, pois, uma coerência interna do ordenamento, em torno da dignidade humana, além de proteger o trabalhador do forte poder econômico, "por vezes mais perigosos do que o próprio Estado"[13].

Da mesma forma, não se pode legitimar a execrável prática de *marchandage*, expressão francesa que significa regatear, pechinchar. Trata-se de espécie de sublocação de mão de obra, em que prevalece a especulação pela busca do menor preço possível a ser pago ao trabalhador com o objetivo de aumentar o lucro do contratante (*marchandeur*), às custas da máxima exploração possível do trabalho humano.

Nessa esteira, trazemos o exemplo da **terceirização da mão de obra**, ato jurídico que aloca à terceiros a realização de uma determinada atividade da empresa que não lhe seja essencial. Para Alice Monteiro de Barros, a terceirização é um fenômeno "que consiste em transferir para outrem atividades consideradas secundárias, ou de suporte, mais propriamente denominadas de atividades-meio, dedicando-se a empresa à sua atividade principal, isto é, à sua atividade-fim"[14]. Importa compreendermos o contexto em que a terceirização surgiu, a partir do modo de produção capitalista historicamente subjacente.

4. A mudança no paradigma trabalho: do fordismo ao toyotismo

A partir da era moderna da industrialização, tivemos, de início, a influência de Frederich Winslow Taylor que, em 1896, formulou um estudo conhecido como "Princípios de administração científica". Tratava-se de proposta de racionalização da produção, objetivando maior produtividade com o mínimo de perda de tempo. Surgiram, então, as "esteiras de taylor" em que o operário tinha que realizar operações repetidas e sincronizadas de acordo com a velocidade em que elas passavam a sua frente.

Duas décadas mais tarde, Henry Ford aplicou as ideias tayloristas em sua fábrica de automóveis. De uma produção originariamente artesanal e custo elevado, Ford passou a fracionar a produção, fazendo com que cada operário realizasse apenas uma parte do processo de fabricação. Por óbvio que a qualificação da mão de obra reduziu; contudo, o mais importante foi alcançado: o aumento da produtividade. O carro e demais bens construídos em série passaram a ter um valor final menor, tornando-se mais acessíveis a todos os consumidores, sobretudo aos próprios operários que dele produziram uma parte. Nascia a era *fordista*.

Verifica-se, nesse modelo, uma compensação para a classe trabalhadora que, ao mesmo tempo se inseria no processo capitalista, mas dele obtinha um bom salário, emprego com garantias sociais e a possibilidade de consumir produtos. Era, pois, importante seduzir a classe operária e o movimento sindical a fim de aplacar a sedutora onda *socialista* ameaçadora da época[15].

Três décadas para frente, nos idos de 1950, o Japão em sua fantástica fase de reconstrução do pós-guerra revoluciona o processo de produção. A empresa Toyota, entre os anos de 1950-1970, altera as bases do sistema Fordista, introduzindo a *produção flexível*[16]. Abandonava-se a produção *just-in-case*, passando para a *just-in-time* (sob medida às necessidades e o pedido do consumidor), com mais opções de modelos, menor quantidade estocada e redução de custos operacionais.

Algumas diferenças entre a linha de produção fordista e a toyotista merecem ser destacadas para melhor compreensão: na estrutura fordista o trabalho é fragmentado sendo construído em série e sem grandes

---

(13) ABRANTES, José João. *Contrato de trabalho e direitos fundamentais*. Coimbra: Coimbra, 2005. p. 227.
(14) BARROS, Alice Monteiro. *Curso de direito do trabalho*. 2. ed. São Paulo: LTr, 2006. p. 67.
(15) Registre-se a Revolução Russa de 1917, ocorrida exatamente nesta época.
(16) MELLO, Prudente José Silveira. Globalização e reestruturação produtiva do fordismo ao toyotismo. In: *Globalização, neoliberalismo e o mundo do trabalho*. Curitiba: Edibej, 1998. p. 273 e 274.

modificações de seus modelos *standard*. A produção é estocada e a empresa é verticalizada, controlando todas as áreas e fases da produção num único local geográfico: desde a matéria-prima até o transporte dos seus produtos. Quanto maior a empresa, melhor ("*the big is beautiful*").

Já no toyotismo, a produção é sob medida (*just-in-time*), de acordo com a demanda e exigências do consumidor. Nela não há sobra e, portanto, não há necessidade de estocagem, o que diminui custo. As empresas são horizontalizadas, terceirizando e subcontratando a maior quantidade possível de setores da produção[17]. Maria Redinha observa que "à rigidez piramidal da organização *tayloriana* sucedeu a acomodatícia estrutura celular, o poder de decisão desvia-se dos polos produtivos e pauta-se pela inacessibilidade, enquanto que as tarefas adjacentes à principal são expurgadas do interior da empresa"[18].

No fordismo, o trabalhador atua numa única parte da produção, de forma repetitiva, rápida e estressante. Há categorias profissionais definidas e semiqualificadas. O gerenciamento e o controle de qualidade estão centralizados na pessoa de um superior hierárquico.

De outro lado, no toyotismo o trabalhador é polivante e versátil, devendo estar apto a operar várias máquinas e a desempenhar múltiplas funções simultaneamente. As tarefas múltiplas são também repetitivas, rápidas e ainda mais estressantes que o fordismo, em face da maior responsabilidade e menor porosidade da jornada de trabalho. Passa-se a implantar os CCQs — círculos de controle de qualidade e os CQTs — controles de qualidade total, ficando os próprios grupos de empregados incumbidos da fiscalização mútua, desaparecendo a figura do gerente superior hierárquico[19].

Por último, importa lembrar que enquanto no fordismo a integração dos trabalhadores na economia capitalista se dava por meio do aumento do poder de consumo provocado pelo aumento de salário, no toyotismo a situação é diferente. Não há qualquer compensação ou atrativo para a classe trabalhadora que progressivamente tem seus proventos aplacados.

O novo cenário de desemprego estrutural e de amplitude dos casos de terceirização provocou redução de ganho salarial, precarizou o trabalho e fez reduzir o poder de compra do trabalhador. A partir de então, o Estado é premido a legitimar nova postura de produção e organização *flexíveis*. Tais fatores culminam com a paulatina desregulamentação do direito do trabalho, sendo a terceirização o exemplo emblemático desse fenômeno. Direitos, outrora conquistados, são abruptamente revogados. Tudo em nome da modernização e competitividade das empresas.

Ricardo Antunes, nesta esteira, observa que o "sistema de metabolismo social do capital necessita cada vez *menos* do trabalho *estável* e cada vez *mais* das diversificadas formas de trabalho parcial, terceirizado e de *trabalhadores hifenizados*".[20] Sobre o tema, transcreva-se a atenta observação do nosso homenageado, Benedito Calheiros Bomfim:

> "Surpreende-nos, por isso mesmo, verificar que hoje se vindica, entre nós, a desregulamentação do Direito do Trabalho, como se fosse admissível, num país possuidor de amplo e tradicional sistema de proteção ao trabalho e de previdência social, onde a sociedade civil pode manifestar-se no exercício das liberdades fundamentais do homem, a implosão do ordenamento jurídico pertinente."[21]

5. A terceirização e as novas figuras de contratação do trabalho

A atual lógica da empresa globalizada, competitiva e automatizada, pode ser assim desenhada: "a) nunca houve tanto investimento em tecnologia; b) esse aporte tecnológico libera mão de obra; c) essa racionalização

---

(17) A propósito, Reginaldo Melhado observa que "todas estas transformações apontam para um mesmo rumo: a esgarçadura do espaço territorial da fábrica como demiurgo da produção e das relações de trabalho. Hoje, a produção tende a refugiar aos limites espaciais da empresa, multiplicar-se no espaço de um sem-número de empresas o alcançar o âmbito privado da vida do trabalhador". Judiciário mínimo e relações de trabalho. *Revista Gênesis de Direito do Trabalho*, n. 78, p. 880, jun. 99.
(18) REDINHA, Maria Regina Gomes. *A relação laboral fragmentada*. Coimbra: Coimbra, 1995. p. 47.
(19) Os empresários japoneses toyotistas criaram o *kanban* e o *kaisen*: o primeiro é a filosofia da busca do melhoramento contínuo, o segundo é um sistema de informações computadorizadas ligadas ao sistema *just in time* de demandas específicas. Os trabalhadores, por sua vez, trouxeram o conceito de *karoshi* que é a morte súbita provocada pela premência da implantação dos dois primeiros.
(20) ANTUNES, Ricardo. *Adeus ao trabalho. Ensaio sobre as metamorfoses e a centralidade do mundo do trabalho*. 7. ed. São Paulo: Cortez, 2000. p. 160. O termo trabalhador *hifenizado* foi originalmente utilizado por Huw Beynon no sentido que o empregado é usado como hífen, ou seja, para necessidades efêmeras da empresa.
(21) BOMFIM, Benedido Calheiros. Globalização, flexibilização e desregulamentação do direito do trabalho. In: MACCALÓZ, Salete Maria e outros. *Globalização*: neoliberalismo e direitos sociais. Rio de Janeiro. Destaque, 1997. p. 43-44.

melhora a produtividade; d) supressão de mão de obra significa redução de custos e aumento de lucros"[22].

Em face dessa revolução cibernética, novas figuras de contratação do trabalho exsurgem no cenário nacional e internacional. Destaquem-se as seguintes:

a) job-sharing (ou partilha de emprego) — aplicado sobretudo nos EUA, Canadá e Reino Unido, é a repartição de um posto de trabalho a tempo completo e de um só salário por dois ou mais trabalhadores, que, assim, dividem tarefas, responsabilidades e benefícios sociais segundo um cálculo proporcional[23]. O gênero *job-sharing* subdivide-se em *job pairing* — quando a divisão do trabalho se dá pelos próprios trabalhadores, respondendo todos em conjunto — e *job splitting* — quando os vários trabalhadores repartem um único posto de trabalho, respondendo cada um por sua quota. A exemplo do que ocorre no direito laboral português, o *job sharing* é admissível por analogia ao trabalho a tempo parcial (*part-time*), entre nós previsto no art. 58-A da CLT;

b) consórcio de empregadores rurais — previsto no art. 25-A da Lei n. 10.256/01, consiste na união de empregadores rurais, pessoas físicas, com a finalidade única de contratar empregados rurais. Após a constituição formal do consórcio, um deles anota a CTPS do empregado acrescida da expressão "e outros". Os direitos trabalhistas do rurícola ficam integralmente assegurados, respondendo todos os consorciados de forma solidária nos termos do art. 265 do Código Civil[24]. Registre-se a existência do PL n. 6.906, da Câmara, que pretende regular a criação de consórcio de empregadores urbanos para contratação de trabalhadores;

c) trabalho intermitente — trata-se de um contrato por prazo indeterminado com cláusula de intermitência. Esta cláusula prevê o revezamento de períodos de trabalho e períodos de inatividade, sendo o empregado retribuído em função do tempo e volume de trabalho efetivamente prestado[25]. De criação francesa, passou a ser difundido em toda a Europa. Em face do que dispõe a parte final do *caput* do art. 4º da CLT[26], entendemos ser possível sua implementação em nosso país. A fim de implementar de vez essa nova modalidade de contratação, tramita projeto de lei visando regulamentar o trabalho intermitente (PL n. 3.785/2012 — Câmara);

d) teletrabalho no *home office* — caracteriza-se pelo contato à distância entre o prestador e o apropriador de determinada atividade, de modo que o comando, a realização e a entrega do resultado do trabalho se completem mediante o uso da tecnologia da informação, principalmente telefone e computadores, substitutivas da relação humana direta[27]. Segundo José Pastore, o teletrabalho "é apenas o prelúdio da grande descentralização da produção e da força de trabalho que está por vir"[28]. A nova redação do art. 6º da CLT, dada pela Lei n. 12.551/11, não distingue o trabalho realizado no estabelecimento do empregador, o executado no domicílio do empregado e o realizado a distância — desde que caracterizada a relação de emprego[29];

e) part-time ou trabalho a tempo parcial — muito comum nos EUA e Canadá, chega ao Brasil, caracterizado pelo trabalho em jornadas reduzidas — em até 25 horas semanais — conforme dispõe o art. 58-A da CLT, recebendo salário proporcional ao número de horas em compara-

---

(22) PROSCURCIN, Pedro. *O trabalho na reestruturação produtiva. Análise jurídica dos impactos no posto de trabalho.* São Paulo: LTr, 2001. p. 38.
(23) REDINHA, Maria Regina Gomes. *Op. cit.,* p. 65.
(24) Sobre o tema conferir o artigo de FONSECA, Ricardo Tadeu Marques da. Modalidades de contratação no meio rural e o consórcio de empregadores. *Jornal Trabalhista*, Consulex, 12/00, p. 7.
(25) REDINHA, Maria Regina Gomes. *Op. cit.,* p. 65. O trabalho intermitente se diferencia do trabalho sazonal (ou de previsão final aproximada — ex.: safrista). Neste é um contrato de duração limitada ao período da sazonalidade, naquele o contrato é por tempo indeterminado com cláusula de intermitência que prevê o revezamento de períodos de labor com períodos de inatividade.
(26) O referido art. 4º da CLT considera como de "serviço efetivo, o período em que o empregado esteja à disposição do empregador, aguardando ou executando ordens, *salvo disposição especial expressamente consignada*". Logo, é possível, ante expressa autorização legal, as partes pactuarem cláusula de intermitência, remunerando apenas o trabalho efetivo.
(27) PINTO, José Augusto Rodrigues. Teletrabalho: delírio futurista ou realidade tecnológica? *Revista da AMATRA 5ª Região*, n. 1/99, p. 120.
(28) PASTORE, José. *Op. cit.,* p. 71. Segundo este autor, em 1994 já havia 47 milhões de americanos que trabalham em casa, sendo que destes, a maioria eram no sistema de teletrabalho.
(29) Nadia Mikos observa que "o sistema de teletrabalho apresenta números que refletem, sem sobra de dúvidas, que estas modificações tendem à consolidação, como nova (outra) forma de realização da atividade laboral". MIKOS, Nadia Regina de Carvalho. O teletrabalho: tão longe e tão perto. In: GUNTHER, Luiz Eduardo; ALVARENGA, Rúbia Zanotelle de (coords.). *Direitos humanos e meio ambiente do trabalho.* São Paulo: LTr, 2016. p. 127.

ção aos colegas que trabalham em tempo integral na mesma função. No ordenamento pátrio, os direitos do empregado a tempo parcial são integralmente mantidos, exceto no que tange à duração das férias, a qual segue tabela diferenciada, prevista no art. 130-A da CLT.[30]

Quanto à *terceirização do trabalho*, além das hipóteses de serviço temporário[31], previstas na Lei n. 6.019/74, é possível, nos termos da Súmula n. 331 do TST, a contratação por meio de empresa interposta de serviços especializados ligados à atividade-meio do tomador, desde que inexistentes a pessoalidade e a subordinação direta[32]. Hoje já se verifica projetos de Lei para alargar as hipóteses de terceirização, inclusive para atividade-fim da empresa. Os principais são: PL n. 4.302/1998, da Câmara; PLC n. 30/2015, do Senado; PLS n. 87/2010, do Senado.

Sobre o tema, impende trazer a atenta observação de Daniela Muradas no sentido de que "a subcontratação e a terceirização são mecanismos próprios da Empresa Enxuta e do Estado Mínimo, as quais têm por substrato comum a ideia de eficiência, razão instrumental aplicada à produção e ao serviço público com vistas à maximização dos resultados com minimização de custos de produção ou de gastos públicos". Para atender aos padrões de eficiência, combinam-se a especialização das atividades patronais e a precarização das condições laborais, por meio da utilização de figuras atípicas, flexíveis e com padrões sócio jurídicos inferiores, complementa Muradas[33].

A terceirização ganhou corpo no Brasil a partir da década de 70, mesmo assim, observa Mauricio Godinho Delgado, tal referência dizia respeito apenas ao segmento público do mercado de trabalho, à luz do Decreto-Lei n. 200/67 (art. 10)[34]. Além dele, a Lei n. 5.645/70 delimitou os serviços públicos que poderiam ser objeto de terceirização, quais sejam "as atividades relacionadas com transporte, conservação, custódia, operação de elevadores, limpeza e outras assemelhadas". Na esfera privada, a primeira e mais importante lei sobre terceirização foi a Lei n. 6.019/74, em vigor até hoje, que regula o trabalho temporário. Posteriormente surgiu a Lei n. 7.102/83 referente à terceirização dos serviços de vigilância bancária, a qual restou ampliada pela Lei n. 8.863/94 que estendeu a relação trilateral (tomadora, empregado, terceirizada) para toda a área de vigilância patrimonial (pública e privada).

A partir dessas inovações legais ocorridas nos idos de 1970, verificou-se uma sanha da classe patronal que passou a terceirizar outras atividades econômicas não autorizadas por lei, implicando significativo aumento do número de ações trabalhistas sobre a matéria. Esse contexto de desordem fez com que o Tribunal Superior do Trabalho editasse, em 1986, a Súmula n. 256, *verbis*:

> "Salvo nos casos de trabalho temporário e de serviço de vigilância, previsto nas Leis ns. 6.019 e 7.102, é *ilegal* a contratação de trabalhadores por empresa interposta, formando-se o vínculo empregatício diretamente com o tomador dos serviços."

Passados mais sete anos, ante a inércia do legislador na edição de uma lei geral e reguladora da terceirização, o TST se viu na obrigação de editar verbete mais amplo sobre o tema. E assim o fez ao publicar a Súmula n. 331:

> *I — A contratação de trabalhadores por empresa interposta é ilegal, formando-se o vínculo diretamente com o tomador dos serviços, salvo no caso de trabalho temporário. (Lei n. 6.019, de 3.1.1974).*
>
> *II — A contratação irregular de trabalhador, mediante empresa interposta, não gera vínculo de emprego com os órgãos da administração pública direta, indireta ou fundacional. (art. 37, II, da CF/1988).*
>
> *III — Não forma vínculo de emprego com o tomador a contratação de serviços de vigilância (Lei n. 7.102, de 20.6.1983), de conservação e limpeza, bem como a de serviços especializados ligados à atividade-meio do tomador, desde que inexistente a pessoalidade e a subordinação direta.*
>
> *IV — O inadimplemento das obrigações trabalhistas, por parte do empregador, implica a responsabilidade subsidiária do tomador dos serviços, quanto àquelas obrigações, inclusive quanto aos órgãos da administração direta, das autarquias, das fundações públicas, das empresas públicas e das sociedades de economia mista, desde que hajam participado da relação processual e constem também do título executivo judicial (art. 71 da Lei n. 8.666, de 21.6.1993)."*

Posteriormente, por força do julgamento da ADC n. 16 julgada pelo STF, que examinou a questão da res-

---

(30) É injustificável diminuir o número de dias das férias do empregado a tempo parcial, comparados aos demais empregados celetistas. O que deveria ser proporcional é tão somente o valor do salário e, consequentemente, o *valor* das férias, jamais a sua duração.

(31) Nos termos do art. 2º da Lei n. 6.019/74, o trabalho temporário por meio de empresa interposta é possível no caso de necessidade transitória de substituição de pessoal efetivo ou em acréscimo extraordinário de serviço.

(32) Consigne-se, ainda, que o referido verbete inclui a terceirização da contratação de serviço de vigilância (Lei n. 7.102/83), de conservação e limpeza.

(33) REIS, Daniela Muradas. Terceirização e sindicatos: desafios e perspectivas. *Encuentro Interamericano de Derecho del Trabajo y la Seguridad Social*, 8., 12-14 mar. 2014, Havana. Disponível em: <http://www.alal.com.br/materia.asp?cod_noticia=6124>.

(34) DELGADO, Mauricio Godinho. *Curso de direito do trabalho*. 4. ed. São Paulo: LTr, 2002. p. 418-419.

ponsabilidade dos entes da Administração Pública, o Tribunal Superior do Trabalho, em maio de 2011, modificou a redação da Súmula n. 331, alterando o inciso IV, e inserindo outros dois incisos:

> IV — O inadimplemento das obrigações trabalhistas, por parte do empregador, implica a responsabilidade subsidiária do tomador dos serviços quanto àquelas obrigações, desde que haja participado da relação processual e conste também do título executivo judicial.
>
> V — Os entes integrantes da Administração Pública direta e indireta respondem subsidiariamente, nas mesmas condições do item IV, caso evidenciada a sua conduta culposa no cumprimento das obrigações da Lei n. 8.666, de 21.6.1993, especialmente na fiscalização do cumprimento das obrigações contratuais e legais da prestadora de serviço como empregadora. A aludida responsabilidade não decorre de mero inadimplemento das obrigações trabalhistas assumidas pela empresa regularmente contratada.
>
> VI — A responsabilidade subsidiária do tomador de serviços abrange todas as verbas decorrentes da condenação referentes ao período da prestação laboral."

Esse é o atual quadro normativo e jurisprudencial consolidado acerca das possibilidades legais de terceirização do trabalho. Vale dizer, há mais de quatro décadas, desde a edição da Lei n. 6.019/74, vigoram duas normas inexoráveis:

— possibilidade de terceirização apenas da atividade-meio, sendo ilícita a contratação de empregados por empresa interposta para atender atividade-fim da empresa;

— isonomia de direitos ao empregado de empresa terceirizada, assegurando as mesmas verbas trabalhistas legais e normativas dos colegas da empresa tomadora que exerçam a mesma função.

Além da previsão expressa do art. 12, *a*, da Lei n. 6.019/74, essas duas regras encontram-se amparadas pelos princípios constitucionais da Isonomia (art. 5º) e da valorização do trabalho (art.193). Some-se a eles, o fundamento da dignidade da pessoa humana (art. 1º, III), sendo, pois, indigno legitimar a criação de empregados de primeira e de segunda classes que exercem funções idênticas para um mesmo tomador, em flagrante discriminação e estigma ao trabalhador terceirizado.

Veja-se que até mesmo aos empregados da administração pública se estendem essa regra isonômica, conforme se depreende de Orientação Jurisprudencial da SDI-1 do TST, *verbis*:

> OJ N. 383. TERCEIRIZAÇÃO. EMPREGADOS DA EMPRESA PRESTADORA DE SERVIÇOS E DA TOMADORA. ISONOMIA. ART. 12, "A", DA LEI N. 6.019, DE 3.1.1974. A contratação irregular de trabalhador, mediante empresa interposta, não gera vínculo de emprego com ente da Administração Pública, não afastando, contudo, pelo princípio da isonomia, o direito dos empregados terceirizados às mesmas verbas trabalhistas legais e normativas asseguradas àqueles contratados pelo tomador dos serviços, desde que presente a igualdade de funções. Aplicação analógica do art. 12, "a", da Lei n. 6.019, de 3.1.1974.

Com base nesses sacramentados valores jurídicos, a Súmula n. 331 do TST sistematizou o tema para distinguir a terceirização lícita da ilícita, dispondo sobre os casos especiais em que é possível a contratação por meio de empresa interposta, além de esclarecer a proibição de terceirizar a atividade-fim da empresa. Mauricio Godinho Delgado assim resume o quadro normativo vigente:

> "**Excluídas as quatro situações-tipo que ensejam a terceirização lícita** no Direito brasileiro, quais sejam, a) contratação de trabalho temporário; b) atividades de vigilância; c) atividades de conservação e limpeza; d) serviços especializados ligados à atividade-meio do tomador, **não há na ordem jurídica do país preceito legal a dar validade trabalhista** a contratos mediante os quais uma pessoa física preste serviços não eventuais, onerosos, pessoais e subordinados a outrem (arts 2º, *caput* e 3º, *caput*, CLT) sem que esse tomador responda juridicamente, pela relação laboral estabelecida."[35]

Quanto à caracterização da atividade-fim da empresa, ela ocorre, *prima facie*, pela análise do contrato social da pessoa jurídica. Vale dizer, se o empregado executar algum serviço que se relacione diretamente com o objeto social da empresa estará diante de uma atividade-fim. Se for contratado para uma atividade secundária ou apenas intermediária ao objeto principal, estará diante de uma atividade-meio. A terceirização será permitida na primeira e vedada na segunda hipótese, conforme preceitua a Súmula n. 331 do TST. Assim, uma instituição de ensino, por exemplo, pode terceirizar a cantina, a limpeza e o estacionamento, mas deverá contratar diretamente os seus professores e o setor administrativo da escola.

> "Terceirização ilícita. Atividade-fim da tomadora dos serviços. Correto o posicionamento do juízo de origem, que declarou o contrato como sendo de tempo indeterminado, condenando as rés ao pagamento das verbas rescisórias decorrentes. Além disso, considerando que as atividades desenvolvidas pelo reclamante estavam inseridas no objeto social da segunda reclamada, tomadora dos serviços, tem-se

---

[35] DELGADO, Mauricio Godinho. *Curso de direito do trabalho*. 4. ed. São Paulo: LTr, 2002. p. 442.

como ilícita a intermediação de mão de obra, impondo-se o reconhecimento da responsabilidade solidária das rés, ante a contratação fraudulenta (CLT, art. 9º e CC, art. 942)." (TRT-PR-35198-2013-088-09-00-5-ACO-02293-2016 — 6A. T.; Rel. Sérgio Murilo Rodrigues Lemos; DEJT: 26.1.2016)

Não se ignore que toda empresa possui quatro elementos essenciais, a saber: capital, insumo, tecnologia e mão de obra. Com efeito, o trabalho humano contratado sempre integrará o conceito de empresa. Logo, permitir a terceirização de atividade peculiar à empresa caracterizará flagrante desvio de finalidade, sendo fraudulenta (art. 9º da CLT) a manobra patronal.

A jurisprudência do Tribunal Superior do Trabalho segue nessa direção:

> TERCEIRIZAÇÃO ILÍCITA. EMPRESA DE TELECOMUNICAÇÕES. ATIVIDADE-FIM DA RECLAMADA TOMADORA DE SERVIÇOS. APLICAÇÃO DA SÚMULA N. 331 DO TST. Esta Corte tem firmado o entendimento de que o vínculo de emprego do empregado que trabalha em serviço de *call center*, em empresa de telefonia, faz-se diretamente com a concessionária, por representar fraude na relação de trabalho, já que se trata de atividade-fim, e é ilícita a terceirização. Os vastos dados estatísticos e sociológicos (...) corroboraram as colocações daqueles que consideram que a terceirização das atividades-fim é um fator de precarização do trabalho, caracterizando-se pelos baixos salários dos empregados terceirizados e pela redução indireta do salário dos empregados das empresas tomadoras, pela ausência de estímulo à maior produtividade dos trabalhadores terceirizados e pela divisão e desorganização dos integrantes da categoria profissional que atua no âmbito das empresas tomadoras, com a consequente pulverização da representação sindical de todos os trabalhadores interessados. (TST; AIRR n. 1178-92.2013.5.03.0139, Rel. Convocado: Paulo Américo Maia de Vasconcelos Filho; 6ª T.; DEJT 5.9.2014)

Conforme já mencionado, há inúmeras proposições legislativas em trâmite no Congresso Nacional a fim de regulamentar a questão. No setor privado, sublinhe-se o PL n. 4.330, já aprovado pela Câmara, que visa ampliar a terceirização até mesmo para as atividades fim das empresas tomadoras.

6. Será constitucional (eventual) lei que passe a autorizar a terceirização de atividade-fim da empresa?

Conforme foi visto, com base nas diretrizes que norteiam a ordem jurídica e a força do *princípio de proibição de retrocesso social*, desenha-se, em prol do cidadão e do trabalhador, uma espécie de *direito subjetivo negativo*, no sentido de ser possível:

> a) impugnar judicialmente toda e qualquer medida que conflite com o teor da Constituição Federal, inclusive com os objetivos estabelecidos nas normas de cunho programático;
>
> b) rechaçar medidas legislativas que venham subtrair, supervenientemente, o grau de concretização anterior que lhe foi outorgado pelo legislador.[36]

Canotilho e Vital Moreira falam de um *direito negativo* ou *direito de defesa*, isto é, de um direito a que o Estado se abstenha de atentar contra ele"[37]. Daqui resultam duas conclusões: **(i)** direito adquirido das situações fáticas individuais conquistadas; vale dizer, nem a lei nova poderá ferir direito adquirido (*ex vi* do art. 5º, XXXVI, CF); **(ii)** todo cidadão passa a ter uma pretensão imediata contra o Estado sempre que o grau de realização dos seus direitos econômicos e sociais for afetado em sentido negativo, qual seja a "sanção da inconstitucionalidade das normas que aniquilaram as conquistas sociais"[38].

Daniela Muradas Reis, ao relacionar o princípio do não retrocesso social com o princípio da proteção do trabalhador, traz a seguinte observação:

> "O sentido tuitivo, em uma perspectiva dinâmica, se relaciona à ideia de ampliação e aperfeiçoamento de institutos e normas trabalhistas. Assim, afiança-se o compromisso da ordem jurídica promover, quantitativamente e qualitativamente, o avanço das condições de pactuação da força de trabalho, bem como a garantia de que não serão estabelecidos recuos na situação sociojurídica dos trabalhadores. Por conseguinte, são consectários lógicos do princípio da proteção, o princípio da norma mais favorável e o princípio da progressividade dos direitos sociais."[39]

Diante disso, pode-se asseverar que qualquer projeto de lei que vise permitir a terceirização de atividade-fim, já nascerá com a pecha da inconstitucionalidade. É flagrante a sua ofensa ao Princípio da Isonomia, pois irá tratar de forma desigual trabalhadores em igual função e trabalho que prestam serviço para um mesmo tomador.

Ademais, considerando que a ordem jurídica já havia regulada a matéria, ainda que precariamente por meio da Lei n. 6.019/74 e da Súmula n. 331 do TST, permitindo

---

(36) SILVA, José Afonso. *Aplicabilidade das normas constitucionais*. 8. ed. São Paulo: Malheiros, 2012. p. 147 e 156.
(37) CANOTILHO, José Joaquim Gomes; MOREIRA, Vital. *Fundamentos da constituição*. Coimbra: Coimbra, 1991. p. 131.
(38) CANOTILHO. Joaquim José Gomes. *Direito constitucional e teoria da constituição*. Coimbra: Almedina, 2002. p. 393.
(39) REIS, Daniela Muradas. *O princípio da vedação do retrocesso no direito do trabalho*. São Paulo: LTr, 2010. p. 10.

a terceirização somente da atividade-meio da empresa tomadora, a mudança da regra, *in pejus* ao trabalhador, ofende o Princípio da Proibição do Retrocesso Social.

Em igual sentido é a atenta posição de Grijalbo Coutinho:

> "Ora, a terceirização dilapida conquistas sociais previstas em diplomas jurídicos nacionais e internacionais, sendo responsável pelo aumento dos índices de trabalho escravo contemporâneo, mortes e mutilações relacionadas ao trabalho. Trata-se de veículo empresarial hoje utilizado com maior ênfase para liquidar ou mitigar Direitos Humanos da classe trabalhadora. Verifica-se, pois, a sua incompatibilidade com o *princípio da proibição do retrocesso social* inerente ao Direito do Trabalho, incorporado de maneira expressa ao ordenamento jurídico nacional (CRFG, art. 7ª) e internacional."[40]

Em suma, é possível asseverar que o sistema jurídico pátrio impõe a salvaguarda da valorização do trabalho humano, o tratamento isonômico e a progressividade dos direitos e avanços à classe trabalhadora, sendo proibido o retrocesso social normativo. Destarte, eventual projeto de lei que visa permitir a terceirização na atividade-fim da empresa colide com todo esse quadro axiológico da Constituição Federal e, nessa medida, já nasce inquinado e inválido. Ademais, conforme bem arremata Calheiros Bomfim, não se pode reclamar redução de direitos sociais se nunca tivemos um Estado de bem-estar social, como existe nos países desenvolvidos; "o Estado que conhecemos, e no qual continuamos a viver, é de pobreza e desemprego"[41]. Logo, cabe a nós, operadores do Direito, conter essa sanha ampla de terceirização, prestigiando os princípios constitucionais, em especial o da valorização do trabalho humano e da progressividade dos direitos sociais.

Referências bibliográficas

ABRANTES, José João. *Contrato de trabalho e direitos fundamentais*. Coimbra: Coimbra, 2005.

ALMEIDA, Cleber Lúcio de. *Responsabilidade civil do empregador e acidente do trabalho*. Belo Horizonte: Del Rey, 2003.

ANTUNES, Ricardo. *Adeus ao trabalho. Ensaio sobre as metamorfoses e a centralidade do mundo do trabalho*. 7. ed. São Paulo: Cortez, 2000.

BARROS, Alice Monteiro. *Curso de direito do trabalho*. 2. ed. São Paulo: LTr, 2006.

BARROSO, Luis Roberto. *O direito constitucional e a efetividade de suas normas*. 5. ed. Rio de Janeiro: Renovar, 2001.

BELFORT, Fernando José Cunha. *Meio ambiente do trabalho. Competência da justiça do trabalho*. São Paulo: LTr, 2003.

BOMFIM, Benedito Calheiros. Globalização, flexibilização e desregulamentação do direito do trabalho. In: MACCALÓZ, Salete Maria e outros. *Globalização*: neoliberalismo e direitos sociais. Rio de Janeiro. Destaque, 1997.

BRANCO, P. G. G.; COELHO, I. M.; MENDES, G. M. *Curso de direito constitucional*. 5. ed. São Paulo: Saraiva, 2010.

BRANDÃO, Cláudio. *Acidente do trabalho e a responsabilidade civil do empregador*. São Paulo: LTr, 2006.

CAIRO JÚNIOR, José. *O acidente do trabalho e a responsabilidade civil do empregador*. São Paulo: LTr, 2003.

CANARIS, Claus-Wilhelm. *Pensamento sistemático e conceito de sistema na ciência do direito*. Introdução e tradução de Antonio Menezes Cordeiro. 2. ed. Lisboa: Calouste Gulbenkian, 1996.

CANOTILHO, Joaquim José Gomes. *Direito constitucional e teoria da constituição*. Coimbra: Almeidina, 2002.

_____. *Direito constitucional*. 6. ed. rev. Coimbra: Almedina, 1993.

_____. MOREIRA, Vital. *Fundamentos da constituição*. Coimbra: Coimbra, 1991.

COUTINHO, Grijalbo Fernandes. *Terceirização*: máquina de moer gente trabalhadora. São Paulo: LTr, 2015.

DALLEGRAVE NETO. José Affonso. *Responsabilidade civil no direito do trabalho*. 5. ed. São Paulo: LTr, 2014.

DELGADO, Mauricio Godinho. *Curso de direito do trabalho*. 4. ed. São Paulo: LTr, 2002.

FONSECA, Ricardo Tadeu Marques da. Modalidades de contratação no meio rural e o consórcio de empregadores. *Jornal Trabalhista*, Consulex, 12/00, p. 7.

FREITAS, Juarez. *A interpretação sistemática do direito*. São Paulo: Malheiros, 1995.

GEMIGNANI, Tereza Aparecida Asta. GEMIGNANI, Daniel. Meio ambiente de trabalho. precaução e prevenção. Princípios norteadores de um novo padrão normativo. *Revista Fórum Trabalhista — RFT*, Belo Horizonte, ano 1, n. 1, p. 147, jul./ago. 2012.

GIANASSI. Fernanda. *Parecer sobre a Portaria n. 595/2015 do MTE que revogou o direito ao adicional de periculosidade aos expostos às radiações provenientes de aparelhos móveis de raios-X*, 2015.

GOMES. Robson Spinelli. *Condições do meio ambiente de trabalho e riscos da exposição aos raios x no serviço de radiodiagnóstico de um hospital público*. Brasília: Fundacentro — Fundação Jorge Duprat Figueiredo de Segurança e Medicina do Trabalho, 2002.

JUSTEN FILHO, Marçal. *Curso de direito administrativo*. 2. ed. São Paulo: Saraiva, 2006.

---

(40) COUTINHO, Grijalbo Fernandes. *Terceirização*: máquina de moer gente trabalhadora. São Paulo: LTr, 2015. p. 233.
(41) BOMFIM, Benedido Calheiros. Globalização, flexibilização e desregulamentação do direito do trabalho. In: MACCALÓZ, Salete Maria e outros. *Globalização*: neoliberalismo e direitos sociais. Rio de Janeiro: Destaque, 1997.

LARENZ, Karl. *Metodologia da ciência do direito*. 3. ed. Lisboa: Calouste Gulbenkian, 1997.

MACHADO, Sidnei. *O direito à proteção ao meio ambiente de trabalho no Brasil*. São Paulo: LTr, 2001.

MARANHÃO, Ney Stany Morais. *Responsabilidade civil objetiva pelo risco da atividade. Uma perspectiva civil-constitucional*. Rio de Janeiro: Forense; São Paulo: Método, 2010.

MARINONI, Luiz Guilherme B. *Precedentes obrigatórios*. 2. ed. São Paulo: Revista dos Tribunais, 2011.

MELLO, Prudente José Silveira. Globalização e reestruturação produtiva do fordismo ao toyotismo. In: *Globalização, neoliberalismo e o mundo do trabalho*. Curitiba: Edibej, 1998.

MELHADO, Reginaldo. Judiciário mínimo e relações de trabalho. *Revista Gênesis de Direito do Trabalho*, n. 78, jun. 99.

MIKOS, Nadia Regina de Carvalho. O teletrabalho: tão longe e tão perto. In: GUNTHER, Luiz Eduardo; ALVARENGA, Rúbia Zanotelle de (coord.). *Direitos humanos e meio ambiente do trabalho*. São Paulo: LTr, 2016.

MINISTÉRIO DO TRABALHO E PREVIDÊNCIA SOCIAL DO BRASIL. Atas das Reuniões da Comissão Tripartite Paritária Permanente. Disponível em: <http://portal.mte.gov.br/seg_sau/comissao-tripartite-paritaria-permanente-ctpp.htm>. Acesso em 19.4.2016.

MIRANDA, Jorge. *Manual de direito constitucional*. 3. ed. Coimbra: Coimbra, 2000. t. IV: Direitos fundamentais.

MORAES, Maria Celina Bodin de. *Danos à pessoa humana*: uma leitura civil-constitucional dos danos morais. Rio de Janeiro: Renovar, 2003.

OLIVEIRA. Sebastião Geraldo de. *Proteção jurídica à saúde do trabalhador*. 5. ed. rev. ampl. e atual. São Paulo: LTr, 2010.

PASTORE, José. *A agonia do emprego*. São Paulo: LTr, 1997.

PÉREZ LUÑO, Antonio Enrique et al. *Los Derechos humanos, significación, estatuto jurídico y sistema*. Sevilha: Publicaciones de la Universidad de Sevilla, 1979.

PINTO, José Augusto Rodrigues. Teletrabalho: delírio futurista ou realidade tecnológica? *Revista da AMATRA 5ª Região*, p. 120, n. 1/99.

PROSCURCIN, Pedro. *O trabalho na reestruturação produtiva. Análise jurídica dos impactos no posto de trabalho*. São Paulo: LTr, 2001.

REDINHA, Maria Regina Gomes. *A relação laboral fragmentada*. Coimbra: Coimbra, 1995.

REIS, Daniela Muradas. *O princípio da vedação do retrocesso no direito do trabalho*. São Paulo: LTr, 2010.

_____. Terceirização e sindicatos: desafios e perspectivas. *Encuentro Interamericano de Derecho del Trabajo y la Seguridad Social*, 8., 12-14 mar. 2014, Havana. Disponível em: <http://www.alal.com.br/materia.asp?cod_noticia=6124>.

REVISTA CÉSIO-137. Disponível em <http://www.sgc.goias.gov.br/upload/links/arq_463_RevistaCesio25anos.pdf>. Acesso em: 22.4.2016.

RODRIGUES, Marcelo Abelha. *Elementos de direito ambiental*: parte geral. São Paulo: Revista dos Tribunais, 2005.

RUZYK, Carlos Eduardo Pianovski. A responsabilidade civil por danos produzidos no curso de atividade econômica e a tutela da dignidade da pessoa humana: o critério do dano ineficiente. In: RAMOS, Carmem Lucia Silveira et al. (coords.). *Diálogos sobre direito civil*: construindo a racionalidade contemporânea. Rio de Janeiro: Renovar, 2002.

SARLET, Ingo Wolfgang. *A eficácia dos direitos fundamentais*. 4. ed. rev. atual e ampl. Porto Alegre: Livraria do Advogado, 2004.

SCHREIBER, Anderson. *Novos paradigmas da responsabilidade civil. Da erosão dos filtros da reparação à diluição dos danos*. São Paulo: Atlas, 2007.

SILVA. José Afonso da. *Curso de direito constitucional positivo*. 9. ed. rev. 4. tir. São Paulo: Malheiros, 1994.

_____. *Aplicabilidade das normas constitucionais*. 8. ed. São Paulo: Malheiros, 2012.

SWIECH, Maria Ângela Szpak. Obrigações patronais quanto à segurança e saúde ocupacional. Texto inédito distribuído aos alunos do VI Ciclo de Conferências de Direito do Trabalho, intitulado *Acidente e contrato de trabalho:* dano moral e material. Curitiba: Academia Paranaense de Estudos Jurídicos, 19.9.2003, Auditório do Instituto Romeu Bacellar.

TEIXEIRA FILHO, João de Lima. *Repertório de jurisprudência trabalhista*. Rio de Janeiro: Renovar, 1999. v. 7.

DIREITOS SOCIAIS: O BRASIL LEGAL E O BRASIL REAL

LEILA MARIA BITTENCOURT DA SILVA(*)

1. Origens políticas e jurídicas dos direitos sociais

O século XVIII após a revolução francesa, sob o postulado da liberdade que vicejava na burguesia emergente, deixou o lema de igualdade, liberdade e fraternidade relegada exclusivamente ao âmbito de uma declaração meramente formal.

Na ânsia desvairada por liberdade fez suprimir na prática qualquer possibilidade de respeito à igualdade material, vez que a revolução francesa foi liberal, necessária para por fim ao absolutismo, mas não foi democrática. Naquele período o paradigma de titular dos direitos era o homem individualmente considerado, contava com os direitos da liberdade individual, a primeira geração de direitos.

O homem sob o impacto de uma transformação econômica que alavancou a humanidade em poderosas transformações sociais e tecnológicas compele à mudança de paradigmas em todos os campos, inclusive jurídico.

A ascensão da burguesia ao poder, a expansão do comércio e da classe média faz brotar uma sociedade que se robusteceu na exploração da mão de obra, fazendo surgir a classe operária que participou as grandes empreitadas humanas sem receber o correspondente justo por seu trabalho.

A liberdade preconizada no Estado liberal, que era a do Estado neutro, sem interferência na atividade econômica que ficou a cargo de uma classe, a burguesia, que ditava as regras na relação capital e trabalho, passou a ser um entrave à consecução dos objetivos das sociedades em face dos desajustes entre aqueles que detinham o capital e aqueles que produziam com o seu trabalho em troca de condições aviltantes de sobrevivência.

Ora, isso levou a distorções. Aquela liberdade de poucos era privilégio, porque sem universalidade material. De início, do ponto de vista político, foi preciso reduzir o poder da nobreza e do clero, daí a defesa das transformações do período, construindo-se um Estado limitado pela Lei com a frase "suporta a lei que fizestes" e que sustentava o Estado liberal, neutro, sem interferir nas relações sociais. Do ponto filosófico tratava-se do período em que a liberdade era elevada ao máximo em todos os campos e a vontade do homem uma determinante na racionalização do poder, esquecendo os pontos práticos sobre quem e como comandava.

Do ponto de vista jurídico era preciso limitar o poder para evitar o poder absoluto tão repudiado pela intelectualidade liberal. Daí nasce a Constituição como diploma jurídico que dispõe sobre a limitação, perda e aquisição de poder, além da estrutura básica do Estado e uma declaração de direitos fundamentais do indivíduo limitadora da ação estatal.

Direitos foram reconhecidos do ponto de vista jurídico e formal, sem preocupação de garanti-los, o que facilitou que vicejassem a desigualdade e o individualismo jurídico. Em lugar do monarca, a transferência dos privilégios levou à consolidação de uma classe no poder, quando a burguesia plantou raízes profundas. No dizer de Affonso da Silva o indivíduo era uma abstração e "o homem era considerado sem levar em conta sua inserção

---

(*) Constitucionalista, formada pela UERJ, Mestre em Direito, professora de Ciência Política, TGE e Direito Constitucional, ocupou cargo de diretoria do Instituto dos Advogados Brasileiros na Presidência de Calheiros Bomfim; autora dos livros Direitos Humanos na teoria e na prática; Teoria da Constituição e controle da constitucionalidade.

em grupos, família ou vida econômica", o cidadão "um ente desvinculado da realidade da vida".[1]

A revolução francesa não foi tempo de festa, mas de guilhotina. O terror foi a prática política em que se definiu o povo na afirmação corrente de duas sentenças: libertação ou morte.

Surgem as lutas contra o Estado liberal, a revolução industrial e as questões econômicas subjacentes que conduzem o pensamento político e jurídico a um novo patamar cada vez mais forte na busca da igualdade material.

O século XIX consagra o início dos direitos sociais sob a influência do manifesto Comunista, de Karl Marx que foi grande sociólogo, influiu no pensamento intelectual e até hoje produz reflexos. Aquele foi um documento político mais importante na crítica de fases teóricas da sociedade e do Estado que despertou consciências para as necessidades do trabalhador e das relações capital e trabalho.

O pensamento em voga apontava para a derrocada do Estado Liberal que não propiciou a igualdade material para além da formal e um Estado que não impedia os abusos do capital sobre o homem.

Prosseguem as reações contra o Estado liberal, dentre eles a encíclica papal *Rerum Novarum* de 1891, partidos católicos e socialistas na Europa.

No plano internacional a *Declaração dos Direitos do Povo Trabalhador e Explorado* aprovada pelo *Terceiro Congresso Panrusso* dos *Sovietes* em janeiro de 1918 marca decisivamente o pensamento sobre a exploração da mão de obra.

Por todo o mundo a luta é por igualdade e justiça social especialmente quanto ao trabalho. Na Inglaterra, os sindicatos não deram conta dos conflitos e nasceu então o partido trabalhista de cunho socializante para dar respostas às reivindicações de trabalhadores insatisfeitos. Nascem os direitos sociais, sob o postulado da igualdade, a segunda geração de direitos, como direitos fundamentais, no reconhecimento de liberdades sociais, que não suprimem os direitos individuais de liberdade pois cada direito interage com os direitos das outras gerações. Os países mais avançados reivindicam a quinta geração, enquanto o Brasil luta, ainda hoje, para conquistar a segunda geração de direitos, o que denota o nosso atraso político e social, especialmente nas expectativas e esperanças de existência digna para todos com justiça social, conforme art. 170 da Constituição federal.

O século XX definitivamente traz à luz a reivindicação dos direitos sociais no discurso da Igreja, dos partidos políticos católicos e dos partidos políticos de esquerda mas também no surgimento de correntes fascistas que culminou com os Estados totalitários que exploraram a crítica liberal para justificar um Estado intervencionista totalitário.

Era preciso a atuação estatal para limitar a liberdade pondo fim aos abusos em prejuízo de outrem. Então, sob a ideia de que liberdade sem igualdade não é liberdade, nascem os direitos sociais para possibilitar que o homem em condições de igualdade pudesse usufruir de uma liberdade real e material.

Para tanto os direitos à educação, à cultura e ao trabalho digno inserem o homem na sociedade, pois sem condições básicas o destino seria permanecer à mercê do poder econômico e da própria sorte.

Há direitos sociais que são direitos de natureza negativo-defensiva, em que o destinatário não é exclusivamente o Estado, mas os cidadãos, como o direito à iniciativa privada que não carrega um caráter prestacional. Há direitos subjetivos do indivíduo, de um lado, e, de outro, direitos como elementos fundamentais da ordem objetiva da coletividade.[2]

2. Evolução dos direitos sociais

No final do século XIX e início do XX muda a situação dos direitos do homem não apenas por desagregação ou dissociação das vertentes liberais, em especial por um liberalismo político que deixa de se fundar basicamente no liberalismo filosófico, mas porque todas as grandes correntes religiosas, culturais, filosóficas, ideológicas, políticas nutriram interesse pelos direitos do homem e quase todas visando sua promoção e a sua realização em oposição ao individualismo. Então os direitos do homem deixam de ocupar o lugar de exclusiva aspiração liberal.[3]

A primeira Constituição que incorporou os direitos sociais foi a Constituição mexicana de 1917, pouco antes da Constituição russa de 1918 e da famosa Constituição liberal de Weimer, da Alemanha de 1919.

As belas intenções da República proclamada em Berlim foram esposadas em Weimar, na qual se reuniu intencionalmente a Assembleia para escapar da agitação da ultraesquerda e do centro-direita (os católicos, o partido PSD e "Zentro"), isto é, fugir da pressão operária, dos soldados, dos marinheiros, por conta do assassinato dos líderes Rosa Luxemburgo e Karl Liebknecht, na cálida

---

(1) *Curso de direito constitucional positivo*. São Paulo: Malheiros, 2012. p. 159.
(2) SGARBOSSA, Luís Fernando. *Crítica à teoria dos custos dos direitos*. Porto Alegre: Sergio Antonio Fabris, 2010. p. 60.
(3) MIRANDA, Jorge. O regime dos direitos sociais. *Revista de Informação Legislativa*, Brasília, a. 47, n. 188, p. 23-36, out./dez. 2010.

evocação da cidade-berço do iluminismo e romantismo alemão de Goeth e Schiller.[4]

A Constituição mexicana de 1917 apresentou um verdadeiro estatuto de proteção ao trabalhador no art. 231, incisos I a XXIX, sob o título Do Trabalho e da Previdência Social, reconheceu direitos trabalhistas avançados, que compunham uma síntese dos objetivos que tinham levado o México à Revolução deflagrada quando Porfírio Dias, em 1910, prende Francisco Madero, liberal indicado para candidato da oposição nas eleições presidenciais, que depois de solto asilou-se nos EUA onde conspirou contra o governo. Madero consegue assumir o poder, mas não pacifica o país, com mais de 800 mil pessoas mortas em combate, professores, padres, bandoleiros, mulheres, advogados, todos pegaram em armas, dentre líderes camponeses o Emiliano Zapata com seus guerrilheiros, e o antigo fazendeiro Pancho Vila, que combatia os *rurales*. A revolução assume caráter popular. Em meio à desordem, surge Venusiano Carranza, hábil político, que afasta Zapata e Vila da revolução, torna-se presidente em 1916 e convoca uma convenção para elaborar nova Constituição, a quinta do país, que visava dar um fim ao caos reinante. A Constituição promulgada, em 31.1.1917, implantou reformas de caráter mais transformador que os anseios dos líderes revolucionários e do próprio Presidente mexicano. Esta é a origem da primeira Constituição, no mundo, que incluiu os direitos do trabalhador.

A primeira Constituição brasileira a incluir os direitos sociais, a de 1934, recebeu inspiração na Constituição de Weimar, que era menos avançada do que a mexicana quanto à proteção do trabalhador. A Constituição de 1934, de pouca eficácia inseriu dentre os direitos sociais o direito à subsistência, mas logo foi rendida pela Carta de 1937 de traço fascista sob a famigerada inspiração da Constituição Polonesa. Depois do período getulista a Constituição de 1946 assegurava a subsistência digna no parágrafo único do art. 145 e as Constituições de 1964/1969 incorporam um título: Da Ordem Econômica e Social e no IV da Família, da Educação e da Cultura.

No período da década de 1930 as Constituições de traço nazifascista na Europa e na América Latina construíram um Estado centralizador e autoritário, carregado da crítica antiliberal.

O constitucionalismo transformado no século XX ao incorporar os direitos sociais nas Constituições afasta-se do liberalismo clássico, embora o liberalismo brasileiro acanhado e provinciano, não passasse de liberalismo de Estado, não um liberalismo da sociedade.[5]

Pontes de Miranda, crítico notável, diz que o *"mal da Constituição de 34 é o mesmo da Constituição de Weimar: não tem fins precisos"*.[6]

As Constituições clássicas continham textos sintéticos e as contemporâneas escreveram textos analíticos, que passaram a exorbitar de seu conteúdo próprio. Constitucionalizam-se o direito civil, o direito do trabalho dentre outros.

Urge ressaltar que os Estados fascistas também preconizavam direitos sociais e um pretenso Estado Social, o que levou à suspeição da expressão social pelo seu uso inadequado.

Os Estados chamados Sociais na década de trinta foram Estados totalitários que ruíram por diversas razões, que escapam ao objeto deste estudo. Mas cumpre ressaltar que nem todo Estado ou governante que preconize a estatização ou interferência estatal nas atividades econômicas significa socializante, vez que um Estado intervencionista pode ser fascista com centralização do poder e culto do chefe tal qual o período de Hitler e Mussolini.

Inegável era a necessidade de dar uma nova feição ao Estado para reconhecer e proteger os direitos sociais.

Então, no pós 2ª Guerra, em 1948, a Organização das Nações Unidas recebe todos os influxos do pensamento político e filosófico de um período carregado pela ideia da dignidade da pessoa humana que deveria ser elevada e incluída em todos os diplomas jurídicos dos povos como necessária para evitar o retorno da barbárie nazista.

A ONU, nesta linha de preocupação com os destinos do homem, cria uma Comissão dos Direito do Homem sob a presidência de Eleonora Roosevelt, que era esposa do Presidente Franklin D. Roosevelt e convidou para elaborar o projeto, o Professor René Cassin. Este por sua vez, unindo-se ao pensamento majoritário que reconhecida a relevância dos novos direitos sociais, convidou o representante russo, o professor Bogomolov para colaborar na redação a fim de apresentar um caráter mais adequado aos novos ares ao inserir os direitos econômico, sociais e culturais.

Assim, em vigor a Declaração Universal de Direitos do Homem e do Cidadão, de 1948, dos arts. 1º ao 21 constam os direitos individuais tradicionais e do art. 22 até o art. 28 estão explicitados os direitos sociais do homem: direito à segurança social e à satisfação dos direitos econômicos, sociais e culturais indispensáveis à dignidade da pessoa humana e ao livre desenvolvimento de sua

---

(4) CHACON, Vamireh. *Vida e morte das constituições*, p. 128-132; GAY, Peter. *A cultura de Weimar*. Rio de Janeiro: Paz e Terra, 1978. p. 15-16; o autor traça o cerco e a evocação simbólica em Weimar Cultural.
(5) CHACON, Vamireh. *Vida e morte das constituições*. Rio de Janeiro: Forense, p. 19.
(6) MIRANDA, Pontes de. *Comentários à constituição dos estados unidos do Brasil*. Rio de Janeiro: Guanabara, 1936. p. 304-305.

personalidade; direito ao trabalho e à escolha do trabalho, férias descanso remunerado e lazer; direito à previdência e seguro social no desemprego, enfermidade, invalidez, viuvez, velhice, dentre outros; direitos à educação, instrução técnica e profissional, cultura; direito à uma ordem social e internacional em que os direitos fundamentais sejam plenamente efetivos. O art. 29 tratou dos deveres da pessoa para com a comunidade e o art. 30 proclama o princípio de intepretação da Declaração sempre em benefício dos direitos e liberdades nela proclamados. Se a mencionada Declaração de 1948 é um documento sem força de obrigar, porém é direção a ser seguida por todos os Estados integrantes da ONU, que impõe deveres.

Quando um Estado tenta reduzir ou acabar com qualquer desses direitos, hoje, constitui um retrocesso civilizatório na contramão da história do direito, que é a história do homem por liberdade e justiça.

Do mesmo modo que Pactos também aprovados impõem compromisso moral de cumprimento no todo, para dar dimensão jurídica à Declaração de 1948.

Cumpre destacar que o Brasil aderiu aos Pactos, mas em vigor somente na década de noventa, depois do período autoritário. Na mesma esteira a Carta Americana de Direitos e Deveres do Homem aprovada em 2 de maio de 1948 em Bogotá, antes da ONU, também incluiu direitos sociais.

Finalmente a Constituição brasileira de 1988 abriu um título II para os direitos e garantias individuais e coletivas e inclui os direitos sociais no capítulo II além do título VII — Da ordem Social, no qual estão expressos os direitos sociais mencionados no art. 6º do Capítulo II.

São direitos sociais tutelados: educação, saúde, alimentação adequada, trabalho, moradia, transporte, lazer, segurança, previdência social, proteção à maternidade e à infância, assistência aos desamparados conforme art. 6º. Também em outros dispositivos a proteção ao adolescente, ao idoso e às pessoas com necessidades especiais.

A proteção destes direitos é condição para a erradicação da miséria e de toda forma de poder arbitrário. Os direitos econômicos, sociais e culturais nas democracias não são direitos de classe, mas direitos universais.

Nos últimos anos, as Constituições corroboram o avanço dos direitos sociais para o novo milênio que carrega uma perspectiva alvissareira e aprimoramento e não de sua ausência ou redução, conforme nota-se a seguir.

A Constituição da República Eslovaca em 1º.9.1992, sob o regime democrático e capitalista, arts. 1º e 20, uma vez acordados no "Divórcio de Veludo" com a República Tcheca, que fixou na seção V do seu capítulo II, "Direitos e Liberdades Fundamentais", a partir do art. 35 expressa os direitos econômicos, sociais e culturais, dos quais a liberdade de trabalho e profissão, o direito ao trabalho e à proteção social contra o desemprego, o direito a condições justas e satisfatórias de trabalho assegurando-se, entre outros, limites para a duração do trabalho, salário equânime e suficiente para um digno padrão de vida, proteção contra a dispensa arbitrária e a discriminação no trabalho, saúde e segurança no trabalho, período mínimo de férias remuneradas, negociação coletiva etc.), direito à sindicalização, direito de greve, especial proteção no trabalho para mulheres, menores, gestantes e deficientes, direito à educação, direito de acesso à herança cultura dentre outros.

A concessão de direitos sociais à massa da população foi o preço da pacificação social necessário ao retorno do funcionamento tranquilo do mercado[7].

O Estado Pós-Social impõe aos poderes Legislativo e o Executivo a atribuição de construção de políticas públicas necessárias à satisfação de direitos.

Apesar dos ventos de globalização, desregulamentação e flexibilização, que tentam amesquinhar o direito do trabalho no último quartel do século XX, a partir dos modelos econômicos do Consenso de Washington e das interferências políticas e econômicas do eixo Reagan/Tatcher, não se pode afirmar que se navegue rumo ao fim dos direitos dos trabalhadores, pois resistem às tormentas como um náufrago que se agarra a tudo que pode para retornar ao porto seguro. Mas não dura muito o tempo de calmaria.

Com a crise econômica mundial, países em dificuldades, inclusive a União Europeia e EUA, novos arranjos serão acordados sob a reação da população.

Os direitos sociais não são fruto apenas de ajustes econômicos, mas resultam de um conjunto de fatores para além da Economia, mas da Política, do pensamento filosófico predominante das reivindicações que pautam as agendas internacionais e as agendas dos países em geral.

Novas teses e rumos sobre os direitos sociais atormentam as populações. No Brasil a população reivindica, ainda, os direitos sob o postulado da igualdade para redução das desigualdades, transporte e saúde, do que resulta em conflitos expressos nos tribunais e nas manifestações de rua diante da desconfiança do povo com relação à classe política. Na França o povo vai às ruas contra a redução de direitos trabalhistas proposta pelo partido do governo em 2016.

---

(7) GRAU, Eros. *Constituição econômica de 1988.* 6. ed. São Paulo: Malheiros. 2002, p. 28.

A situação financeira deficitária de grande parte dos Estados da federação brasileira leva à insatisfação geral com relação aos direitos sociais quando há salários atrasados de servidores e aposentados de unidades da federação e falta de atendimento nos serviços de saúde e assistência social.

3. Judicialização dos direitos sociais

A evolução dos direitos sociais gerou a polêmica de ordem teórica e prática, política e jurídica. Na prática nota-se dificuldade para concretização destes direitos.

Já agora podemos considerar os direitos sociais aqueles que buscam a igualização das situações sociais desiguais no dizer de Afonso da Silva, como a dimensão dos direitos fundamentais do homem, "prestações positivas do Estado direta ou indiretamente enunciadas em normas constitucionais", mas que diferem dos direitos econômicos porquanto estes carregam uma dimensão institucional ao passo que aqueles "constituem formas de tutela pessoal".[8]

Boa parte dos direitos sociais na perspectiva subjetiva, que é dos direitos exigíveis em juízo, e na perspectiva objetiva, que reflete o estrito liame desses direitos com o sistema de fins e valores constitucionais, carece ainda de concretização.

A prestação positiva do Estado para possibilitar o pleno exercício dos direitos sociais em uma sociedade de interesses antagônicos e o dever de *não prestação insuficiente*, conforme os direitos à educação e à saúde são questionados diante do discurso de *escassez de recursos* que resiste a desfavor do *mínimo existencial* e da *dignidade da pessoa humana*.

Surge a tese *da reserva do possível* em face da *escassez de recursos* defendida por uns e inadmitida por diversas correntes jurídicas.[9]

Trata-se de uma tese originada na doutrina alemã e discutida por Canotilho, que vincula a efetividade dos direitos sociais à dependência dos recursos econômicos.[10]

Não se pode olvidar que o aparato eficaz para garantir o pleno exercício da maior parte dos direitos sociais, depende de recursos econômicos e de políticas públicas.

Considera-se a necessidade de elaborar critérios distributivos de recursos conforme a hipossuficiência de cada pessoa humana. Em opinião contrária tal procedimento constrói um ciclo vicioso que desqualifica a possibilidade de construções de políticas públicas que permitam fruição e gozo de direitos, especialmente educação e saúde, com universalidade. Enquanto isso cumpriria ao Poder Judiciário decidir no caso concreto sobre a prestação de um direito social em benefício da parte e em prejuízo do todo conforme a análise de muitos juristas.[11]

Uma corrente considera a vocação do Poder Judiciário, no seu ativismo, para fazer justiça caso a caso, pois tais direitos são inerentes à dignidade da pessoa humana que o Estado cumpre fazer respeitar e o mínimo existencial de cada um desses direitos deverá ser o objeto da decisão judicial como consequência lógica nos problemas concretos.

É inevitável que se leve em conta nos problemas concretos todas as perspectivas que envolvem a questão dos direitos sociais, inclusive com a ponderação no conflito de princípios e diretrizes políticas ou entre direitos individuais e bens coletivos, segundo Mendes. Por outra parte há críticos desta corrente em face de uma fluidez, indeterminação, falta de precisão, vagueza de tal exame que recebe a denominação de metodologia *fuzzig* ou *fuzzigismo*.[12]

É indiscutível na colisão de direitos a razoabilidade, a proporcionalidade e a adequação da decisão judicial, conforme em qualquer outra. Nesta polêmica, de um lado o Poder Judiciário deve ser ativo para a eficácia do direito de cidadania, com pleno exercício dos direitos sociais. Do outro lado os responsáveis pela execução das políticas públicas a quem cumpre garantir a prestação estatal dos direitos sociais.

Nascem os entraves quando a prestação positiva estatal fica prejudicada pela política de governo para

---

(8) AFONSO DA SILVA, José. *Comentário contextual à constituição*. São Paulo: Malheiros, 2012. p. 186.
(9) SOARES, Dilmanoel de Araujo. O direito fundamental à educação e a teoria do não retrocesso social. *Revista de Informação Legislativa Brasília*, a. 47, n. 186, p. 291-301, abr./jun. 2010. O autor admite a ativa ação do Judiciário para garantir a efetividade dos direitos sociais, econômicos e culturais, deixando a neutralidade distante da realidade, conclama adoção de uma conduta mais dinâmica e prospectiva nas políticas sociais públicas que de modo algum implicam em limitação expressiva dos demais Poderes.
(10) CANOTILHO, Joaquim Gomes. *Direito constitucional e teoria da constituição*. 7. ed. Coimbra: Almedina, p. 544.
(11) AMARAL, Gustavo. *Direitos, escassez e escolha*. Rio de Janeiro: Renovar, 2001, citado por MENDES, Gilmar; FERREIRA, Gilmar; GONET, Paulo Gustavo. *Curso de direito constitucional*. São Paulo: Saraiva, 2013. p. 678.
(12) MENDES, Gilmar Ferreira; BRANCO, Paulo Gustavo Gomes. *Curso de direito constitucional*. 7. ed. São Paulo: Saraiva, 2012. p. 678-679; CANOTILHO, Joaquim Gomes. Metodologia *fuzzy* e camaleões positivos na problemática atual dos direitos econômicos, sociais e culturais In: *Estudos sobre direitos fundamentais*. Coimbra: Coimbra, 2004. p. 98-99.

estas áreas e o enquadramento nas possibilidades do orçamento a que os governos estão submetidos.[13]

Em primeiro lugar a construção de políticas públicas, que seria questão política, torna-se jurídica em face da prestação insuficiente que conduz à judicialização dos direitos sociais para suprir as omissões e coibir as ações lesivas aos direitos.

Não parece razoável retirar os direitos sociais do rol dos direitos fundamentais, pois seria um retrocesso na história do direito e de toda a lógica jurídica. Muito menos aplicar a *reserva do possível* todas as vezes em que se deparar com uma violação desses direitos. O condicionamento dos recursos públicos à prestação dos direitos sociais levaria à inércia, ao descaso e à perda das condições mínimas de existência que são contrárias à própria Constituição em diversas normas.

Ressalta-se de quem é a responsabilidade pelo direcionamento dos recursos públicos à disposição de direitos fundamentais sociais, que são imposição constitucional extraída dos objetivos nacionais inscritos no art. 3º, nos aspectos da dignidade humana como fundamento do Estado no art. 1º e em muitos outros por todo o texto da Constituição federal e no seu espírito. Razão pela qual descabe argumento em contrário sob a alegação de inexistência de recursos sob inspiração em cópia mal feita à doutrina alemã.

Cumpre destacar que nem todos os direitos fundamentais sociais são contra o Estado, alguns são em face da iniciativa privada, mas nota-se que há presença estatal na formulação das políticas econômicas e sociais com reflexos diretos, como, por exemplo, nas relações de trabalho, nas questões de saúde mesmo quando se trata de previdência privada e planos de saúde privada, que exigem a interferência legislativa ou judicial.

Se a Constituição dispõe que toda lesão ou ameaça de lesão a direitos será apreciada pelo Judiciário, o entrave está posto quando o exercício de tais direitos resta inviabilizado diante da alegada falta de recursos financeiros.

A escassez orçamentária como argumento na tese da *reserva do possível* não é adequado nem sólido o bastante para afastar o imperativo do respeito aos direitos em comento. Ainda que os recursos públicos sejam limitados, não há qualquer vedação para o Judiciário determinar que o Estado aloque verbas orçamentárias para o seu cumprimento.

Na ausência ou insuficiência de condições para o exercício dos direitos sociais cabe exigi-los em ação judicial que vise a correção e o realinhamento dessas políticas. Mas é certo que na inexistência de instrumentos específicos para o cumprimento das decisões judiciais de efeito mediato relativas às políticas públicas que irradiem efeitos à vida coletiva, nota-se que os pronunciamentos judiciais ficam no vazio. Por isso, é necessário dotar o Poder Judiciário de meios eficazes de solução efetiva na composição do conflito e no cumprimento das decisões dessas ações judiciais.

As normas programáticas são dirigidas a todos, inclusive aos juízes que devem ter a exata compreensão da interpretação criativa e transformadora do homem e da sociedade e nisto não consiste em qualquer invasão na tarefa do legislador conforme argumentam os mais resistentes porque a atuação dos tribunais será apenas nas diretrizes constitucionais expressas em normas e princípios aplicáveis em concreto.

Cumpre lembrar que o agente público não deve desconhecer os direitos sociais dos governados e se precisar decidir sobre verbas a serem aplicadas em embelezamento de cidades e construções faraônicas ou mesmo obras sem necessidade pública e a disponibilidade de verbas para o pleno exercício dos direitos sociais, ele não poderá ter dúvidas e deve assumir os riscos de suas ações ou opções. O poder discricionário do administrador público é sempre vinculado, portanto deve estar em consonância à finalidade pública, ao bem da coletividade prioritariamente. Discricionariedade fora dos limites da lei, em desvio da finalidade pública ou abuso de autoridade, é arbitrariedade que merece correção e até sanção do administrador. Vale dizer que a discricionariedade, exame da conveniência e oportunidade, no uso de verbas públicas deve ser dirigida prioritariamente para os direitos sociais impostos pelo ordenamento jurídico.

A ideia de que os direitos negativos protegem a liberdade ao passo que os positivos promovem a igualdade também é prejudicada, pois todo e qualquer direito, inclusive aqueles acerca dos quais nos acostumamos a associar a uma inação estatal, requer uma complexa rede de atuação do Estado. Não há Estado neutro. Toda prestação estatal acarreta custos financeiros. Ora, como justificar a atuação estatal na defesa individual que implica uso de recursos financeiros e não justificar a atuação estatal no cumprimento dos direitos sociais sob justificativa que acarretaria recursos financeiros inexistentes ou impossíveis de serem utilizados? O exemplo mais expressivo é quanto aos recursos para a segurança do indivíduo e recursos para a educação do mesmo indivíduo. Teriam densidades diferentes? A manutenção da liberdade e sua defesa impõem custos financeiros também. Não seria melhor uma séria reflexão se os gastos em educação im-

---

(13) BERIZONCE, Roberto Omar. Activismo judicial y participación en la construcción de las políticas públicas. *Revista de Processo*, São Paulo, v. 35, n. 190, p. 37-70, dez. 2010.

plicariam em redução dos custos com segurança? Nota-se então que há um discurso nutrido por um pensamento retrógrado, que remonta o século XVIII no início da construção do liberalismo superado até pelo pensamento verdadeiramente liberal.

A inaplicabilidade das normas de direitos sociais nas Constituições programáticas, que dependeriam de recurso financeiro para sua eficácia, constitui argumento sem consistência real e material porque acolhido por interesses que não são o bem coletivo.

Ocorre que decisões judiciais, que não sejam imediatamente exequíveis diante de limitações da atividade coercitiva do Estado-juiz, têm sua execução diferida no tempo, conforme seria o caso da implementação de saneamento básico em um bairro ou construção de um hospital em certa região.

Nota-se que há limitações à atuação do Poder Judiciário no controle de políticas públicas na fase de cumprimento da sentença, além de razão da alocação orçamentária também por ausência ou inadequação de instrumentos normativos.

O STF em traço mais substancialista e intervencionista gradativamente vai se distanciando da teoria surgida na Alemanha nos anos setenta que é a cláusula da *reserva do possível*, segundo a qual o cidadão só poderia exigir do Estado aquilo que razoavelmente se pudesse esperar.

A cláusula da *reserva do possível*, salvo justo motivo objetivamente aferível não pode ser invocada pelo Estado para exonerar-se, dolosamente, do cumprimento de suas obrigações constitucionais, especialmente se esta conduta governamental negativa puder resultar nulificação ou aniquilação de direitos constitucionais impregnados de um sentido de essencial fundamentalidade. Nesta esteira há inúmeras lições extraídas dos julgados do STF em casos concretos, como, por exemplo, a obrigatoriedade do poder público de fornecer medicamento de alto custo para preservar o direito à saúde; o dever constitucional do município assegurar o atendimento gratuito a crianças de 5 anos em creche e pré-escola próximo da residência e nas decisões primorosas do Min. Relator Celso Mello a respeito da ação do Judiciário diante da omissão dos outros poderes para fazer cumprir a Constituição quando assim é exigido pelo jurisdicionado.[14]

Nesta esteira buscamos respostas nos comentários de Canotilho que ao analisar as Constituições dirigentes, afirma que *"direitos à educação, saúde e assistência não deixam de ser direitos subjetivos pelo fato de não serem criadas as condições materiais e institucionais necessárias à fruição desses direitos"*.[15]

Um dos pontos mais polêmicos quando se discute a eficácia dos direitos sociais é o grau de densidade normativa de um direito social, sua aplicabilidade e justiciabilidade sob divergência doutrinária.

Lins[16] ressalta de modo impecável a existência da vinculação dos direitos sociais formalmente reconhecida, mas veladamente negada, do que concordamos em face das dificuldades de efetividade dos direitos sociais muito mais por razões de natureza política do que econômica, na medida em que órgãos públicos deixam de respeitar estes direitos sem qualquer exigência efetiva de fiscalização e correção no sistema de controle interno que deveria funcionar adequadamente em cada unidade da administração pública. O que ocorre resulta do descaso quanto aos deveres constitucionais do Estado, em especial a saúde no art. 196, a educação no art. 205, dentre outros em face do uso inadequado das verbas públicas, o que indica muito mais falhas de fiscalização e falta de controle do uso de verbas públicas do que de falta de recursos. Quanto às violações aos direitos sociais relativos ao trabalho, mais nítido se faz a falta de fiscalização observados os notórios descumprimentos de normas básicas conforme o depósito obrigatório do FGTS e INSS pelo empregador. A inexistência de rápida sanção estatal, seja na exploração da mão de obra, inclusive de criança e adolescente, e a morosidade na Justiça do Trabalho para que se obtenha o pagamento das verbas devidas pelo empregador indicam que um justiça muito lenta não é justiça, não obstante o esforço de integrantes da magistratura brasileira.

As normas constitucionais de direitos sociais já ganharam grau de densidade e estão integradas, em maioria, por legislação infraconstitucional, mas persiste a incompreensão mais no plano dos equívocos em relação ao entendimento a respeito da natureza dos direitos sociais e de sua força normativa do que na sua aplicabilidade.

A tarefa do Poder Judiciário na ação ajuizada será verificar na fase declaratória do direito fundamental violado, a existência ou não de lesão ou ameaça de lesão. Depois vem a fase de cumprimento da sentença que poderá ser *imediata*, em que as decisões tratam de deveres de efeito imediato, e *mediata*, que cuidam

---

(14) ARE 639337 AgR, Relator Min. Celso de Mello, Segunda Turma, julgado em 23.8.2011, DJe-177 divulg. 14.9.2011. Public. 15.9.2011. Ement v. 2587-01. p. 125; Informativo/STF n. 345/2004.
(15) CANOTILHO, Joaquim Gomes. *Constituição dirigente vinculação do legislador:* contribuição para a compreensão das normas constitucionais programáticas. Coimbra: Coimbra, 1983.
(16) LINS, Liana Cirne. A justiciabilidade dos direitos fundamentais sociais uma avaliação crítica do tripé denegatório de sua exigibilidade e da concretização constitucional seletiva. *Revista de Informação Legislativa*, Brasília, a. 46, n. 182, p. 51-74, abr./jun. 2009.

de deveres ligados à realização progressiva do direito e são de execução diferida no tempo. Estas decisões de cumprimento mediato da sentença tratam de deveres do Estado ligados à realização progressiva de direitos em tela. Na medida em que os direitos fundamentais são de eficácia plena e imediata, o tempo não é fator impeditivo para a concessão do provimento. Ao contrário, indica inequívoca violação do direito. Ocorre que a própria sentença terá inúmeras vezes, um conteúdo programático, no sentido de estabelecer um interlúdio específico para a disponibilização do veículo que permita a satisfação do bem da vida.[17]

Do princípio da *supremacia da Constituição* resulta que o Poder Judiciário tem por tarefa, dentre outras a de *"assegurar a pronta exequibilidade de direito ou garantia constitucional imediatamente aplicável, dever que se lhe impõe e mercê do qual lhe é atribuído o poder"*.[18]

A densidade normativa dos direitos sociais será resolvida em cada caso concreto, não se admitindo mais aquele argumento liberal de neutralidade e não intervenção do direito e do Estado no domínio econômico. A moderna dogmática dos direitos fundamentais já discute a possibilidade do Estado vir a ser obrigado a criar os pressupostos fáticos ao exercício dos direitos constitucionalmente assegurados ao titular do direito de dispor da pretensão da prestação estatal, conforme lições de Mendes[19] ao admitir que os direitos fundamentais não congregam apenas uma proibição de intervenção, mas um postulado de proteção, admitindo além da *proibição do excesso* mas a *proibição de proteção insuficiente*, especialmente nos direitos sociais. Ainda o mesmo jurista nos comentários aos direitos sociais na Alemanha lembra que a Corte Constitucional reconheceu o direito fundamental à proteção ao enfatizar que a não observação de um dever de proteção corresponde a uma lesão do direito fundamental previsto na Lei Fundamental.

Caracteriza-se como um comportamento revestido da maior gravidade política e jurídica a omissão do Estado que deixa de cumprir, em maior ou em menor extensão, a imposição constitucional expressa, cuja inércia ofende direitos que nela se fundam e impede, por ausência de medidas concretizadoras, a própria aplicabilidade dos postulados e princípios da Lei Fundamental. Não se mostrará lícito ao Poder Público construir obstáculo artificial *"que revele a partir de indevida manipulação de sua atividade financeira e/ou político-administrativa o ilegítimo, arbitrário e censurável propósito de fraudar, de frustrar e de inviabilizar o estabelecimento e a preservação"* para favorecer da pessoa e cidadãos, de condições materiais mínimas de existência.[20]

De qualquer modo urge um trabalho do Poder Legislativo, a fim de ajustar a sistemática geral dos custos e benefícios para propiciar mais e melhor a aplicação adequada e eficaz dos dispositivos constitucionais para a prestação estatal a ser cumprida, sem falaciosos argumentos de falta de densidade da norma programática ou falta de recursos financeiros. Se nossa Constituição é nominal é preciso que o legislador elabore e fiscalize a atuação estatal a fim de que as escolhas e opções administrativas sejam rigorosamente sem desvios de finalidade na garantia dos direitos sociais, nas esferas federal, estadual e municipal, sem se deixar envolver no discurso falacioso da escassez de recursos para concretização de direitos. Só então teremos menos judicialização na execução de políticas públicas, mas até lá, não se pode negá-la, pois seria incongruente com a dignidade da pessoa humana.

4. Direitos sociais — o Brasil legal e o Brasil real

Os direitos sociais não são direitos do homem isolado, conforme na sua origem, mas são direitos homem inserido na sociedade, inerentes às relações sociais, econômicas e culturais.

Não são direitos contra o Estado mas "através do Estado".[21]

Cumpre ao Brasil a adoção de medidas complementares de promoção de ação em todos os campos: político, jurídico, social, econômico, educacional, cultural, sanitário, tecnológico, dentre outros.

A inoperância dos preceitos de direito social deve-se mais à inadequada compreensão de sua força normativa do que à falta de densidade normativa que lhe é imputada, para dissimular em negação sutil a vinculação com recursos disponíveis e argumento mais conivente na sistemática violação.

A eficácia das normas programáticas de direitos sociais tem viés interpretativo, como orientação axiológica no sentido de compreensão do sistema jurídico nacional, apesar da doutrina e da jurisprudência não terem notado a abrangência e utilidade se aplicadas corretamente como princípios-condição de realização da justiça social.[22]

---

(17) CANELA JUNIOR, Osvaldo. *Controle judicial de políticas públicas*. São Paulo: Saraiva, 2011. p. 157-158.
(18) GRAU, Eros. *A ordem econômica na Constituição de 1988*. 6. ed. São Paulo: Malheiros, 2001. p. 330-331.
(19) MENDES, Gilmar. *Curso de direito constitucional*. São Paulo: Saraiva, 2012. p. 688-90.
(20) ADPF 45/DF, Rel. Min. Celso de Mello, Informativo/STF n. 345/2004.
(21) KRELL, Andreas Joachim. *Direitos sociais e controle judicial no Brasil e na Alemanha*: os (des)caminhos de um direito constitucional "comparado". Porto Alegre: Sergio Antonio Fabris, 2002. p. 19.
(22) AFONSO DA SILVA, José. *Aplicabilidade das normas constitucionais*. 8. ed. São Paulo : Malheiros, 2012. p. 153.

O Brasil possui uma das Constituições mais avançadas do mundo em matéria de direitos sociais e uma vasta população que recebe os serviços públicos insuficientes ou não os recebe, pairando uma desconfiança quanto à relação do Texto e os direitos, na distância entre direitos reconhecidos e aqueles exercidos a indicar um país legal e um outro real.

A Constituição brasileira de 1988, que é dirigente, nominal e educativa porque possibilita que a sociedade avance na construção de novos direitos ao indicar direções e metas em busca de uma sociedade mais justa e solidária expressa nos objetivos do Estado do seu art. 3º, busca reduzir as desigualdades sociais e como tal dispõe em diversos artigos os deveres do Estado que tem que cumpri-los pela atuação de governantes e Legisladores. O art. 7º, que traz à rol os direitos dos trabalhadores urbanos e rurais, e dispositivos de proteção à saúde e à educação como direitos de todos, dentre os mecanismos previstos, indicam que a Constituição está *preordenando situações jurídicas objetivas* na aplicação de direitos.

Uma Constituição programática, que busca a transformação do *status quo* imposta ao legislador e à administração, é repleta de normas que são direções a serem seguidas como verdadeiro conjunto que compõem o caminho para um direito prospectivo de mudança social. Ela traduz uma filosofia da ação. A ideia de programa associa-se ao caráter dirigente da Constituição.[23]

O sentido de Constituição dirigente capaz de produzir e transformar pode definir os mais diversos fins, sejam eles de cunho socialista, capitalista ou até fascista. São distintos: Constituição dirigente e ideologia constitucional.

A Constituição de 1988 possui *cláusula de transformação* expressa, para consecução de mais igualdade e desenvolvimento social, no conjunto de normas, princípios e fins conexos aos anseios sociais, que traduz o elemento volitivo do Constituinte.

Assim ela deixa a cargo dos Poder Executivo e Legislativo as tarefas de construção de políticas públicas e reconhecimento de novos direitos para fazer a sociedade evoluir rumo à redução das desigualdades sociais conforme objetivo expresso no art. 3º da Constituição Federal.

Os dispositivos do mencionado artigo, nos incisos I a IV, não são letra morta, mas são um plano de ação a ser seguido por todos os três poderes que devem repudiar a inadequação de lei ou ato normativo que contrarie tais objetivos porque são programas de ação obrigatórios na prestação estatal, logo não são desprovidos de aplicabilidade.

Novamente o mundo se depara com um dos elementos geradores dos conflitos que construíram a revolução francesa: a busca pela igualdade material. Em maio de 2016 a população sai às ruas na França contra a proposta do governo referente às medidas de redução de direitos trabalhistas.

No Brasil a população clamou nas ruas por melhores condições de transporte, educação e saúde. Dispensando-se dados oficiais de estatística porque são notórios, há um imenso fosso entre o Brasil real e o Brasil legal.

O país legal é o país que construiu uma Constituição federal programática, nominal porque é educativa, vale dizer, à frente da dinâmica do processo de poder na sociedade em que visa fazer evoluir em face das suas normas programáticas no campo da educação, saúde e cultura dentre outros direitos sociais à espera de sua eficácia social.

O país real é aquele que espera sempre por dias melhores, em que falta tudo, trabalho, qualidade de trabalho, cumprimento de normas trabalhistas, no qual ainda há trabalho análogo ao escravo e empregadores que por meses deixam de pagar salários de seus empregados impunemente; desvios de merenda escolar, falta de material básico nas escolas e até falta delas e de condições básicas para os professores. Na saúde há todas as violações de direitos sociais da falta de leito e médicos até material básico e salários indignos dos profissionais, além de moradias em percentual alarmante sem condições sanitárias básicas e ausência de água potável; transporte público desqualificado pelos riscos que submetem o usuário sem a fiscalização devida, eficaz e obrigatória; incompatibilidade entre salário, alimentação e moradia ou ausência delas a milhares de brasileiros que não conseguem ter acesso à justiça, tudo em prejuízo ao crescimento socioeconômico.

Os direitos sociais não são apenas normas de programa, os quais são direitos subjetivos dos indivíduos regulamentados em explícitos deveres de prestação do Estado, seja na prestação direta ou na fiscalização e controle no cumprimento embora ao longo do tempo o direito à saúde tenha sofrido algumas alterações reduzindo-lhe a prestação direta estatal. Nota-se na saúde a falta operacional de controle e o abuso na gestão de pessoal.

Os Poderes Legislativo e Executivo no Brasil mostraram uma certa incapacidade de garantir o cumprimento racional dos respectivos preceitos constitucionais.[24]

O crescimento social e tecnológico de países como Rússia, China, Grã-Bretanha, Japão, Coreia do Sul e

---

(23) CANOTILHO, Joaquim Gomes. *Constituição dirigente e vinculação do legislador*. Coimbra: Coimbra, 1983; *Direito constitucional e teoria da constituição*. 7. ed. Coimbra: Almedina, p. 184 e 519.

(24) KRELL, Andreas J. Realização dos direitos fundamentais sociais mediante controle judicial da prestação dos serviços públicos básicos (uma visão comparativa). *Revista de Informação Legislativa*, Brasília, a. 36, n. 144, p. 241, out./dez. 1999.

Taiwan e outros da região do Leste Asiático resulta de robusto investimento na educação, o que demonstra que esse direito social pode ser um instrumento propulsor para o desenvolvimento.[25]

Então além de enfrentar sofisticadas teses acadêmicas conforme algumas esposadas neste trabalho ou argumentos pintados com fortes tintas de políticas ideológicas mais radicais ou tradicionais correntes, todas seriam insuficientes para enfrentar a distância entre o país legal e o país real que gera perplexidade dos pesquisadores e juristas e no pensamento descomprometido com interesses inconfessáveis tão em voga no país.

Mendes ressalta que algumas normas programáticas obrigam ou se desenvolvem por meio de edição de leis que implicam em atividade material dos poderes públicos e muitas vezes serão necessários esforços materiais e produção legislativa, a exemplo do artigo que aponta para o incentivo à cultura como fator de desenvolvimento social e econômico.[26]

5. Perspectivas dos direitos sociais

No plano internacional e no âmbito interno dos Estados não se pode negar o vínculo entre direitos humanos sociais e a garantia da democracia imprescindível à solução pacífica dos conflitos e da paz social.

Isso ficou nítido nos conflitos de rua na França, na cidade luz, berço da liberdade, igualdade e fraternidade, em reação às propostas de reforma trabalhista pelo partido do governo e nas reivindicações da população nas ruas por todo o Brasil por condições de transporte, saúde e educação em junho de 2013. Depois nas constantes preocupações de setores da economia com os gastos da previdência esquecendo que o rombo maior que escoa a verba pública são os canais poderosos da corrupção endêmica e histórica na república brasileira.

A Comissão Interamericana de Direitos Humanos (CIDH) deferiu medida cautelar protocolada em março de 2015, denunciando as gravíssimas e recorrentes afrontas no país por violações no sistema socioeducativo cearense em face dos direitos dos adolescentes privados de liberdade, o que denota a participação internacional na mediação e observância do dever estatal na construção de políticas públicas que promovam e garantam o exercício destes direitos sociais básicos que são direitos humanos e por isso protegidos pelo Direito Internacional.

Cumpre destacar que neste aspecto não se viola a soberania nacional vez que é o próprio Estado que assina, ratifica e integra tratados, acordos, declarações e organismos internacionais que tratam de direitos humanos sociais.

A Corte Interamericana de Direitos Humanos também acolheu em marcante decisão a responsabilidade internacional do Estado brasileiro pelas violações contra paciente portador de deficiência mental e pela falta dos deveres de respeito, prevenção e proteção, em face de sua morte e após tratamentos cruéis, desumanos e degradantes, além de reconhecer o dever de reparação e de fazer cessar as consequências da violação, tal como previsto no art. 63.1 da Convenção Americana. Assim aquela Corte condenou o Brasil ao montante fixado a título de indenização por dano material e imaterial, a pagar em dinheiro, no prazo de um ano, o montante fixado a título de custas e gastos gerados no âmbito interno e no processo internacional perante o sistema interamericano de proteção dos direitos humanos para a ascendente da vítima. Quanto à garantia de não repetição, foi estabelecido o dever do Estado brasileiro continuar a desenvolver um programa de formação e capacitação para o pessoal médico, de psiquiatria e psicologia, de enfermagem e auxiliares de enfermagem e para todas as pessoas vinculadas ao atendimento de saúde mental. A sentença foi considerada, em si, uma forma de reparação.

Nota-se a atuação de uma Corte externa na imposição de formulação de políticas públicas referente aos cuidados com a saúde mental.

A nosso ver nada obsta que os tribunais internos decidam pela imposição de política pública com fundamento constitucional pertinente aos direitos sociais, embora ainda persista uma timidez, provavelmente pela ideia da harmonia entre os poderes e receio de invasão nos poderes Executivo e Legislativo, a quem cumpriria a formulação das políticas pública.

Na inércia do Poder Legislativo, insuficiente fiscalização e elaboração de políticas públicas, diante do direito social exigível pelo cidadão, o Poder Judiciário não poderá deixar de apreciar a violação ou ameaça de lesão de direitos conforme art. 5º, inciso XXXVI, da Constituição federal, devendo apreciar o caso em concreto.

Nos últimos anos, as Constituições corroboram o avanço dos direitos sociais para o novo milênio que carrega uma perspectiva alvissareira de aprimoramento e não de sua ausência ou redução.

Todas as soluções possíveis para a disponibilização dos bens da vida previstos no art. 6º da Constituição Federal são admissíveis no processo coletivo desde que visem a correção de desigualdades sendo que o critério

---

(25) SOARES, Dilmanoel de Araujo Soares. O direito fundamental à educação e a teoria do não retrocesso social. *Revista de Informação Legislativa Revista de Informação*, Brasília, v. 47, n. 186, p. 291-301, abr./jun. 2010.
(26) MENDES, Gilmar. *Curso de direito constituição*. São Paulo: Saraiva, 2012. p. 83.

deverá ser o da criatividade para a redução e a supressão da desigualdade social. Daí a enorme "plasticidade que se confere ao pedido e ao provimento jurisdicional".[27]

Países desenvolvidos que já ultrapassaram a luta pelos direitos da segunda geração ou dimensão cujo postulado é a igualdade podem sugerir exemplos para países em desenvolvimento. Enquanto o Brasil ainda está na luta por estes direitos da 2ª geração ou dimensão, países avançados ultrapassaram esta fase e reivindicam direitos fundamentais da quarta e da quinta gerações sob postulado da solidariedade e da fraternidade em que o titular de direitos é a própria humanidade e não mais o indivíduo.

Decisões dos tribunais já incluem na decisão de ação judicial para políticas públicas uma tutela específica para que seja incluída verba no próximo orçamento, a fim de atender as propostas políticas certas e determinadas.

Apesar de inúmeros opositores ao ativismo do Judiciário não se pode negar o seu alcance para a efetividade da igualdade material na inoperância dos poderes Legislativo e Executivo a quem cumpriria esta tarefa relevante.

Direitos à prestação em sentido estrito, e fruto da concepção social do Estado gerados para mitigar as desigualdades na sociedade, buscam propiciar a libertação das necessidades para que se aproveite o exercício da liberdade efetiva por um número maior de pessoas, tendo por objeto uma utilidade concreta de bens ou serviços.

Tanto o Judiciário quanto o Ministério Público de atribuição ampliada possuem papel relevante na concretização dos direito sociais.

Mas o que se pretende, com um Estado democrático, conforme no Brasil, não é estimular um Judiciário com traços mais típicos do que os demais poderes, tão somente um poder aprimorado em instrumentos para oferecer respostas seguras quando exigidas em matéria de políticas públicas. O que se quer mais que isso, é dar efetividade aos direitos sociais pela participação da sociedade civil nos caminhos de uma redução da desigualdade que gera a escalada aos tribunais para cumprir um direito social conforme a educação, a saúde ou o trabalho na legislação e nas políticas públicas dos poderes nas três esferas federal, estadual e municipal. Tenta-se pelo menos mitigar as desigualdades quando o Poder Judiciário é invocado.

O Estado brasileiro está amalgamado e comprometido pelos ditames da justiça social e da dignidade do trabalhador, da criança e adolescente, do idoso, do portador de necessidades especiais, a realizar as tarefas constitucionalmente plasmadas na medida de suas possibilidades na plenitude dos direitos sociais, sem restrições ou retrocessos na ação política e na elaboração legislativa.

A ausência de políticas públicas asseguradoras de direitos sociais enfraquece a democracia em seu sentido substancial. Mas se é correto o temor de que um ativismo judicial exacerbado ou de um governo de juízes incorreria em degradação do campo da política decisória, podendo constituir-se ameaça à democracia, por outro lado, as dúvidas sobre riscos de um governo de juízes é uma forma conservadora com que, não raro, é utilizado como argumento para se falar em uma ditadura da Constituição, o que indica desconhecimento jurídico.

No Estado contemporâneo, a impossibilidade do exercício pleno de direitos sociais básicos constitui um dos maiores riscos e obstáculos à democracia, independente do regime de governo ou da concepção ideológica de Estado, embora pairem ainda os ventos de uma globalização neoliberal que tenta valer reduções de direitos sem qualquer controle em retrocesso na história da construção dos direitos dos trabalhadores.

Não basta o direito de escolher os governantes para que se realize uma democracia, não basta a democracia política e eleitoral, urge uma democracia econômica e social.

Para tanto é indispensável que qualquer inobservância dos direitos sociais receba a correção imediata pelos Poderes Legislativo na elaboração da norma legal, pelo Executivo na aplicação rigorosa da norma ou pela implementação de políticas públicas suficientes. Ao Poder Judiciário cumpre o exame da infração à norma com respectiva exigência de observância e imposição de *não prestação insuficiente* das políticas públicas como guardião maior da Constituição e em consonância com os objetivos expressos no seu art. 3º.

O Estado pode ser transformado pela ação política ou pela elaboração jurídica, para o melhor ou para o pior, sendo o homem o arquiteto de seu destino é responsável por suas escolhas.

Se de um lado os tribunais avançam apesar da timidez na imposição do cumprimento efetivo direitos, por outro lado a sua eficácia social prescinde de políticas econômicas que promovam a redução da desigualdade, sem a qual se torna difícil a adequada fruição dos direitos sociais, que poderão ser satisfeitos com uma atuação criadora e corajosa da magistratura enquanto persiste a inércia dos outros poderes.

A liberdade não é liberdade, mas é privilégio se não for acompanhada do exercício de direitos sociais na sua plenitude. Liberdade e Igualdade são indissociáveis, caso contrário haverá privilégios de uns e direitos para poucos até chegar à desagregação do tecido social.

---

(27) CANELA JUNIOR, Osvaldo. *Controle judicial de políticas públicas.* São Paulo: Saraiva, 2011. p. 154.

Para trazer esperança, inspirada naquele que homenageamos neste trabalho, lembramos a sensibilidade social do canto de Gonzaquinha: *"Fé no Homem/ fé na Vida/ fé no amanhã/ nós podemos tudo/ nós podemos mais"*.

Referências bibliográficas

AMARAL, Gustavo. *Direitos, escassez e escolha*. Rio de Janeiro: Renovar, 2001.

BERIZONCE, Roberto Omar. Activismo judicial y participación en la construcción de las políticas públicas. *Revista de Processo*, São Paulo, v. 35, n. 190, p. 37-70, dez. 2010. CANOTILHO, Joaquim Gomes. *Constituição dirigente e vinculação do legislador*. Coimbra: Coimbra, 2001.

_____. *Direito constitucional e teoria da constituição*. 7. ed. Coimbra: Almedina, 2003.

_____. Metodologia *fuzzy* e camaleões positivos na problemática atual dos direitos econômicos, sociais e culturais In: *Estudos sobre direitos fundamentais*. Coimbra: Coimbra, 2004.

CANELA JUNIOR, Osvaldo. *Controle judicial de políticas públicas*. São Paulo: Saraiva, 2011.

CAPPELLETTI, Mauro. *Juízes legisladores?* Tradução Carlos Alberto Álvaro de Oliveira. Porto Alegre: Sergio Antonio Fabris, 1993.

CHACON, Vamireh. *Vida e morte das constituições*. Rio de Janeiro: Forense, 1987.

CONTO, Mario de. *O princípio da proibição do retrocesso social*: uma análise a partir dos pressupostos da hermenêutica filosófica. Porto Alegre: Livraria do Advogado, 2008.

COURTIS, Christian. Critérios de justiciabilidade dos direitos econômicos, sociais e culturais: uma breve exploração. In: SOUZA NETO, Cláudio Pereira de; SARMENTO, Daniel (coord.). *Direitos sociais*: fundamentos, judicialização e direitos sociais em espécie. Rio de Janeiro: Lumen Juris, 2010.

DIMOULIS, Dimitri; MARTINS, Leonardo. *Teoria geral dos direitos fundamentais*. São Paulo: Revista dos Tribunais, 2007.

BERIZONCE, Roberto Omar. Activismo judicial y participación en la construcción de las políticas públicas. *Revista de Processo*, São Paulo, v. 35, n. 190, p. 37-70, dez. 2010.

GAY, Peter. *A cultura de Weimar*. Rio de Janeiro: Paz e Terra, 1978.

GRAU, Eros *A ordem econômica na Constituição de 1988*. 6. ed. São Paulo: Malheiros, 2001.

GRINOVER, Ada Pellegrini. Controle de políticas públicas pelo poder judiciário. *Revista Magister de Direito Civil e Processual Civil*, São Paulo, v. 30, p. 8-30, 2009.

LINS, Liana Cirne. A justiciabilidade dos direitos fundamentais sociais Uma avaliação crítica do tripé denegatório de sua exigibilidade e da concretização constitucional seletiva. *Revista de Informação Legislativa*, Brasília, a. 46, n. 182, p. 51-74, abr./jun. 2009.

MIRANDA, Pontes de. *Comentários à constituição dos Estados Unidos do Brasil*. Rio de Janeiro: Guanabara, 1936.

MENDES, Gilmar Ferreira; GONET Paulo Gustavo. *Curso de direito constitucional*. São Paulo: Saraiva, 2013.

MENDONÇA, José Vicente dos Santos. Vedação do retrocesso: o que é e como perder o medo. *Revista de Direito da Associação dos Procuradores do Novo Estado do Rio de Janeiro*, v. 12, 2003.

MIRANDA Jorge. O regime dos direitos sociais. *Revista de Informação Legislativa*, Brasília, a. 47, n. 188, p. 23-36, out./dez. 2010.

KRELL, Andreas Joachim. *Direitos sociais e controle jurisdicional no Brasil e na Alemanha*. Porto Alegre: Sergio Antonio Fabris, 2002.

_____. Realização dos direitos fundamentais sociais mediante controle judicial da prestação dos serviços públicos básicos (uma visão comparativa). *Revista de Informação Legislativa*, Brasília, a. 36, n. 144, p. 241, out./dez. 1999.

QUEIROZ, Cristina. *Direitos fundamentais sociais: funções, âmbito, conteúdo, questões interpretativas e problemas de justiciabilidade*. Coimbra: Coimbra, 2006.

SARLET, Ingo Wolfgang; FIGUEIREDO, Mariana. Reserva do possível, mínimo existencial e direito à saúde: algumas aproximações. *Direitos Fundamentais e Justiça*, Porto Alegre: HS, ano 1, n. 1, 2007.

SILVA, Jose Afonso da. *Curso de direito constitucional positivo*. São Paulo: Malheiros, 2012.

SGARBOSSA, Luís Fernando. *Crítica à teoria dos custos dos direitos*. Porto Alegre: Sergio Antonio Fabris, 2010.

SOARES, Dilmanoel de Araujo Soares. O direito fundamental à educação e a teoria do não retrocesso social. *Revista de Informação Legislativa Revista de Informação*, Brasília, 47, n. 186, p. 291-301, abr./jun. 2010.

GLOBALIZAÇÃO E DIREITO DO TRABALHO

Sayonara Grillo Coutinho Leonardo da Silva[*]

> *"É indispensável trabalhar, pois um mundo de criaturas passivas seria também triste e sem beleza. Precisamos, entretanto, dar um sentido humano às nossas construções. (...) Há na terra um grande trabalho a realizar. É tarefa para seres fortes, para corações corajosos."*
>
> Érico Veríssimo, Olhai os Lírios do Campo (escrito nos tempos de juventude de Benedito Calheiros Bomfim, a quem dedico este opúsculo, in memoriam).

Nos últimos 40 anos, impulsionada pelas novas tecnologias, a tendência à mundialização dos mercados adquiriu grande intensidade e características específicas que a diferenciam de outros momentos históricos de expansão do capital, tal como o das grandes navegações ou do colonialismo do século XIX.

Embora também fundamentada em uma revolução nos meios de transportes, que reduziu as distâncias globais entre os diversos pontos do planeta, em fins do século XX a mundialização se beneficiou dos grandes avanços nas telecomunicações e no desenvolvimento de uma sociedade cada vez mais informatizada. Essas mudanças permitiram não só um deslocamento inédito de capital (cada vez mais financeiro), como também de empresas, da produção e dos novos modos de produzir. Apesar de as repercussões de tal fenômeno na economia, nos negócios, na cultura, na política e no modo de vida de vários povos do mundo serem diferenciadas, é certo que a globalização trouxe de acontecimentos nunca vistos, de proporções ainda não totalmente avaliadas e que continuam a desafiar intérpretes e analistas.

Nas diversas áreas de saber, estudiosos tentam entender a globalização em suas múltiplas facetas. Um bom balanço da literatura internacional mais consistente foi feito por David Held e Anthony Mcgrew. Em *Prós e Contras da Globalização*, os autores salientam a crítica proveniente do conjunto de análises céticas sobre esse fenômeno, as quais tendem a descrevê-lo como discurso ideológico com vistas à legitimação do neoliberalismo e realçam os aspectos concernentes à integração econômica fundada na internacionalização dos mercados. Examinam também as teorizações que admitem a ocorrência de um processo de globalização mais amplo e profundo.

Nas análises provenientes dos "globalistas", Held e Mcgrew concluem pela existência de uma multiplicidade de transformações, que superam meramente o aspecto financeiro-econômico. Assimilar a profundidade dessas mutações não significa resignar-se a elas de modo acrítico: ao intérprete, que conhece e avalia, cabe a crítica dos efeitos nocivos decorrentes e a proposição por uma outra globalização.

(*) Doutora e Mestre em Direito pela Pontifícia Universidade Católica do Rio de Janeiro. Professora Associada da UFRJ — Universidade Federal do Rio de Janeiro, Programa de Pós-graduação em Direito — PPGD. Desembargadora do Trabalho no Tribunal Regional do Trabalho da 1ª Região.

Por uma outra globalização, aliás, é o que defende Milton Santos em seu livro assim intitulado. Ao examinar a globalização como ápice do processo de internacionalização capitalista, realça a necessidade de casar o estado das técnicas com o estado da política. Afinal, se o sistema das técnicas passou a ser presidido por avançada tecnologia de informações — com o desenvolvimento da cibernética, da informática e da eletrônica, que permitem a simultaneidade de ações no globo e possibilitam, de certo modo, uma aceleração do processo e do tempo histórico —, é fundamental compreendermos a política para entender que existem sujeitos nessa história. Assim, na feliz expressão de Milton Santos, tal como o mundo, a globalização é ao mesmo tempo fábula, perversidade e possibilidade.

É fábula porque retrata o mundo tal como nos fazem vê-lo: as ideias de aldeia global, de morte do Estado, de mercado dito global indicam a ideologização maciça embutida no discurso da globalização. É perversidade, porque não podemos desprezar a dimensão do mundo tal como ele é: desemprego, pobreza, exclusão social crescente, aumento das desigualdades e da polarização são consequências mais que concretas da globalização neoliberal. E também possibilidade. Afinal, é preciso jamais olvidar que se as bases materiais que propiciaram a globalização forem postas a serviço de outros fundamentos sociais e políticos, estarão criadas as condições para diminuir a nocividade inerente à atual globalização econômica.

Esta múltipla abordagem exige uma superação dos olhares dogmáticos, seja no âmbito do Direito, da Sociologia ou da Economia. Do contrário, haverá o risco de certos diagnósticos economicistas darem as mãos aos positivismos jurídicos e afirmarem como certezas certas visões de mundo. O resultado deste triste casamento é a projeção para o âmbito do dever ser jurídico, das falsas projeções advindas de um determinismo econômico e proposições que acenam para a desconstrução dos aspectos emancipatórios do Direito, rebaixando os parcos níveis de proteção social sob o argumento da necessidade de uma adequação ao mundo globalizado.

Os riscos do dogmatismo e do ceticismo, não estiveram na linguagem do jurista Benedito Calheiros Bomfim que, se risco correu, foram os relacionados à integridade de sua vida digna e (bem) posicionada contra todos os autoritarismos e conservadorismos, onde estivessem. Testemunho de muitos tempos, o Dr. Bomfim, nos legou a amizade, a generosidade, a firmeza e um trabalho editorial de preservação da jurisprudência trabalhista brasileira consistente. Cônscio de que o jurista não está alheio às questões econômicas e políticas de sua época, Benedito Calheiros Bomfim organizou com pequeno grande livro sobre a globalização e o neoliberalismo, logo quando chegavam ao país seus ventos e sombras. Em seu ensaio publicado em 1997, o jurista, então Presidente da Comissão de Direito do Trabalho do Instituto dos Advogados Brasileiros, instituição da qual fora Presidente, apresentou seu itinerário reflexivo sobre "Globalização, flexibilização e desregulamentação do Direito do Trabalho" (*Globalização, neoliberalismo e direitos sociais*. Rio de Janeiro: Destaque, 1997), que pretendo resgatar neste momento.

A relação entre liberalismo, globalização e a internacionalização do capital, voltada a uma hegemonia econômica de tecnificação do trabalho é sublinhada. A partir de suas leituras de Celso Furtado, Bomfim apontava a globalização como uma tradução das decisões políticas de grupos e países dominantes da ordem internacional. O artigo, que prestigia os aspectos políticos e econômicos relacionados à divisão internacional do trabalho e à ideologia do capitalismo, acena pela necessária permanência do Estado e da regulação laboral, não sem antes diagnosticar como reclamos da globalização, "*a desregulamentação, a flexibilização, a terceirização, a redução do custo social, absenteísmo do Estado, a completa liberdade de comércio entre as nações, a privatização indiscriminada das empresas, a estabilização da economia a qualquer custo*". Bomfim, como gostava de ser chamado, evoca o filósofo do direito Miguel Reale: "ninguém causa maior dano à democracia do que aquele que exclui o Estado do processo concreto da liberdade, a uma só tempo jurídica, política e social," para denunciar "*um projeto concentracionista e desnacionalizador*" (1997, p. 38). A releitura daquele livro mostra a atualidade do diagnóstico, de uma atualidade incrível vinte anos depois.

Para esta vertente de pensamento, a globalização é um projeto político. Relembro um ensaio de Pierre Bourdieu que afirma o duplo sentido, da "*globalization*", ao mesmo tempo descritivo e normativo. De unificação do campo econômico mundial, assume um sentido performativo, para designar uma "*política econômica que visa unificar o campo econômico por todo um conjunto de medidas jurídico-políticas destinadas a suprimir todos os limites a essa unificação, todos os obstáculos, em sua maioria ligados ao Estado-nação, a essa extensão*" (*Unificar para melhor dominar, contrafogos 2*. Rio de Janeiro: Jorge Zahar, 2001. p. 100). Para este olhar, a globalização não é uma resultante natural da economia ou da técnica. É uma criação política, um *pseudoconceito*, que ilustra a ausência de simetria entre os países, uma *dessimetria* com uma lógica de afirmação e proteção dos países dominantes (BOURDIEU, 2001, p. 106).

Uma profunda crítica à desregulamentação e à flexibilização das condições de trabalho é o segundo eixo do ensaio sob análise, que diferencia os fenômenos, sublinhando ser esta uma "*fenda no princípio da inderrogabilidade das normas de ordem pública e no da inalterabilidade in pejus das condições contratuais ajustadas em favor do trabalhador, visando a facilitar a implementação de nova tecnologia ou preservar a saúde da empresa e a manutenção de empregos*"

(BOMFIM, 1997, p. 42). Com a referência ao juslaboralista uruguaio Oscar Ermida Uriarte, o advogado distingue a flexibilização unilateral, imposta pelo empregador, daquela negociada com os sindicatos, saudando os limites que o ordenamento constitucional brasileiro impõe a tal prática (art. 7º, incisos VI, XIII, XIV c/c art. 8º, inciso IV, CRFB), e registra a profunda desigualdade econômica e social existente em nosso país, confrontando o Produto Interno Bruto com os índices mundiais divulgados pela Organização Internacional do Trabalho que demonstram a baixa qualidade de vida da maioria dos brasileiros e da população mundial. É neste contexto que explicita sua surpresa com a desregulamentação do Direito do Trabalho, segundo a qual "o Estado não intervém nas relações de trabalho, para que a autonomia privada, coletiva ou individual, disponha sem limitações legais, sobre as condições de trabalho" (BOMFIM, 1997, p. 43).

A concentração de patrimônio e renda e o aumento do desemprego, não apenas cíclico, mas de exclusão social no bojo de uma centralização de capital, em escala mundial, são aspectos que Calheiros Bomfim agrega em seu artigo, em diálogo com Octavio Ianni e Celso Furtado, para trazer a ideologia do neoliberalismo como uma proposição, espraiada pela *"santíssima trindade guardiã do capital"* — Fundo Monetário Internacional, Banco Mundial e Organização Internacional do Comércio. O opúsculo de Calheiros Bomfim cita questões fundamentais para entender o século XXI.

"A distribuição da riqueza é uma das questões mais vivas e polêmicas da atualidade" afirma Thomas Piketty, ao abrir seu O Capital no século XXI, no qual faz um importante estudo de fontes históricas inéditas sobre a renda, riqueza e herança em países europeus selecionados. O economista francês enuncia algumas de suas conclusões: *"A primeira é que se deve sempre desconfiar de qualquer argumento proveniente do determinismo econômico quando o assunto é a distribuição da riqueza e da renda. A história da distribuição da riqueza jamais deixou de ser profundamente política, o que impede sua restrição aos mecanismos puramente econômicos. Em particular, a redução da desigualdade que ocorreu nos países desenvolvidos entre 1900-1910 e 1950-1960 foi, antes de tudo, resultado das guerras e das políticas públicas adotadas para atenuar o impacto desses choques. Desta mesma forma, a reascensão da desigualdade depois dos anos 1970-1980 se deveu, em parte, às mudanças políticas ocorridas nas últimas décadas, principalmente no que tange à tributação e às finanças. A história da desigualdade é moldada pela forma como os atores políticos, sociais e econômicos enxergam o que é justo e o que não é, assim como pela influência relativa de cada um desses atores e pelas escolhas coletivas que disso decorre,. Ou seja, ela é fruto da combinação, do jogo de forças, de todos os atores envolvidos"* (O capital no século XXI. Rio de Janeiro: Intrínseca, 2014. p. 27). Estes importantes resultados decorrentes de relevante e extensa pesquisa econômica, empírica e histórica, eram intuídas no discurso da esquerda latino-americana, na qual se inseriu Calheiros Bomfim, a partir de outros pressupostos.

Continuando a leitura do ensaio de Benedito Calheiros Bomfim, encontro as seguintes locuções: "desintegração social", "mobilização do povo contra a privatização indiscriminada e rejeição da política globalizadora", "ideologia mercantilista do neoliberalismo", "angustiantes problemas nacionais", "irracionalismo da economia de mercado", "desemprego e concentração de renda". O mapeamento destas expressões indica uma gramática crítica, reflexiva, contestadora e militante. O seu bom humor, encontro na dedicatória manuscrita ao exemplar que tenho: "são escritos sobre a globalização: *o bicho papão de nossa época"* (BOMFIM, Benedito Calheiros. *Dedicatória manuscrita em 26.5.1997).* Seus ideais foram professados como "desejo de contribuir para a melhoria da ciência jurídica, da sociedade, da cidadania, de realizar a justiça social, a buscar o aperfeiçoamento de nossas instituições", sua militância como simpatizante político: "eu era socialista por convicção filosófica, nunca me filiei ao partido socialista, como nunca integrei, a não ser por um período muito curto, ao partido comunista" (Memória da Advocacia. Entrevista com o advogado Dr. Benedito Calheiros Bomfim. *Revista da OAB/RJ,* v. 24, p. 396 e 402, 2008). E é exatamente esta ação política, no mais amplo sentido da expressão, que Calheiros Bomfim produz, ao escrever aquele artigo, ao reunir juristas para fazer um contraponto ao pensamento hegemônico na ocasião e publicar o livro *Globalização, Neoliberalismo e Direitos Sociais.*

Passados vinte anos, no ano do centenário de vida, o sempre jovem jurista, ex-aluno da Faculdade Nacional de Direito, instituição a qual reputa sua guinada ideológica e valorativa (cf. Entrevista, *Revista da OAB,* 2008), faleceu no Rio de Janeiro em um difícil contexto político e econômico. A contrarrevolução ultraliberal, como designou Alain Supiot, a junção no plano econômico do neoliberalismo e do desmantelamento do estado social, com o neoconservadorismo messiânico que pretendeu aplicar o livre mercado para todo o mundo, inclusive pela violência (*O espírito de Filadélfia:* a justiça social diante do mercado total. Porto Alegre: Sulina, 2014. p. 29-30), chegou ao Brasil, buscando "colocar a ordem espontânea do mercado ao abrigo do poder das urnas", ao retirar o debate sobre a repartição do trabalho da esfera política, com uma forte limitação da democracia (SUPIOT, 2014, p. 30). O biênio em curso trouxe consigo uma "vontade de despolitização" e a rejeição da ideia da Justiça Social, pois no ultraliberalismo a insegurança dos trabalhadores é o motor da produtividade, e o discurso técnico, de rejeição da política, espaço de expressão da democracia, recusada pelos juristas, inclusive alguns "do trabalho".

A última crise que vivenciamos no capitalismo, a de 2008/2009 atingiu o país, em conjunto com um avanço avassalador do conservadorismo, em uma ambiência que fortifica os princípios ultraliberais, de mãos dadas com a construção de uma cultura do medo. Para além da flexibilização e da desregulamentação, vejo algumas das características do que António Casimiro Ferreira designa como *processo de austerização* que ocorre em uma economia no qual o Estado busca transferir para o conjunto da cidadania os prejuízos do sistema financeiro com a crise de 2008 (A sociedade de austeridade: Poder, medo e direito do trabalho de exceção. *Revista Crítica de Ciências Sociais* [Online], 95, 2012ª. Disponível em: <http://rccs.revues.org/4417>. Acesso em: 15.12.2015).

Utilizo a expressão de António Casimiro Ferreira que argumenta que *"o processo de 'austerização' da sociedade em geral, e da esfera laboral em particular, envolve uma dinâmica política nacional que resulta da atuação de um governo ocupado em difundir a mensagem de que "não há alternativa". Neste sentido, transmite a ideia de que a culpa pela situação em que estamos mergulhados passa por todos os indivíduos, fazendo-os "pagar" e acreditar que foram as suas ações e o seu modo de vida imprudente que contribuíram para a situação atual* (cf. BAUMAN, 2002: 87). *Com a força da nova autoridade, as reformas da austeridade levadas a cabo pelo Estado deixam perceber a dupla lógica de atuação do mesmo. Por um lado, o Estado surge como detendo o monopólio da austeridade legítima, instrumento através do qual assume as tarefas de combater a crise, impedindo a bancarrota nacional, e de proteger os indivíduos da incerteza face ao futuro. Por outro lado, aprofunda o processo de desmantelamento do Estado Social, cujo núcleo é a proteção coletiva dos danos particulares através do triplo processo de privatização dos bens públicos, de individualização dos riscos sociais e de mercadorização da vida social"* (FERREIRA, 2012a, p. 22).

Como argumentei em recente ensaio, uma parte do conjunto das políticas de austeridade e ultraliberais foram explicitadas recentemente em um programa de governo com vistas a "realizar uma inserção plena da economia brasileira no comércio internacional... [com] apoio real para que o nosso setor produtivo *integre-se às cadeias globais de valor*, auxiliando no aumento da produtividade e *alinhando nossas normas aos novos padrões normativos que estão se formando no comércio internacional"* (FUNDAÇÃO ULISSES GUIMARÃES. *Uma ponte para o futuro*, 2015. p. 18) e *"com a afirmação de um programa que esvazia de conteúdo direitos sociais, com seu deslocamento da esfera de direitos assegurados para a arena política, pendentes e subordinados à lógica fiscal e orçamentária: uma desmaterialização dos direitos sociais, previdenciários, educacionais e trabalhistas"* (SILVA, Sayonara Grillo C. L. *A introdução das políticas ultraliberais no Brasil e as reformas trabalhistas:* uma ponte para a exceção?). Novamente vejo a utilização "da crise" para justificar o corte dos direitos previdenciários, a redução do orçamento das instituições encarregadas de fiscalizar e assegurar os direitos sociais, as reformas constitucionais voltadas à estabelecer a primazia fiscal, com responsabilidade orçamentária amparando a irresponsabilidade social e humana.

Revisitando o ensaio de Calheiros Bomfim — a quem homenageio nestas breves linhas, com a felicidade de ter expressado em vida minha alegria por contar sempre com sua generosidade e amizade — lembro-me de que ao jurista interessa descrever os instrumentos de realização destas políticas. Se na década de 1990 a desregulamentação e a flexibilização exigiram um esforço de compreensão, classificação e crítica, os tempos presentes nos trazem outros conceitos que precisam ser refletidos e avaliados.

Para tanto, a proposta de António Casimiro Ferreira envolve compreender dinâmicas de transformações político-jurídicas, deste o Espírito de Filadélfia (Estado-Providência) (a) à Crise Financeira (Estado de Austeridade) (d), passando pelo Consenso de Washington (Crise do Estado-Providência) (b) e pelo Pós-Consenso de Washington (Pós-Estado Providência) (c). Dinâmicas nas quais do estado regulador e mediador, sob o keynesianismo (a), chega-se a uma reconfiguração ímpar do estado e da separação de poderes (d), não sem antes passar pelo estado neoliberal e pela desregulação (b), ou pelas políticas de desestatização, com a mercantilização do estado, sob o mantra da boa governança (c). Em sua interessante grade analítica, o autor argumenta que das políticas públicas expansionistas, com um direito promocional e social (a), instaura-se hoje um direito de exceção, com políticas traçadas pelos memorandos das instituições financeiras internacionais (d), que ultrapassa as políticas públicas gestionárias e seu direito desregulatório e de flexibilidade (b), bem como as estratégias *guidelines*, com o *soft law* (c). Neste quadro explicativo de António Casimiro, da social-democracia com a sua indexação do econômico ao social (a), do neoliberalismo, com a desindexação do econômico ao social (b), da terceira via, com a indexação da lógica do social à lógica mercantil (c), assiste-se ao surgimento do paradigma da austeridade e do sacrifício, indexados à lógica da austeridade (d) (FERREIRA, A. C. Sociedade da austeridade e direito do trabalho de exceção. *Vida Económica*, Porto, transcrição parcial do quadro 1, p. 22, 2012b).

As políticas ultraconservadoras que emergem na arena política brasileira neste ano de 2016 nos legarão um direito do trabalho de exceção? Um direito que enterra o caráter bilateral das relações laborativas e cria novos desequilíbrios? No qual as práticas de naturalização do ilícito se apresentam como padrões de normalidade, com a redução "da dissonância cognitiva resultante do conflito de expectativas entre normas laborais, que, apesar de violadas, tinham um sentido ético e político de caráter protetor"? (FERREIRA, 2012, b, p. 98).

Tornou-se o trabalho e o seu direito, ele próprio uma mercadoria? (SUPIOT, 2014, p. 61, CASIMIRO, 2012b, p. 109). Para o jurista João Leal Amado, a globalização representa tanto "o triunfo das *leis do mercado* como a consagração do *mercado das leis*" (AMADO, João Leal. *Contrato de trabalho*, p. 23) e neste terreno, enfraquecer o direito do trabalho e suas instituições é um modo de afirmar um projeto político ultraconservador e ultraliberal. A nós, cabe a crítica — teórica e prática — desta gramática da exceção, para retomar o rumo da Justiça Social, da redução das desigualdades e da democracia.

A Advocacia Trabalhista no Brasil e América do Sul

Reginaldo Delmar Hintz Felker(*)

Homenagem

Quando oferecemos as reflexões sobre a Advocacia Trabalhista que se seguem, gostaríamos de prestar uma homenagem a um grande Advogado Trabalhista Brasileiro a quem é dedicado este livro: Benedito Calheiros Bomfim. Não temos como agradecer a honra do convite para participar desta obra. Calheiros nos deixou este ano, e sua presença atuante, sua participação eficiente, sua palavra sempre serena no debate livre e democrático, sem sombra de dúvidas, ajudou e muito, a manter acesa a chama da afirmação de uma Advocacia Trabalhista, engajada na defesa do Direito do Trabalho e da Justiça do Trabalho, como instrumentos de dignificação do Trabalho e do Ser Humano. Num momento em que a Justiça e o Direito do Trabalho sofrem violentos ataques, com ameaças de toda ordem, a voz de Benedito Calheiros Bomfim vai nos fazer uma falta enorme, pois a sua vida sempre se pautou por uma profissão de fé no regime democrático, traduzido numa conduta pessoal de absoluto respeito pelas opiniões alheias, ainda que divergentes. Sempre esteve pronto a colaborar e participar do processo de transformação do Direito do Trabalho como instrumento de melhor Justiça Social. Em toda sua vida lutou em prol da dignificação da Advocacia Trabalhista.

Não se escreverá a História da Advocacia Trabalhista Latino-Americana e do movimento associativista dos Advogados Trabalhistas, futuramente, sem uma evocação a nosso mestre Benedito Calheiros Bomfim. Encerramos nossa homenagem com o verso de Victor Douglas Nuñez, de seu poema "Guerreiro sem Repouso":

"E não te vi morrer,
homem de ferro e de flor.
Ninguém te viu morrer:
é só uma ausência.
Não morre o fogo,
a luz não morre.
— Se renovam."

A) Reflexões preliminares

1 — O cenário onde se desenvolve a atividade do advogado trabalhista presentemente

O espaço social brasileiro, que não é diferente do espaço social latino-americano, está caracterizado atualmente pela exclusão. Exclusão do trabalhador, exclusão do pequeno e médio produtor, industrial e comerciante, exclusão do cidadão em geral, em favor dos interesses das grandes corporações econômicas e dos agentes financeiros que representam o capital internacional.

Neste cenário não é difícil constatar-se que a Advocacia Trabalhista se torna muito penosa e desgastante.

(*) Advogado trabalhista; Professor Fundador das Faculdades de Direito de Santo Ângelo e Cruz Alta; Integrante do Corpo Docente da Escola Superior da Magistratura do Trabalho e da Escola Superior do Ministério Público, no Rio Grande do Sul. Integrou os quadros do Ministério Público do Rio Grande do Sul. Autor de inúmeros livros e artigos.

Os ventos do neoliberalismo tendem a arrasar com as conquistas que marcaram o avanço da Civilização nos últimos dois séculos, no que tange à afirmação dos Direitos Humanos, entre estes os Direitos ao Trabalho e do Trabalho. Neoliberalismo, que na feliz conceituação de José Martins Catharino, seria tão somente[1]:

> "...o ressurgimento avassalador do liberalismo sob a falsa denominação de 'neoliberalismo', que não passa de liberalismo em muda, como ocorre com os animais que nem por isto deixam de ser o que são. Um liberalismo em moda — o efêmero permanente."

Nas quatro últimas décadas estima-se que o produto mundial bruto cresceu cerca de quarenta vezes, enquanto o número de pobres terá duplicado, no mesmo período.

Na América Latina perto de 50% da população está abaixo dos níveis de pobreza.

O desemprego assume índices catastróficos, de sorte a que a luta dos trabalhadores se concentra, hoje, na simples manutenção do emprego.

O trabalho, como de resto as relações humanas em geral, foram reduzidas a mercadoria, sujeitos à lei do mercado.

A globalização econômica, sob a inspiração neoliberal, com sua onda de privatização, flexibilização e desregulamentação fez ruir as estruturas do Estado de Bem-Estar Social e instituiu uma nova Teologia, cuja Santíssima Trindade é constituída pela Produtividade, pela Competitividade e pelo Lucro, diante da qual, genuflexos, os nossos Governos recebem as novas Tábuas da Lei — enquanto na Sarça Ardente, ao lado, se consomem as esperanças e as ilusões de toda uma geração.

Em lugar da dignificação do Trabalho assistimos, agora, a sua degradação. Os mecanismos de seguridade social são fragilizados.

A bandeira da privatização não abrange somente a passagem do patrimônio público para mãos dos grandes Grupos Transnacionais, mas atinge, inclusive as funções essenciais do Estado, que passa a ser esvaziado, na medida em que o Poder é trespassado às Empresas.

Este processo abrange praticamente todos os setores, da Educação á Saúde Pública, da Segurança à própria Justiça, que se tenta privatizar, por meio de receitas diversas, ou matar a míngua como está acontecendo com nossa Justiça do Trabalho, que sofreu cortes brutais em seu orçamento, de forma covarde e propositada.

O que é muito importante de notarmos, é que o plano da globalização, sob inspiração neoliberal, nos vem como receita definitiva, absoluta, incontestável, irresistível, fatalista, contra a qual seria inócua qualquer resistência, restando no terreno das utopias qualquer manifestação em contrário.

Significa isso que os arautos da nova era contam com a passividade e a inércia de todas as possíveis forças de resistência a este processo de dessocialização.

É neste cenário, de desarticulação, de crise, de exclusão, de ausência de valores éticos, que se desenvolverá a atividade do Advogado Trabalhista, como participante direto deste processo e nele caberá atuar como cidadão, como trabalhador e como técnico especializado.

Neste contexto, nós advogados, juslaboralistas, operadores do Direito do Trabalho, somos compelidos a assumir um papel que tem algo de Sancho e muito de Quixote, mesclando pragmatismo e idealismo, na ingente tarefa de tentar superar o abismo entre as garantias formais que foram conquistadas e a concretização da norma no mundo fático das realidades sociais e, hoje, a não menos ingente tarefa de tentar preservar as conquistas que por décadas, asseguraram um mínimo de garantias ao trabalhador, iniquamente solapadas em nome da nova ordem socioeconômica.

2 — Aspectos gerais da advocacia trabalhista em nossos dias

Considerada até pouco tempo atrás como "Advocacia de segunda classe", por eminentes expoentes da Advocacia Nacional, os Advogados Trabalhistas vêm se firmando no conceito da Comunidade Jurídica Internacional, mercê de um trabalho profissional sério, idôneo e voltado para o alto sentido da obtenção de uma verdadeira Justiça Social.

Em todos os ramos do Direito ressalta o descompasso entre o Sistema Legal e a Realidade Social, mas é no Direito do Trabalho que este distanciamento se ressalta mais angustiante em decorrência de ser exatamente o ramo do Direito que pretende assegurar ao Homem as condições mínimas para uma vida mais digna, por meio do acesso a um trabalho e a uma remuneração condizente ao mesmo.

E é o Advogado Trabalhista quem se defronta com esta angústia mais intensamente, no dia a dia do exercício profissional, com este divórcio entre a Legalidade e a Legitimidade, entre o Direito Positivo e a Justiça, entre o Ideal e o Real.

No exercício da Advocacia Trabalhista o Advogado vê-se revestido de uma tríplice condição, a agir muito

---

(1) CATHARINO, José Martins. *Conferência de Abertura do XX CONAT*, Belo Horizonte, 1998.

mais intensamente sobre seu modo de pensar e atuar, do que, regra geral, em outros ramos da atividade jurídica.

Primeiro, na sua condição de CIDADÃO. De Ser político, condicionado por todo um complexo de experiências, de expectativas, de aspirações sociais, de fundamentos filosóficos, de vivências políticas a lhe aguçar a inteligência e a sensibilidade diante de um quadro de flagrantes desigualdades e injustiças, quer no plano individual, dentro do país, quer no plano internacional. Como deixar de relacionar a situação de humilhante achatamento salarial do trabalhador brasileiro e latino-americano com a sangria imposta pelo pagamento de uma Dívida Externa que suga nossas últimas reservas materiais? Como cidadão, como deixar de equacionar a soberania nacional com a arrogância e impunidade como as transnacionais e os seus organismos representativos manejam com a economia pátria? Como não se sensibilizar com a marginalização de boa parte de uma geração, decorrente da falta de emprego, da falta de garantia no emprego ou a falta de remuneração condigna ao emprego?

Antes que Jurista, cidadão — o Advogado Trabalhista vive a perplexidade diante da degradação de uma Nação, frente a uma conduta socioeconômica despreocupada com Ética, com a Democracia Real e com a Justiça Social.

Compreensível a indagação de Palomino Ramirez[2] que traduz a interrogação de todo juslaboralista, diante do quadro dramático de sua convivência cotidiana:

> "¿Entonces? ¿Cómo una familia come, cómo se viste, dónde vive, con qué educa sus hijos, de qué manera se cura se se enferma y cuándo y cómo se distrae, con esa frilera de soles 'oro' o 'intis' — al mes? La delincuencia, el terrorismo, la promiscuidad y el vicio se 'nutre' en la pobreza que es producto — casi siempre de la desocupación e el desempleo."

A mesma indagação, trocando "intis" por reais, pesos, bolívares ou qualquer outra moeda latino-americana, poderia ser feita da Venezuela à Terra do Fogo.

Afigura-se que na Advocacia Trabalhista, pela proximidade com o problema social, com as crises, com a marginalização do trabalhador, são aguçados os sentimentos de cidadania, de humanismo, de solidariedade. Isso tende a lhe trazer um desgaste emocional no exercício profissional, em face de sua atuação crítica como Ser Humano inteligente, sensível e solidário.

Se primeiramente o Advogado Trabalhista pensa, age e reage como cidadão, num segundo momento não pode abster-se da sua condição de TRABALHADOR.

Como trabalhador o Advogado sente na carne a necessidade de uma maior valorização ética e econômica do seu trabalho. Quer como autônomo, quer como empregado, o Advogado também enfrenta a luta pela dignificação de seu labor e a necessidade de normas de seguridade social que o protejam, a si e seus familiares.

Como trabalhador também o Advogado luta pela subsistência, pela criação de condições de desenvolvimento cultural, por melhores oportunidades de proporcionar educação, saúde e lazer aos seus familiares. E essa luta se reflete em seu trabalho como Advogado.

Por derradeiro, a Advocacia Trabalhista envolve a atividade específica do TÉCNICO. É o "*causídicus*" que opera *ex-professione*. Das virtudes romanas atribuídas aos advogados da época, três são destacáveis porque ultrapassam aos séculos, sendo hoje tão atuais como então: a LEALDADE com o Cliente, a DIGNIDADE de Postura e a INDEPENDÊNCIA.

Lealdade. Era e continua sendo característica extremamente valorizada para configuração de um bom advogado.

Disse Sêneca que somente do advogado que fez tudo o que pôde em prol de seu cliente se pode dizer "este advogado verdadeiramente cumpriu com seu dever".

Dignidade. O conceito de "*dignitate*" envolvia a magnanimidade, a prudência e a tolerância. Vale a observação de CÍCERO que o pleito judicial "não é uma querela entre inimigos, mas uma diferença entre amigos".

Independência. — Salientada desde a antiguidade, a independência do advogado, que os romanos denominavam "valentia civil" é o requisito essencial à plena atividade profissional. Liberdade de agir, liberdade de falar, estão essencialmente vinculadas à plena atividade da advocacia e não se compreende livre exercício da mesma sem estarem assegurados, plenamente, os pressupostos da Independência do Advogado.

C. A. Paulon[3] assinala com muita propriedade que:

> "Concretamente, os advogados e os juristas em geral são mediadores institucionais entre o núcleo governamental e a sociedade civil e, em última análise, dos conflitos que vicejam na sociedade dividida. É como mediadores sociais que eles aparecem com relativa autonomia diante das classes dominantes. Parece ser uma visão equivocada imaginar os juristas como simples

---

(2) PALOMINO, Teodosio A. Ramirez. El derecho del trabajo. *La automacion y el desempleo*. Bogotá: Del Profesional, 1987.
(3) PAULON, Carlos Artur. *Direito alternativo do trabalho*. São Paulo: LTr, 1984.

porta-vozes mecânicos das classes dominantes e nada poderá ser tão elucidativo dessa colocação como os momentos de crise e de transformação social. Como categoria social, os advogados podem ser tão críticos como qualquer outro intelectual."

E poderíamos mesmo acrescentar, sem medo de errar, que principalmente os advogados, entre os intelectuais, desenvolvem a visão crítica da Sociedade e a projetam no seu trabalho profissional.

Além daquelas qualidades já ressaltadas anteriormente, vindas desde a concepção romana do *Advocatus*, deveremos, hoje, acrescentar, ao Advogado em Geral e ao Advogado Trabalhista em especial, o requisito da VISÃO CRÍTICA. A compreensão de um Direito em evolução, da adequação da norma às necessidades de uma Sociedade mais democrática e justa, do primado da legitimidade sobre a legalidade são requisitos essenciais ao desempenho da Advocacia Trabalhista.

Eis alguns aspectos a serem exigidos do Advogado Trabalhista e a serem enfrentados como desafios permanentes.

3 — O advogado trabalhista — jurista

Participando de um Conclave jurídico, no Brasil, há alguns anos, uma ilustre advogada trabalhista fez uma reivindicação à Mesa Diretiva dos trabalhos, em assunto ligado à organização e desenvolvimento do Evento. Na ocasião, ouvimos de um Ilustre participante da Mesa, esta indagação a seus Pares: "Quantos livros, que obras afinal escreveu esta senhora para fazer tal reivindicação num Congresso de Juristas?".

A indagação do ilustre Mestre trazia expressa a concepção de que "Jurista" é o autor de obras doutrinárias ou ligado à atividade docente. Não terá ocorrido ao mesmo indagar: quantas petições já redigiu esta advogada? quantos recursos já subscreveu? quantas sustentações orais produziu perante os Tribunais? — E se juíza fosse, ao interpelante, certamente não lhe teria ocorrido perguntar: "quantas sentenças lavrou?" para ser admitida em condição de igualdade num conclave de Juristas.

É interessante notar a formação, — e isso em diversos ramos do Direito, — e também no Direito do Trabalho, — de uma espécie de "casta" de juristas, ligados à atividade doutrinária, de pesquisa e de docência, para os quais a atividade do advogado e geralmente, também, a do juiz, seriam, atividades de menos qualificação intelectual, atividades jurídicas secundárias, chegando ao máximo a categoria de artesãos, num mundo em que se movimentariam os artistas, da sedizente categoria de Juristas.

Ousamos divergir desta concepção e desta perspectiva.

A atividade jurídica compõe-se:

a — da pesquisa, da doutrina e da docência;

b — da advocacia; incluída a atividade do Ministério Público;

c — da magistratura; e

d — não vislumbramos predominância ou hierarquia intelectual de uma sobre outra dessas atividades.

Pesquisar, ensinar, estruturar doutrinas, equacionar hipóteses, projetar raciocínios lógicos, julgar... todas atividades meritórias e de alta relevância social e científica. Mas certamente não mais meritórias e relevantes do que a função de "concretizar" a Justiça, por meio da atividade forense ou de assessoramento jurídico, que é a tarefa do Advogado. Este é o verdadeiro para-choque social que vive, no dia a dia, as comoções, as reivindicações, as transformações de um Mundo em ebulição.

Da sua criatividade, de sua sensibilidade, da sua inteligência e, não raro, da sua coragem pessoal, é que o Direito evolui, é que a Justiça se consubstancia. Que passa do abstrato para o concreto.

Por outro lado, não nos parece correta a assertiva seguidamente encontrada (e não raro subscrita até por advogado), de que o Advogado seja o "auxiliar da Justiça". Às vezes, para melhor dourar a pílula, chamam-nos, a nós advogados, de "auxiliares eficientes da Justiça". Com o devido respeito: "auxiliar da Justiça" é o leiloeiro, é o Oficial de Justiça que cita as Partes, é o perito que subscreve o laudo. Advogado é PARTE INTEGRANTE DA JUSTIÇA. No mesmo plano de quem julga, ou de quem ensina, ou de quem pesquisa. Neste sentido, pelo menos simbolicamente, a Constituição Brasileira de 1988, em seu art. 133 assegurou que:

> "O advogado é indispensável à administração da justiça, sendo inviolável por seus atos e manifestações no exercício da profissão, nos limites da lei." [...]

Procurou, assim, fixar a exata posição do advogado, não como "auxiliar", mas como parte integrante, em igualdade de importância hierárquica a qualquer das outras partes intervenientes no processo da prestação jurisdicional. Mas ninguém se engane, — quanto ao reconhecimento prático da norma constitucional. O Advogado há de conquistar esta importância, menos por disposição constitucional e mais pela sua luta, pela sua persistência, pela sua idoneidade, pela sua competência profissional.

4 — O advogado trabalhista propulsor das transformações do direito do trabalho

Todos sabemos do papel importante que exerce a Jurisprudência na evolução do Direito. Spota[4] assinala que a jurisprudência:

> "...Ou seja a práxis judicial ou o uso forense tende a criar um novo direito... Tratando de preencher a lacuna entre a lei e a autêntica vida jurídica."

Se isso é verdadeiro no que tange aos diversos ramos do Direito, tanto mais verdadeiro em se tratando do Direito do Trabalho. Direito em formação constante e poderíamos dizer até de um Direito em ebulição. Mas o juiz, via de regra, não julga de ofício. Decide em função do que lhe é solicitado, face o que lhe é argumentado. Daí se poder afirmar, seguramente, que no fio da meada de todo brilhante acórdão há, geralmente, uma formulação petitória de advogado, brilhante ou modesta, não raro criativa e corajosa.

Por isso, o Advogado Trabalhista é o Jurista por excelência neste mudar de século, pois de sua atividade prática, de sua criatividade, de sua capacidade de manter-se independente e altivo dependerá muito da resistência aos ventos avassaladores que ameaçam o Direito do Trabalho e a Justiça do Trabalho em nossos dias.

E neste contexto paira uma indagação: que papel cabe a nós, como advogados, como juristas neste cenário de lutas e transformações?

Certamente não deveremos ser meros espectadores, que impassíveis assistem o desenrolar dos acontecimentos.

Mas, também, não nos parece prudente arvorarem-se os Advogados em diretores de cena; em tutores das categorias que profissionalmente representem. As lutas, as reivindicações, as conquistas hão de ser das próprias categorias, cabendo aos advogados dar a roupagem jurídica das transformações ou de resguardo das conquistas anteriores.

O advogado há de atuar como ator, como participante, como corresponsável desse drama social com que se defronta o Homem, no limiar do século XXI, na sua tríplice condição de cidadão, de trabalhador e operador jurídico.

B) Algumas dificuldades da advocacia trabalhista

1 — Do envolvimento ideológico

Não se desconhece que de toda atividade jurídica emerge a posição ideológica do Jurista. Seja na atividade doutrinária, seja na docência, seja na magistratura, seja na advocacia. O Magistrado que se diz alheio a posicionamento político-ideológico está, na realidade, manifestando uma gritante adesão ao status quo, o que traduz, implicitamente, um veemente posicionamento político-ideológico.

No campo do Direito do Trabalho isso se reflete com mais intensidade, já que este ramo do Direito gravita diretamente em torno da Questão Social, que está no âmago de todas as propostas sociopolíticas em debate. Daí a tendência lógica de o advogado posicionar-se com mais vigor no próprio exercício profissional.

Não estamos falando do Político que exerce também a advocacia como instrumento de projeção eleitoral. Fala-se do Advogado, enquanto cidadão e profissional. E este posicionamento parece ser natural e positivo. A dificuldade, a nosso ver, surge quando o advogado traduz a firmeza de suas convicções através de um acirramento de ânimo frente a Colegas, tratando como "bandidos-vilões" todos quantos não afinem com suas convicções, crenças e esperanças. E isso é verificável tanto com alguns advogados que advogam exclusivamente para empregados, como entre outros que advogam exclusivamente para empregadores. A firmeza de suas convicções, a segurança de seu posicionamento ideológico não deve, salvo melhor juízo, ofuscar o senso crítico, o caráter científico, o amor à Verdade, a responsabilidade profissional do Advogado, traduzido na lealdade ao Cliente, na dignidade de postura, a na sua independência de ação e ética, que não excluem a cortesia ao Colega ex-adverso e o respeito ao Juiz.

2 — Aspectos éticos no exercício profissional

O exercício da advocacia envolve aspectos éticos muito mais complexos que no exercício de outras profissões. Isso porque a advocacia envolve, via de regra, uma atividade "contra" uma Parte adversa.

O médico operando seu paciente, o engenheiro construindo a casa, o odontólogo reparando a dentadura estão sujeitos a preceitos éticos, fundamentalmente nas relações com seus clientes. O advogado, em regra geral, exerce sua atividade no litígio, na controvérsia, na disputa, o que o expõe a um multirrelacionamento que vai do cliente ao Colega adverso, do Juiz ao Servidor Judiciário, exigindo-lhe constantemente uma correção de postura, uma atitude ética bem mais complexa e abrangente.

O Mundo moderno traz-nos um outro quadro que está a merecer uma discussão e um estudo mais

---

[4] SPOTA, Alberto G. *O juiz, o advogado, e a formação do direito através da jurisprudência*. Porto Alegre: Sergio Antonio Fabris, 1985.

aprofundado sobre a ética profissional do advogado. Referimo-nos à situação, cada vez mais comum do advogado-empregado. A figura antiga do profissional liberal, que atuava com total independência, trabalhado sob os ditames de suas convicções filosóficas e políticas, com ampla liberdade na condução do processo está dando lugar, e cada vez mais acentuadamente, ao advogado-empregado, o advogado assalariado, ligado a um contrato de emprego, publico ou privado. É o advogado empregado da Empresa, o advogado empregado do Sindicato, empregado da Administração Pública e mesmo o advogado empregado de uma Empresa de Advocacia.

Alguns dos princípios básicos da Ética no exercício da advocacia, que naturalmente tinha em conta a antiga figura do advogado profissional liberal, era o da sua absoluta liberdade na condução do processo e na liberdade individual de aceitar, ou não, o patrocínio de qualquer causa.

Estará o advogado-empregado sujeito aos mesmos princípios?

Poderá aceitar a determinação quanto à orientação a ser dada ao processo, pelo Empregador, ou efetuar a defesa do Empregador, em juízo, sustentando tese contrária as suas convicções pessoais, sem ferir o Código de Ética profissional do Advogado?

A atuação profissional do advogado-empregado frente aos princípios éticos que vinham orientando o exercício da advocacia profissional abre um fértil campo para indagações e reflexões, que estão a merecer uma atenção mais profunda de nossas Entidades da Categoria (Ordem dos Advogados, Colégio de Advogados, Instituto dos Advogados...).

É de se considerar que o Advogado-empregado, na condição de empregado ou de funcionário público, se ligado a Entidade da Administração Pública, tem um primordial dever de subordinação. Mais do que a lealdade com o cliente, que rege as relações do Advogado profissional-liberal, o advogado-empregado mantém um nexo de subordinação com o Empregador ou com o Órgão Público, com o dever de acatamento às diretrizes emanadas de seus superiores. Por outro lado, o advogado não externa sua opinião ou suas convicções pessoais no processo. Isso sempre foi reconhecido na advocacia criminal.

Na advocacia trabalhista com relação de emprego, se o advogado estiver disposto a renunciar ao emprego ou ao cargo público, por divergir da orientação superior, na condução de seu trabalho, isso se constituirá numa conduta meritória, porém dificilmente se poderá atribuir violação a preceitos éticos se o advogado-empregado acatar as determinações superiores.

E as hipóteses práticas surgem, no dia a dia, com crescente frequência. É a Administração Pública determinando a seus advogados que recorram sempre, em todos os feitos que resultarem vencidos, ainda que a decisão contrária aos interesses da Administração venha solidamente alicerçada em fundamentos jurídicos e fáticos; é o Sindicato de Empregados determinando ao seu advogado que conteste a Reclamatória que foi promovida por empregado da entidade, reclamando salários atrasados...

A matéria abre um vasto campo para um estudo mais detalhado de todas as implicações que decorrem desse novo sistema de advocacia, cada vez mais comum presentemente, a que se tem denominado de proletarização da advocacia.

Outro aspecto que deve merecer especial atenção é a vinculação que se pretende fazer entre a Ética profissional do Advogado e a postulação *contra legem*.

Herança dos Sistemas arbitrários e prepotentes das ditaduras, foi inserido em alguns Códigos de Ética dos Advogados e inclusive em alguns Códigos de Processo Civil, que postular contra a lei constitui litigância de má--fé e violação a princípio ético que deve nortear a atuação forense do advogado.

Trata-se, sem dúvida, de inteligente forma de atrelar o advogado a um ordenamento legal, ainda que espúrio, ilegítimo, parido em algum dos porões do arbítrio.

O compromisso do Advogado não é com a LEI, mas com a JUSTIÇA.

Alguns órgãos representativos de Advogados, no que tange ao aspecto ético da postulação *contra legem* e muitos órgãos judiciais, no que tange à caracterização da litigância de má-fé que decorreria dessa postulação, procuram contornar o drástico dispositivo, isentando de pena o advogado se houver precedente jurisprudencial a favor de sua tese. Mas resta a indagação: — e o primeiro precedente não violou a lei e por conseguinte esteve sujeito à acusação de litigância de má-fé e violação ética?

Na realidade o que há é uma falsa vinculação da conduta do advogado com preceitos éticos, no sentido de jungir o advogado a normas que não atendem às necessidades sociais, mas retratam um *status quo* que se quer preservar.

Se é verdade que inúmeras ações são propostas contra o expresso texto da lei por "ignorância" do advogado, fruto não raro do despreparo e da deficiente formação técnico-profissional recebida na Faculdade de Direito onde se formou — não menos verdade é que também muitas ações são propostas contra o expresso texto da lei, exatamente porque o advogado muito bem o conhece e considera-o divorciado da realidade e da conveniência social, e sabendo também que o Direito não se exaure no texto da lei. Em função disso é contra o texto expresso da lei que lhe cabe peticionar, argumentar, recorrer, dando o melhor de sua criatividade, de seu talento e de seu esforço intelectual para sensibilizar o Juiz e o Tribunal e indiretamente o próprio legislador.

Importante relembrarmos as palavras, de Couture[5] em seus preciosos *Mandamentos do Advogado*:

> "teu dever é lutar pelo direito; porém, quando encontrares o direito em conflito com a justiça, luta pela justiça."

3 — A morosidade da justiça do trabalho

Problema angustiante que enfrenta o Advogado Trabalhista no Brasil, e a situação não é muito diferente nos demais Países da América Latina, é o da excessiva morosidade da Justiça do Trabalho, em que os pleitos se arrastam por anos a fio.

Grande parte desse problema decorre da insensibilidade e da incompetência administrativa dos três Poderes da República.

Toda a máquina judiciária brasileira sofre de paralisia crônica, bem o sabemos. Na Justiça do Trabalho, porém, o problema atinge a características de catástrofe social.

Como dizer ao trabalhador, que vem reclamar o seu salário, do qual depende a sobrevivência de seus filhos, que a audiência de sua Reclamatória foi designada para daqui a vinte meses. E falamos em vinte meses e não vinte dias. E uma pauta de doze a vinte e quatro meses já é comum em inúmeras Varas Trabalhistas do Brasil. E esta situação, na realidade não mudou muito depois da famigerada invenção do **P**esadelo **J**udicial **E**letrônico... que nada mais é, na realidade, do que um ensaio para afastar o advogado dos pretórios...

Em nenhum outro ramo da advocacia é tão constrangedor, tão angustiante, tão injusto o retardamento da prestação jurisdicional do que na Advocacia Trabalhista. E essa realidade centenas de Colegas Advogados estão vivendo diariamente, desgastando-se emocionalmente e com prejuízos de toda ordem para todos.

O pior é que as soluções preconizadas pelo Poder Público, por meio de seus três Poderes, para a agilização dos litígios trabalhistas vão do ridículo ao trágico.

Quando se equaciona uma solução para a celeridade dos processos trabalhistas no País o que ocorre aos três Poderes é sempre a simples diminuição dos processos nos Tribunais superiores. O problema todo se resumiria em como evitar que tão grande número de processos chegue aos Tribunais Superiores.

Duas são as vertentes desse elevado número de litígios trabalhistas, e afigura-se que o quadro é semelhantes em toda América Latina.

Primeiro: O Poder Público, por meio de sua administração direta e indireta é o pior empregador. Procura sonegar os direitos do trabalhador de todas as formas possíveis, esperando que o servidor não reclame e, se reclamar judicialmente, que o pagamento será efetuado somente alguns anos após, quando ele, administrador, já não estará mais no Poder. O regime de absoluta impunidade do administrador público que descumpre a lei, prejudicando o servidor público é um dos fatores do crescente número de litígios. Em regra, se a Administração Pública for condenada futuramente, daqui a dez ou doze anos, (lapso de tempo que tem durado os pleitos trabalhistas no Brasil contra a administração pública) quem vai pagar são os cofres públicos e não ele administrador relapso e/ou descumpridor da lei. Seria interessante que as estatísticas dos Tribunais Superiores, ao darem os números absolutos de ações propostas e em andamento, registrassem quantos feitos foram propostos contra o Poder Público, tendo a administração direta ou indireta como empregadora.

Dados estatísticos do TST de dezembro de 2015, nos demonstram a veracidade do afirmado acima: no *ranking* das partes, por atividade econômica, os dez tristemente primeiros colocados são a Fazenda Pública:

---

(5) COUTURE, Eduardo J. *Os mandamentos do advogado*. Porto Alegre: Sergio Antonio Fabris, 1987.

1º	União	União (PGF)	8.641
		União (PGU)	5.410
		União (PGFN)	1.688
		Total	15.739
2º		Fazenda Pública do Estado de São Paulo	4.005
3º		Estado do Rio Grande do Sul	731
4º		Município de São Paulo	519
5º		Estado do Piauí	516
6º		Estado do Rio de Janeiro	446
7º		Estado da Bahia	437
8º		Município de Guarulhos	353
9º		Município de Penápolis	312
10º		Município do Rio de Janeiro	291

Em segundo lugar, no que tange ao empregador da atividade privada, o regime de desemprego acirra o grau de litigiosidade, especialmente considerando que a Justiça do Trabalho, na realidade é a Justiça dos Desempregados. Enquanto perdurar o emprego o obreiro dificilmente recorrerá à Justiça. Com o alto grau de despedimento e considerando que via de regra os direitos trabalhistas não são cumpridos integralmente pelos empregadores, não é difícil entender o elevado número de ações propostas. Entre os Empregadores privados há de se destacar a existência de duas ordens distintas de empresários-empregadores. As grandes empresas (leia--se Bancos e Transnacionais, especialmente) alicerçados em competente assessoramentos jurídico, procuram buscar nas lacunas, na obscuridade, nas contradições das normas, uma interpretação que favoreça seus interesses de empregador, abstendo-se de pagar os direitos que se supunham certos aos seus empregados. Por outro lado, o pequeno empregador, algumas vezes por ignorância, frente a uma legislação cada vez mais complexa, outras vezes por falta de recursos deixam de cumprir a lei. Dizia um pequeno empresário que para poder colocar sua empresa em funcionamento, ou sonegava o fisco, face à terrível carga tributária que sobre ele pesava, ou sonegava os direitos dos trabalhadores. Em atendendo as duas ordens não teria condições de operar. Via de regra termina sonegando as duas ordens: a fiscal e a trabalhista.

O elevado número de ações tende a massificar o trabalho de juízes e advogados. Aos advogados afeta-lhes o espírito crítico e a criatividade, aos juízes gera-lhes a preocupação com a produção e o Mapa de rendimento que devem mensalmente apresentar ao Órgão Superior, com o número de processos despachados, sentenciados etc., e a preocupação com o Mapa de produção passa a lhes ser mais importante do que a Justiça que se espera deles em cada processo.

Entre as medidas preconizadas pelos Poderes Públicos, visando a diminuição dos processos nos Tribunais Superiores tem-se destacado:

a) A elevação do valor de alçada

Causas com valor inferior a um valor "x" não teriam direito a recurso. Com isso, seria evitado o acesso de um bom número de processos aos Tribunais.

O fato de que a Constituição assegura a todo cidadão o duplo grau de jurisdição não lhes constitui obstáculo intransponível, pois mediante uma boa sessão de contorcionismo jurídico, o impedimento é afastado.

Como avaliar, *a priori*, o valor de uma causa trabalhista?

Pela quantidade de dinheiro que se presume venha a atender as reivindicações postuladas?

Mas o Trabalhador que reclama o cancelamento de uma suspensão, do qual foi acusado, injustamente, de apropriar-se de bens do empregador? O valor desta causa se resumirá aos dez ou quinze dias de salário, que corresponde aos dias da penalização?

Pelo valor menor da condenação pedida, não lhe darão direito a recurso, se a sentença de primeiro grau lhe for desfavorável, em que pese ser a ação mais importante da vida desse trabalhador, pois diz respeito a sua honorabilidade, ao seu conceito de cidadão ainda que a decisão do juiz for evidentemente equivocada.

O operário, salário mínimo, a quem não foi pago o 13º salário, vendo julgada improcedente sua ação, não poderá recorrer da absurda sentença, prolatada em hora aziaga pelo juiz monocrático de primeiro grau; mas o gerente executivo da mesma Empresa, a quem restou impago 1/2 de seu 13º salário, e que equivale a valor superior ao valor de alçada, nas mesmas condições, poderá recorrer a uma Tribunal Superior, para reparação da injustiça cometida.

Onde fica o princípio constitucional de que todos são iguais perante a lei?

A verdade é que se pretende transformar os gerentes em mais iguais do que os operários... mas a isso se chamará Justiça do Trabalho?

Nem sempre o valor expresso em reais, de um feito, nos dá a ideia do valor moral que representa para a Parte — depois, o que é considerado de pequeno valor para o banqueiro, será uma pequena fortuna para o operário.

De sorte que limitar o acesso ao Tribunal para reavaliação de uma decisão manifestamente equivocada, ou injusta, ou arbitrária, ou eivada de suspeição, pelo valor nominal da causa, expressa em moeda, afigura-se que contraria os mais elementares princípios da Justiça do Trabalho.

b) A supressão da dupla jurisdição

Outra das medidas preconizadas para a celeridade do processo trabalhista, ainda mais drástica, seria a simples e pura supressão do duplo grau de jurisdição — independente do valor da causa. Simplesmente eliminar-se o recurso no processo trabalhista.

Ou então suprimir-se o recurso quanto à matéria de fato, limitando-se o direito recursal á matéria de Direito.

É reivindicação secular de o Homem ter o seu dissídio apreciado ou ser julgado, sempre, com direito a recurso.

Já nos Artigos Básicos da Grande Carta de Henrique III da Inglaterrra, de 1225, se assegurava que nenhuma multa seria aplicada sem a confirmação de doze homens probos e leais da vizinhança. No *Bill of Rights*, no Século XVI se instituía o Rei como instância superior, ao qual todo cidadão poderia recorrer. A Revolução Francesa elevou o princípio da dupla jurisdição a postulado de Garantia Individual e a nossa própria Constituição Imperial, em seu art. 158 faz concluir pela adoção deste direito, a nível constitucional. Depois, silenciaram os textos constitucionais, a respeito. Isto levou alguns setores do Judiciário e da Doutrina a ver na eliminação do recurso a panaceia simplista para resolver o problema da má prestação jurisdicional, por parte de nossos Tribunais. Como argumentos para a eliminação do recurso, Ilustres Juristas alinham: — que o segundo julgamento também pode estar errado; — que seria procedimento inútil, caso a decisão vier a ser confirmada; — que seria nocivo à imagem do Judiciário o fato de aflorarem divergências da Máquina Judiciária, criando-se a incerteza às Partes e o desprestígio do Poder Judiciário.

Esta argumentação afigura-se inconsistente, pois se pode, de imediato, contrapor: — que a dupla jurisdição impõe um maior cuidado do Julgador de primeira instância, sabendo que seu ato será reexaminado; — que se possibilita a reapreciação da matéria por juízes presumivelmente mais experientes; — que um reexame da matéria inspira maior confiança às Partes; — que se constitui numa reação humana natural o não conformar-se com uma única decisão que lhe seja desfavorável; — que sempre há a possibilidade de uma sentença equivocada, injusta ou ilegal.

Parecia mesmo que o duplo grau de jurisdição era uma daquelas Garantias Individuais, que emanam do texto constitucional, inserindo-se nos Direitos Humanos, num determinado estágio de Civilização.

Tal, porém, não entenderam respeitáveis autoridades nacionais, dos Três Poderes.

E, no caso brasileiro, a supressão dessa Garantia ainda tem sido mais lamentável pois sequer procurou alicerçar-se em qualquer fundamento de ordem doutrinária, além do simples escopo da diminuição do número de processos nos Tribunais.

O que se procura com a supressão de oportunizar o direito de recurso em TODOS OS PROCESSOS, sobre matéria de fato e de Direito, tem sido somente minimizar a incúria, a irresponsabilidade e a incompetência administrativa com que se tem tratado no Brasil o problema da JUSTIÇA. Lamentavelmente, setores do Judiciário e do Legislativo correram ao encontro do Executivo, procurando solucionar o normal crescimento do número de litígios, em todas as esferas, com a simples supressão de recursos.

Segundo o folclore político nacional, certo Governador de uma das Unidades da Federação, em certa ocasião, teria procurado solucionar o problema da mendicância em seu Estado, determinando que se jogassem os mendigos num rio. Episódio conhecido como "Operação Gandu". Parece-nos que a supressão da segunda instância a determinados processos, pela matéria ou pelo valor, ou generalizadamente, assemelha-se a uma "Operação Gandu", no Judiciário. Em lugar de procurar aparelhar-se melhor o Judiciário, em lugar de buscar formas para desburocratizar o processo buscando sua celeridade, em lugar de se alcançar maiores recursos para o aprimoramento material e pessoal da máquina judiciária, — que seriam medidas para soluções concretas e objetivas, soluciona-se o problema... eliminando-se os Processos nos Tribunais.

Fica-se a imaginar quando o Sistema de Previdência Social no País descobrir — (se é que já não descobriu e está colocando em prática) — essa luminosa solução. Resolvido estará o problema crônico da falta de leitos nos hospitais e da carência de recursos médicos... simplesmente com a eliminação prévia dos doentes.

A fórmula é simples. Há mais doentes, presentemente, do que leitos nos hospitais: eliminem-se os doentes. Há mais processos do que a capacidade de apreciação pelos Juízes nos Tribunais: ...eliminem-se os processos.

Cumpre que os Advogados Trabalhistas fiquem muito atentos à formas simplistas de soluções à morosidade da prestação jurisdicional, pois estas soluções jamais poderão importar na supressão de Garantias Fundamentais da cidadania, como sejam o acesso às instâncias jurisdicionais em grau de recurso, a ampla defesa e o contraditório.

c) A solução dos litígios trabalhistas pelo arbitramento

O arbitramento, como forma de solução de conflitos é muito antiga e consagrada foi em nosso Código Civil, sob o título de "Compromisso".

Procurou-se dar novo impulso ao instituto através da Lei n. 9.307, de 23 de setembro de 1996 que revogou as disposições do Código Civil e detalhou o procedimento arbitral.

Nas oito décadas de vigência do Código Civil nunca o arbitramento se impôs como fórmula da preferência popular, para solução de seus litígios, pois está arraigada na cultura nacional a solução dos mesmos pela via judicial.

Não se nega que o arbitramento possa constituir excelente medida para solução da lide, ou de prevenção da lide, em se tratando de Partes economicamente fortes e em matéria excepcionalmente especializada e complexa.

Cuidado deverão ter os Advogados Trabalhistas na medida em que se pretende usar o Arbitramento como substitutivo da Justiça do Trabalho. Na realidade trata-se de uma tentativa de privatizar a Justiça. Quando a corrente neoliberal, ao lado de desregulamentar e flexibilizar as normas trabalhistas, advoga a privatização, engloba nesta operação não somente a passagem das riquezas do Estado para as mãos de alguns grupos superdotados economicamente, como a estes pretende outorgar a direção e o controle de serviços e poderes inerentes ao Estado. A Justiça estatal tem sido, especialmente em sua primeira instância, um óbice ao voraz apetite dos grupos transnacionais, daí a tentativa de esvaziar a Justiça do Trabalho. Deixar a solução dos litígios trabalhistas para Tribunais de Arbitragem, árbitros particulares ou mesmo a comissões, ainda que mistas, sede da empresa, significa empunhar o empresariado a direção das soluções entre Capital e Trabalho.

A Lei do Arbitramento afigura-se, outrossim, totalmente incompatível com os princípios do Direito do Trabalho.

Pelo sistema arbitral entende-se que o árbitro tenha poderes de julgar por equidade, o que significa, poder decidir contra a lei. Como ficam os direitos indisponíveis do trabalhador, já consagrados no sistema normativo oficial da Nação?

Pretende-se que a decisão arbitral seja irrecorrível. Como fica o princípio constitucional do duplo grau de jurisdição?

Ainda, — transformando-se a exceção em regra, a solução arbitral não confere a segurança jurídica necessária ao pleno exercício da cidadania.

Por isso, qualquer aceno de solução ao processo trabalhista por meio de arbitragem, extrajudicial, deverá ser repelida pelos Advogados Trabalhistas, como tentativa de engodo e apenas mais um episódio para, num primeiro passo, enfraquecer e, em seguida, eliminar a Justiça do Trabalho.

C) O desafio das transformações

É certo que todos os ramos do Direito evoluem, transformam-se, adaptam-se às novas realidades e necessidades. Esta transformação, porém, nos ramos já sedimentados do Direito soem modificar-se mais gradual e lentamente.

No Direito do Trabalho, o novo direito das transformações sociais, adquire uma celeridade inusitada, especialmente sob o influxo das novas bases socioeconômicos advindas da globalização e do neoliberalismo. Isso constitui, sem dúvida, uma dificuldade ao Advogado e lhe constitui um grande desafio — qual seja a sua participação, por meio da atividade profissional, nesse processo de transformações.

Não se trata de um desafio somente à sua argúcia e criatividade no exercício da advocacia forense, mas diz respeito a própria concepção do alcance e do dimensionamento do Direito do Trabalho.

Capon Filas[6] com sua concepção sistêmica do Direito do Trabalho ressalta a importância do Direito do Trabalho para um novo modelo de desenvolvimento e, especialmente, a integração do Direito do Trabalho

---

(6) FILAS, Rodolfo Capón. A concepção sistêmica do direito do trabalho. *Conferência I ELAT*, Porto Alegre, 1988.

com os Direitos Humanos. Como bem assinala o ilustre juslaboralista argentino, o Direito do Trabalho transcende aos simples aspectos contratuais do pacto laboral, para, hoje, descortinar horizontes muito mais amplos no campo da economia informal, das condições jurídicas do trabalhador migrante, da seguridade social da dona de casa, de um código de ética para as transnacionais, entre outros temas de palpitante atualidade em nosso Terceiro Mundo.

Esse desafio é a vivência profissional do Advogado Trabalhista.

Tem razão Más Pero[7] quando assinala:

> "Se abre ahora una fase apasionante en toda América Latina para desarrollar pensamientos renovadores y nuevas instituciones, estructuras y relaciones sociales. Es necesaria una nueva filosofia del trabajo y del hombre que trabaja, en consonancia con la cultura, la ética, las aspiraciones ideales que constituyen leneas de fuerza, comunes a todos los latinoamericanos, y que se nutren de un humanismo rico y profundo, que apunta a la plena realización del hombre, de todo hombre y de todos los hombres."

D) A advocacia trabalhista e o direito/dever de resistência

O exercício da advocacia em geral e a advocacia trabalhista em particular, possui função social de tal porte, que transcende ao mero trabalho forense, na simples defesa de interesses particulares de clientes.

É verdade que o trabalho técnico-profissional de defesa dos interesses do cliente é importante, mas vale lembrar a lição do grande advogado brasileiro Rui Barbosa[8], quando afirmou:

> "advogado, afeito a não ver na minha banca o balcão do mercenário, considero-me obrigado a honrar minha profissão, como um órgão subsidiário da justiça, como um instrumento espontâneo das grandes reivindicações do direito, quando os atentados contra ele ferirem diretamente, através do indivíduo, os interesses gerais da coletividade."

Nossa América Latina, especialmente nas últimas quatro décadas, passou por uma série de ditaduras e golpes militares, de triste memória, que inexoravelmente atropelavam os Direitos e Garantias Individuais, pisoteando e ferindo os mais elementares Direitos Humanos e de Cidadania.

E se é verdade que todo ditador teve seu Jurista de Plantão, a procurar justificar a violência, e o garroteamento dos Direitos Humanos com verdadeiras lições de contorcionismo jurídico, num festival de sofismas e geralmente respaldados por Juízes e Tribunais dóceis às ditaduras, desde que resguardados seus privilégios, não é menos verdade, também, que foi de Advogados a voz mais persistente de resistência contra o arbítrio, quer por meio de suas entidades representativas da categoria, como, inclusive, por ações individuais, que muitas vezes lhe valeram o cárcere, a tortura, o exílio, quando não a própria vida.

Alguém, pretendendo referir-se pejorativamente aos advogados, exclamou certa ocasião:

> "Ah! Os advogados... Os que querem transformar o mundo falando."

A assertiva induz a uma reflexão.

Diante a situação mundial que estamos vivendo, com a globalização da miséria, com o terrível crescimento dos índices de desemprego e subemprego, da negativa de condições mínimas de sobrevivência digna ao trabalhador, o cidadão, e especialmente o Advogado Trabalhista tem quatro caminhos para se posicionar diante desse quadro de injustiças: mantê-los bem atrelados ao Sistema.

E a importância do problema da submissão ou independência do Juiz não se restringe ao campo *stricto sensu* da Justiça do Trabalho, mas se estende a toda máquina Judiciária que tem a seu encargo o resguardo dos Direitos Sociais, dos Direitos Humanos, dos Direitos de Cidadania, como tal envolvendo o direito de todos ao trabalho, à saúde, à educação, à moradia, à Seguridade Social.

E, neste contexto, impõe-se ao Advogado uma conduta de maior vigilância, de maior altivez, de maior combatividade, aguçando-lhe sua sensibilidade social e humanística e sua inteligência para a criação de anticorpos jurídicos, capazes de enfrentar a gangrena social que está a degenerar o Mundo Atual.

O Poder Executivo passou a exercer uma verdadeira e maldisfarçada ditadura. O simples direito de voto, onde a corrupção, os fabulosos recursos injetados pelas oligarquias nativas e as grandes multinacionais e até de Governos dos países interessados na manutenção do estado de sujeição, além da grande imprensa a manipular opinião pública, não chega a caracterizar uma real democracia, nem a instituição de um Estado de Direito, com o funcionamento harmônico e independente dos Poderes Legislativo e Judiciário.

---

(7) MÁS PERO, Emílio. Estudios laborales. In: CAPÓN FILAS, Rodolfo. *El nuevo derecho sindical argentino*. Buenos Aires: Platense, 2008.
(8) BARBOSA, Rui. *Oração aos moços*. Campinas: Russel, 2005.

Muito elucidativo é o depoimento prestado pela ex-juíza do Tribunal Constitucional do Peru, Delia Revoredo, ao Jornal OAB-Nacional[9], exilada na Costa Rica, em virtude de perseguições políticas do Governo Peruano, culminando com sua destituição, juntamente com mais três Magistrados daquela Corte, após votarem contra a constitucionalidade de lei que permitia o Presidente da República disputar pela terceira vez consecutiva o mandato presidencial.

Sobre a situação da Justiça nesse país diz a ex-Magistrada:

> "ele (o presidente da república) controla o judiciário, controla o ministério público, além de ter deixado o tribunal constitucional esfacelado. Ele controla também o conselho nacional de magistratura e o tribunal eleitoral. Logo, é um golpe de estado disfarçado.
>
> [...]
>
> o que ocorre é que os advogados que defendem interesses contrários ao governo sofrem conseqüências posteriores."

Contra a implantação dessas ditaduras civis maldisfarçadas impõe-se a vigilância constante dos Advogados, especialmente os Advogados Trabalhistas, cuja atuação mais diretamente se insere no âmbito social no qual se refletem os Planos Econômicos e os Ajustes da Legislação Laboral, filhos diletos desses governos.

A propósito são de ser registradas as palavras do ilustrado advogado portenho Mário Elffman[10]:

> "[...] resta considerar nuestro propio compromiso como abogados laboralistas. Como dije en una oportunidad anterior, existe un 'deber ser' en esta hora de la decadencia planetaria de un neoliberalismo salvaje y antisocial que, antes de su derrota, deja un paisaje de tierra arrasada: y es el de transformarmos en operadores juridicos de la transición indispensable.
>
> Creo que tenemos que concertarnos para construir las bases de un nuevo derecho social, sobre las ruinas ardientes del derecho del trabajo, y de la seguridad social, para reedificar un nuevo orden público diverso del orden público económico entronizado como baremo de verdad absoluta. Para reconstruir la base conseptual participativa de una democracia que, sin ella, es una fórmula enmascaradora. Hay que exigir, y co-elaborar, la normativa que inponen nuestras constituciones. Para hacer operativas esas constituciones, eliminando el divorcio con la ley que se les debiera subordinar. Para manternos en correspondencia con una ciudadanía que está objetivamente ávida de cambios; y que no tolera ni la corrupción, ni la impunidad, ni el hambre, ni la injusticia, ni los privilegios del privilegio. Menuda digna tarea, la del abogado laboralista."

Tal como nas décadas passadas diante do arbítrio e da prepotência militar, o Advogado, hoje, deve RESISTIR, manifestando sua indignação, sua discordância frente às investidas neoliberais, com todo seu séquito de miséria, desemprego, recessão, marginalidade e desesperança.

A Declaração dos Direitos Humanos, o Pacto de S. José da Costa Rica, Tratados Internacionais, Convenções da OIT, Princípios inseridos na Constituição Federal, podem nos fornecer munição valiosa, se não para uma definitiva vitória imediata, pelo menos para mantermos a guerra de guerrilha e mantermos acesso o Ideal da Fraternidade, da Solidariedade, da Cidadania, da dignificação do Trabalho.

Vale lembrarmos as palavras de Calamandrei[11]:

> "Os advogados representam a liberdade no processo, toda vez que se constituem em símbolo vivo do princípio vital das democracias modernas, de acordo com a qual, para chegar à justiça é preciso passar através da liberdade, já que a liberdade é o instrumento indispensável para conquistar uma melhor justiça. Nos primeiros tempos do terror fascista, quando as patrulhas iam de um lado para outro realizando expedições punitivas, os objetivos de suas devastações não eram somente as câmaras de trabalho e as bibliotecas populares, senão também os escritórios dos advogados. E assim, em Florença, ao finalizar o ano de 1924, foram incendiados mais de vinte em uma só jornada. Não devemos nos surpreender de que isso tenha acontecido, se levarmos em consideração, de que para os ditadores, os advogados constituem o símbolo perigoso da razão crítica e da oposição que se rebela contra o conformismo; desta maneira nos regimes de opressão e degradação, na toga se radica o último refúgio da liberdade, e quando já todos calam abaixo do peso da tirania, de vez em quando brotam da toga vozes dignas e arrogantes."

---

(9) JORNAL DA OAB-Nacional, p. 15, nov. 98.
(10) ELFFMAN, Mário. La abogacia del trabajo. *Conferência II ELAT*, Gramado, 1996.
(11) CALAMANDREI, Piero. *Processo e democracia*. Padova: Cedan, 1952.

Cabe aos operadores do Direito, especialmente aos Advogados, uma responsabilidade muito grande, neste esforço de resistência à degradação do Estado de Bem-Estar Social, a que assistimos em nossos dias, em toda a América Latina.

O Estado Democrático pressupõe um Judiciário Democrático e este somente será possível quando comprometido com a Sociedade.

Afigura-se que a discussão, o estudo, o debate, o protesto, a presença são formas de participação e de se manter acesa esta chama de resistência diante das hordas neoliberais que despidas de qualquer senso ético, de qualquer senso de solidariedade social, procuram massacrar o Homem, reduzindo todas as relações social, inclusive as laborais, a honra, a dignidade, a liberdade e as condições mínimas de sobrevivência a simples mercadoria, sujeita às leis do mercado.

Será oportuno evocarmos as palavras de Paupério Artur Machado[12]:

> "O cidadão que resiste à autoridade não é sempre um mero rebelde. Não desobedece por desobedecer. Desobedece para alcançar respeito e a harmonia da ordem que julga violada. O ato que resiste à opressão é, por isso mesmo, sobretudo um ato de julgamento. De julgamento que os cidadãos fazem dos governantes."

Integração latino-americana e os advogados trabalhistas:

> "asi pues no habrá camino
> Que no recorramos juntos!
> Tratamos el mismo asunto
> Orientales y argentinos,
> Ecuatorianos, fueguinos,
> Venezolanos, cuzqueños,
> Blancos, negros y trigueños,
> Forjados en el trabajo
> Nacimos de un mismo gajo
> Del árbol de nuestros sueños."
> Zitarrosa[13]

Faz-se necessário estimular-se o intercâmbio entre os advogados trabalhistas do Continente, para um amplo e permanente debate visando a conscientização de todos os Colegas para o grave momento histórico que atravessamos, para uma troca de experiências e fixação de formas de atuação e de resistência.

Importante, também, que os Advogados Trabalhistas dos diversos países latino-americanos estabeleçam um ideário comum, que sirva de marco orientador, de conjunto de princípios de sua atuação profissional. Bernadete Kurtz[14] sugeriu o seguinte elenco de princípios, adaptados das conclusões do 8º Congresso das Nações Unidas sobre prevenção de Delitos, e que poderiam ser também destinados aos Advogados do Mercosul, que são comuns no âmbito continental e para a atividade da Advocacia Trabalhista:

> "I — Ao lado da magistratura e do ministério público, o advogado é indispensável à administração da justiça, sendo inviolável por seus atos e manifestações no exercício da profissão, nos limites a lei, inexistindo entre estes operadores do direito nenhum tipo de hierarquia ou de subordinação, devendo todos tratar-se com respeito e consideração recíprocos.
>
> II — Os advogados manterão em todo momento a honra e a dignidade de sua profissão, na qualidade de agentes fundamentais da administração da justiça.
>
> III — Os advogados, ao protegerem os direitos de seus clientes e defender a causa da justiça, procurarão apoiar os direitos humanos e as liberdades fundamentais reconhecidos pelo direito nacional e internacional, e sempre atuarão com liberdade e diligência de conformidade com as normas éticas que regem sua profissão.
>
> IV — Os governos garantirão que os advogados poderão desempenhar todas suas atividades profissionais sem intimidações, obstáculos ou interferências indevidas. Garantirão, ainda, que os advogados poderão comunicar-se livremente com seus clientes, sem sofrer nenhum tipo de perseguição ou sanções administrativas, econômicas ou outras quaisquer, em decorrência de sua atividade profissional, desde que esta atividade esteja de acordo com as normas éticas da profissão.
>
> V — Quando a segurança pessoal dos advogados estiver ameaçada em razão do exercício profissional, deverão receber das autoridades constituídas a proteção adequada e efetiva.
>
> VI — Os advogados não serão identificados com seus clientes, nem com as causas de seus clientes como consequência do desempenho de suas atividades profissionais.

---

(12) MACHADO, Paupério Artur. *Direito político de resistência*. Rio de Janeiro: Forense, 1978 citado por VIANA, Marco Tulio. *Direito de resistência*: possibilidades de autodefesa do empregado. São Paulo: LTr, 1996.
(13) ZITARROSA, Alfredo. *Diez decimas de saludo al público argentino*. Álbum 2015.
(14) KURTZ, Bernadete Lau. O exercício da advocacia na América Latina. *Congresso del Equipo Federal del Trabajo*, Bahia Blanca, Argentina, 1998.

VII — As autoridades competentes têm a obrigação de permitir que os advogados tenham acesso ás informações, aos arquivos e documentos pertinentes, que estejam sob a sua guarda, de forma que o profissional possa prestar assistência jurídica eficaz.

VIII — Os advogados como os demais cidadãos têm direito à liberdade de expressão e direito irretorquível de participar do debate público de assuntos relativos a legislação, á administração da justiça e à promoção e proteção dos direitos humanos.

IX — Os governos reconhecerão e respeitarão a confidencialidade de todas as comunicações e consultas entre os advogados e seus clientes.

X — As sanções disciplinares aplicáveis aos advogados, só poderão ser efetivadas por seus órgãos de classe, dentro do previsto pela norma do colégio de advogados a que pertencer o profissional."

Independente da vinculação ideológica, filosófica, religiosa, político-partidária de cada um dos advogados trabalhistas latino-americanos, parece ser perfeitamente possível a formação de uma entidade que os reúna em torno de um ideário comum, considerando alguns pontos básicos, como sejam:

1 — a defesa do regime democrático, pluripartidário;

2 — a preservação do princípio da autodeterminação das nações;

3 — a real independência do Poder Judiciário;

4 — a autonomia do Direito do Trabalho, com a preservação dos princípios básicos protetivos ao hipossuficiente;

5 — a autonomia de uma Justiça do Trabalho, independente, suficientemente dotada de recursos materiais e pessoais e especializada;

6 — a dignificação da Advocacia Trabalhista, com a defesa de suas garantias e prerrogativas;

7 — a preservação dos padrões culturais latino-americanos, regionais, nacionais e continentais frente ao processo de colonização cultural imposto pelos países centrais;

8 — a harmonização das legislações laborais e de seguridade social, respeitando-se sempre a normas mais favoráveis ao trabalhador;

9 — a aplicabilidade, ou não, da legislação ordinária, frente aos princípios constitucionais e dos tratados internacionais subscritos pelos respectivos Países;

10 — a conscientização dos Advogados Trabalhistas de que, como juristas e operadores do direito, têm papel importante na tarefa de libertação de nosso continente, assumindo sua latino-americanidade, em defesa de uma Pátria Grande, continental, democrática, solidária e participativa.

A esse ideário comum poderia ser acrescida a DECLARAÇÃO DE PRINCÍPIOS, elaborada e subscrita por diversas entidades de advogados trabalhistas do Continente, inclusive a ABRAT, em reunião realizada em Caracas, Venezuela, em 19 de junho de 1987, que persistem, e com maior vigor, nos dias atuais.

— I —

Nós advogados trabalhistas da América Latina, declaramos nossa mais absoluta adesão aos princípios democráticos de liberdade, de justiça e de reconhecimento efetivo da dignidade do homem.

— II —

Reconhecemos na "declaração universal dos direitos humanos" a expressão mais eloquente do consenso existente na humanidade quanto ás condições que devem existir, em todos os países, para que essa dignidade do homem seja reconhecida.

— III —

A promoção e a defesa da democracia e dos direitos humanos, na América Latina, é uma tarefa de todos os povos do continente, cabendo a nós advogados trabalhistas, assumirmos a contribuição que decorre da nossa própria especialização profissional.

— IV —

O destino da democracia, na América Latina, está indissoluvelmente ligada á integração do continente, para a qual, nós, advogados trabalhistas, devemos contribuir, harmonizando as legislações nacionais, sob a inspiração da justiça social.

— V —

Entendemos que a construção de uma pátria latino-americana exige superarmos a situação de dependência a que se encontram submetidos nossos povos, tarefa na qual estão irmanados os advogados trabalhistas.

— VI —

A luta pela democracia e a sua vigência nos leva a combater a exploração e a miséria em que vivem os trabalhadores latino-americanos, promovendo-se sua unidade, como requisito indispensável para superar essas condições.

A essa Declaração de Princípios, poderíamos acrescentar algumas das conclusões tomadas pelos juslaboralistas americanos reunidos em Havana, na VIII Conferência da Associação Americana de Juristas em setembro de 1987:

DECLARAÇÃO DE PRINCÍPIOS

"...

VI) **Ratificar** que a emancipação do homem está em função da dignificação do trabalho, que compreende o direito ao trabalho, ao regime de pleno emprego, a garantia de um salário suficiente para o bem-estar de sua família e um sistema de seguridade social que proteja dos riscos pela maternidade, a infância, a velhice, enfermidade e demais contingências sociais.

VII) **Reafirmar** que nós, os juslaboralistas de América, aceitamos o desafio frente à crise e nos integramos na luta pela obtenção de uma liberdade concreta, de uma democracia autêntica de todas as instituições sociais, nas quais a realização da justiça, entendida num marco de igualdade ante a lei, deve ser o objetivo fundamental.

VIII) **Denunciar** como causa principal dos problemas antes enunciados o estado de dependência econômica que a maior parte dos países da América tem com o imperialismo capitalista e os monopólios financeiros, da qual a dívida externa é uma das principais manifestações."

Outra tarefa importante, nesse processo de integração dos Advogados Trabalhistas, resultou aprovada como moção no II ELAT, realizado em Gramado em 1997. Diz respeito à necessidade de as Escolas de Direito, de todos os Países, instituírem disciplinas que proporcionem aos estudantes de Direito um melhor conhecimento da História do Direito Latino-Americano e de Direito Latino-Americano Comparado.

Nossas gerações de operadores do Direito têm estado despreparadas para participarem mais ativamente deste processo de Integração. Não apenas integração no plano econômico, mas uma integração que represente um processo muito mais amplo e abrangente, envolvendo fatores culturais, sociais, éticos e políticos.

Urge as nossas Universidades se disponham a FORMAR JURISTAS LATINO-AMERICANOS... inseridos na realidade latino-americana.

Franco Montoro[15] observou:

"ter formação jurídica consiste, ainda, em 'ver' a realidade social e humana, que é uma das dimensões necessárias do direito como fato social. É do fato que nasce o direito. É para a realidade que o direito existe. Fechar os olhos à realidade é recolher-se ao cômodo formalismo da letra da lei, é fugir à responsabilidade de um verdadeiro jurista, que é acima de tudo um homem do direito e não o exame das palavras da lei."

E complementa,

"Uma das graves deficiências de nossa cultura jurídica tem sido muitas vezes, a falta de adequação à realidade brasileira."

À realidade latino-americana, poderíamos acrescentar hoje:

"Reformista y oligarca,

Reformista y entreguista,

Reformista y rutinario,

Reformista y burocratico,

Reformista y totalitario,

Son términos antitéticos."

Com estas palavras Luiz Alberto Sanchez, Reitor da Universidade Mayor San Marcos de Lima, prefaciou a obra *Reforma Universitária y Cultura Nacional* de Gabriel del Mazo o arauto da Reforma Universitária Argentina, o qual demonstrava uma extraordinária visão da latino-americanidade ausente na Cultura universitária em nosso Continente.

Na obra referida registrou:

"No hay tarea educativa, no hay escuela ni universidad que se justifique, si no es capaz de revelar la entraña de esta contienda de siglos, enseñando a tomar filiación conciente en el verdadero linaje de lo humano, en función de libertad, conjugando espiritu y futuro.

No hay concepción digna de una nacionalidad si no se limenta de una esperanza del mundo, si carece de sentido histórico."

E mais,

"Pueblo y America. He aqui la gran demanda de la reforma universitaria. Todo lo que no siga esa linea há sido y será desrumbo. Ni desertores de la americanidad, que es consentir nuestro destierro, ni prevaricadores de lo popular, que es renunciar a lo entrañable. Derrocar la erudición sin consistencia terrigena. Abatir la vanidad intelectualista que enuncia al pueblo pero que lo elude em su existencia real, de cuerpo y alma, en su sentimentalidad, en sus preferencias, en sus tradiciones. En lo ameaicano lo universal; en lo popular la história."

Da alienação do Ensino Jurídico, despido de espírito crítico e divorciado da realidade social de seu meio, deve-se, em parte, a capitulação do Direito continental, frente às investidas globalizantes e neoliberais dos grandes grupos financeiros norte-americanos, europeus e japoneses.

---

(15) MONTORO, Franco. Contribuição do legislativo para o desenvolvimento econômico, social e político do Brasil. *Revista de Informações Legislativas*, v. 13, n. 50, p. 65-72, abr./jun. 1976.

A ABRAT — Associação Brasileira de Advogados Trabalhistas.

Ao se traçarem considerações sobre a Advocacia Trabalhista no Brasil não se poderia omitir a atuação da ABRAT — Associação Brasileira de Advogados Trabalhistas, que ao correr de mais de vinte anos vem desenvolvendo intensa atividade em defesa da Advocacia Trabalhista, do aprimoramento da Justiça do Trabalho e no estudo e debate do Direito do Trabalho.

O movimento associativista dos advogados Trabalhistas Brasileiros nasceu na década de 1970, em que as Associações Estaduais foram criadas e passaram a promover reuniões, seminários, congressos, que se constituíam, praticamente, na única tribuna de debate, livre e democrático, sobre a situação sociopolítica que o país atravessava.

Não tinham os Advogados Trabalhistas onde escrever, onde falar, onde debater, onde protestar, onde analisar a situação política e social do Brasil da época.

Os Colegas da nova geração de Advogados Trabalhistas, vindo após a década de 1970 muitas vezes nem tem consciência das dificuldades que seus Colegas atravessaram de 1964 em diante. Perseguições, invasões de escritórios e residências, torturas físicas e psicológicas, constituíam uma rotina que muitos Advogados Trabalhistas enfrentaram, vistos sempre como perigosos agentes da "subversão".

Em 1975, quando o autor destas linhas presidia a AGETRA (Associação Gaúcha de Advogados Trabalhistas), foi realizado o 1º Congresso Estadual dos Advogados Trabalhistas, no Rio Grande do Sul, evento que se realizou na sede da OAB, em Porto Alegre. A título de curiosidade mencione-se que no curso do evento duas Colegas que participavam do Congresso identificaram dois agentes do DOPS/SNI no local dos trabalhos, solicitando aos mesmos que se retirassem do Plenário. E o que é importante: retiraram-se. Isso pode nos dar a medida das dificuldades e riscos com que atuavam nossas Associações.

Quando do terceiro Congresso Estadual da AGETRA, em 1977, foi convidado como conferencista do Evento o nosso hoje querido homenageado, o Ilustre Advogado Trabalhista Benedito Calheiros Bomfim, figura das mais queridas entre os juslaboralistas de todo o País. Sem prévio aviso, o Ilustre Conferencista veio ao Congresso acompanhado de uma comitiva de 13 advogados cariocas, membros da ACAT (Associação Carioca de Advogados Trabalhistas), alguns acompanhados de familiares. Entre eles: Carlos Artur Paulon, Carlos Eduardo Azevedo Lopes, Célia Belmonte, Celso Soares, Custódio Oliveira, David Silva Júnior, Francisco Costa Neto, José Augusto Caula e Silva, Moema Babtista, Nelson T. Braga, Nicanor M. Fischer, Paulo M. Reis e Steiner do Couto.

Desse Encontro, não programado e informal, surgiu a ideia de se formar uma Entidade em nível nacional, que congregasse os Advogados Trabalhistas.

Assim, foi realizado em Porto Alegre, no ano seguinte, um Encontro Nacional, preparatório à organização dessa Entidade.

De sorte que em 1979, no Rio de Janeiro, era realizado, oficialmente com o 2º CONAT — Congresso Nacional de Advogados Trabalhistas, a fundação oficial da ABRAT — Associação Brasileira de Advogados Trabalhistas, sendo eleito como seu primeiro presidente, o ilustre juslaboralista Celso Soares (RJ) sendo seus companheiros na primeira diretoria: Ulisses Riedel de Resende (DF) vice-presidente, Carlos Artur Paulon (RJ), vice-presidente administrativo, Mario Chaves (RS), vice-presidente de Assuntos Regionais, Francisco Domingues Lopes, (RJ) Secretário, João Alves de Góes, (RJ) Tesoureiro e Sizenando Pechincha Filho, (ES) Diretor.

Não caberia aqui uma notícia minuciosa de todas as atividades da ABRAT e das Associações regionais que a integram. A História da ABRAT está a merecer um estudo mais minucioso e a sua divulgação em futuro próximo, pois é uma parte importante da História da Advocacia Brasileira.

Vale registrar que a ABRAT está realizando este ano em Gramado no Rio Grande do Sul, seu XXXVIII Congresso, com a presença de ilustres Juristas de renome inclusive internacional.

Com um país com dimensões continentais e carência de recursos materiais, pode-se imaginar das dificuldades que tem sido manter em plena atividade esta Associação.

Caberia destacar que a atividade da ABRAT e das Associações Regionais tem colaborado para manter aceso o debate sobre o Direito do Trabalho dentro do contexto social Brasileiro e parte para o debate em termos de Mercosul e América Latina.

Em todas suas atividades a ABRAT mantém intacto o alto nível democrático que sempre a caracterizou, assegurando a livre manifestação de ideias e o absoluto respeito na divergência, com a compreensão de que o caldo de cultura da Ciência Jurídica é, exatamente, a divergência.

Independente das vertentes ideológicas que animam os integrantes da ABRAT, filiados às Associações Regionais, em todo o Brasil, têm os mesmos, como pontos de convergência o estudo sério do Direito do Trabalho, o desejo de aprimoramento da Justiça do Trabalho, a valorização da Advocacia do Trabalho, a dignificação do Homem e a resistência contra qualquer forma de opressão, arbitrariedade ou tirania.

Com estes pontos de convergência, a Entidade pôde, por meio dos anos, ser dirigida ora por advogado sindicalista, ora por advogado de empregadores, ora por profissional liberal independente, sem comprometer o seu ideário e sua linha de atuação.

Estas são as considerações que queríamos trazer.

Referências bibliográficas

BARBOSA, Rui. *Oração aos moços*. Campinas: Russel, 2005.

CALAMANDREI, Piero. *Processo e democracia*. Padova: Cedan, 1952.

CATHARINO, José Martins. *Conferência de Abertura do XX CONAT*, Belo Horizonte, 1998.

COUTURE, Eduardo J. *Os mandamentos do advogado*. Porto Alegre: Sergio Antonio Fabris, 1987.

ELFFMAN, Mário. La abogacia del trabajo. *Conferência II ELAT*, Gramado, 1996.

FILAS, Rodolfo Capón. A concepção sistêmica do direito do trabalho. *Conferência I ELAT*, Porto Alegre, 1988.

JORNAL DA OAB-Nacional, p. 15, nov. 98.

KURTZ, Bernadete Lau. O exercício da advocacia na América Latina. *Congresso del Equipo Federal del Trabajo*, Bahia Blanca, Argentina, 1998.

MACHADO, Paupério Artur. *Direito político de resistência*. Rio de Janeiro: Forense, 1978 citado por VIANA, Marco Tulio. *Direito de resistência:* possibilidades de autodefesa do empregado. São Paulo: LTr, 1996.

MÁS PERO, Emílio. Estudios laborales. In: CAPÓN FILAS, Rodolfo. *El nuevo derecho sindical argentino*. Buenos Aires: Platense, 2008.

MONTORO, Franco. Contribuição do legislativo para o desenvolvimento econômico, social e político do Brasil. *Revista de Informações Legislativas*, v. 13, n. 50, p. 65-72, abr./jun. 1976.

PALOMINO, Teodosio A. Ramirez. El derecho del trabajo. *La automación y el desempleo*. Bogotá: Del Profesional, 1987.

PAULON, Carlos Artur. *Direito alternativo do trabalho*. São Paulo: LTr, 1984.

SPOTA, Alberto G. *O juiz, o advogado, e a formação do direito através da jurisprudência*. Porto Alegre: Sergio Antonio Fabris, 1985.

ZITARROSA, Alfredo. *Diez decimas de saludo al público argentino*. Álbum 2015.

Empregados Domésticos e a Lei Complementar n. 150/16

Vólia Bomfim Cassar[*]

1. Contrato

Ao ser contratado, o doméstico deve fornecer a CTPS ao patrão, mediante recibo, para que este a assine em 48 horas, na forma do art. 9º da Lei Complementar n. 150/15. Regra similar encontra-se no art. 29 da CLT para os empregados urbanos.

A Delegacia Regional do Trabalho poderá autuar o empregador doméstico caso não assine a Carteira de Trabalho no prazo de 48 horas (Lei n. 12.964/2014 c/c a Instrução Normativa n. 110/14 do MTE e art. 44 da LC n. 150/2015).

É vedada a contratação de menor de 18 anos, na forma do parágrafo único do art. 1º da LC n. 150, o que apenas ratifica a limitação imposta pelo Decreto n. 6.481/2008 (Convenção n. 182 da OIT).

2. Conceito

Conceito:

(a) Doméstico é a pessoa física que trabalha com pessoalidade e de forma subordinada, (b) continuada e mediante salário, para outra (c) pessoa física ou família que (d) não explore atividade lucrativa, no (e) âmbito residencial desta, por mais de dois dias semana, conforme art. 1º da Lei Complementar n. 150/15.

a) Doméstico

a.1. Enquadramento Legal

O enquadramento legal (aplicação da CLT, ou da lei do rural, ou da lei do doméstico) de um trabalhador não deve ser analisado pela atividade que exerce e, sim, para quem trabalha. Assim, se uma empregada exerce a função de cozinheira, este fato por si só não a enquadra em nenhuma das leis mencionadas, pois será necessário que se pesquise quem é seu empregador. Se o seu **empregador** for uma pessoa física que **não explore a atividade lucrativa**, será doméstica; se o seu empregador for um restaurante, um hotel ou uma loja comercial, será urbana; se seu empregador for um produtor rural, será rural.

É preciso lembrar que para ser doméstico basta trabalhar para empregador doméstico, independentemente da atividade que o empregado doméstico exerça, isto é, tanto faz se o trabalho é intelectual, manual ou especializado..

b) Continuidade

A antiga lei do doméstico (Lei n. 5.859/72, art. 1º), bem como a nova Lei Complementar n. 150/15, preferiu a expressão "forma contínua" no lugar da utilizada pela CLT (art. 3º) serviço de "natureza não eventual". Tal diferenciação fez surgir duas interpretações muito debatidas antes da nova LC n. 150.

(*) Doutora em Direito e Economia UGF, Mestre em Direito Público pela UNESA, pós-graduada em direito do trabalho pela UGF, pós-graduada em processo civil e processo do trabalho pela UGF, coordenadora do curso de direito da Unigranrio, professora do LFG, autora e desembargadora do TRT/RJ.

A primeira corrente entendia que era irrelevante a diferença e que os critérios para apuração do trabalho "contínuo" deveriam ser os mesmos para o trabalho "não eventual" da CLT, isto é, o que importaria seria a necessidade permanente da mão de obra do doméstico para o tomador, demonstrada pela **repetição** de seu trabalho durante todo o contrato, mesmo que exercido uma só vez por semana, por quinzena ou mês, mas durante muitos meses ou anos. Alguns autores chamavam essa corrente de **teoria da (des)continuidade**. Para os defensores de tal tese, seria doméstico tanto o empregado que trabalhava de segunda a sexta, durante seis anos para uma família, quanto aquele que trabalhava apenas às segundas-feiras para a mesma família, durante estes mesmos seis anos.

Outra corrente entendia que foi propositalt a distinção, porque o conceito de serviço de natureza "não eventual" previsto na CLT (art. 3º da CLT) relaciona-se com a atividade empresarial, com seus fins e necessidades de funcionamento e o empregador doméstico não explora atividade econômica lucrativa, pois não é empresa. Neste sentido, o trabalho "contínuo" relaciona-se com o seu conceito linguístico, isto é, vincula-se com o tempo, com a repetição, com o trabalho sucessivo, seguido, **sem interrupção.** Segundo a doutrina e a jurisprudência da época, a repetição dos trabalhos domésticos deveria ser analisada por semana, desprezando o tempo de duração do contrato, de forma que o trabalhador doméstico executasse seus serviços três ou mais dias na semana (antes da lei nova), por mais de quatro horas por dia, por período não inferior a 30 dias. Entretanto, mesmo naquela época dúvidas surgiam, como o caso daqueles que trabalhavam todos os dias, mas por apenas 1 hora, como o *personal trainer*, a manicure, o professor particular etc.. A tese vencedora era no sentido de que não seriam empregados domésticos e sim diarista doméstico sem vínculo de emprego.

Até o advento da LC n. 150/15, defendíamos a corrente de que trabalho contínuo era aquele desenvolvido três ou mais dias na semana, por mais de quatro horas a cada dia, por período não inferior a 30 dias. Todavia, era possível, excepcionalmente, entender como empregado doméstico aquele que trabalhava apenas dois dias na semana, mas que ficava à disposição por 24 horas cada dia[1], como, por exemplo, no caso das enfermeiras particulares, acompanhantes, babás ou seguranças particulares. Apenas o caso concreto poderia demonstrar o trabalho contínuo.

Todavia, toda esta controvérsia parece estar superada pelo art. 1º da nova LC n. 150/15, pois apontou que será empregado doméstico aquele que trabalha "**por mais de 2 (dois) dias por semana**". Desta forma, a partir de sua vigência, diarista, sem vínculo de emprego será aquela trabalhadora que prestar serviços dois ou menos dias na semana. Nossa crítica sobre o atual conceito legal de doméstico permanece, pois o legislador deveria vincular a carga horária semanal ao número de dias trabalhados. A situação ideal seria o legislador fixar que empregado doméstico é aquele que labora mais de 24 horas semanais, por pelo menos 4 semanas para o mesmo tomador ou quanto executar seus serviços para o mesmo tomador por três dias ou mais por semana, por mais de 24 horas, em período não inferior a 30 dias. Assim, a professora particular que frequenta a casa da família 4 (quatro) dias por semana, por apenas duas horas por dia, continua não sendo empregada doméstica.

O equívoco legislativo está na fixação da continuidade dos trabalhos em número de dias na semana, ignorando a quantidade de horas semanais trabalhadas.

c) *Pessoa Física ou Família*

c.1. *Pessoa Física*

Não pode a **pessoa jurídica** ser a tomadora do serviço doméstico. Portanto, não são considerados domésticos os empregados em atividades assistenciais, beneficentes, comerciais (lavadeira, arrumadeira, cozinheira de hotel ou pensão), industriais (cozinheira da fábrica).

c.2. *Família*

Quando o serviço é prestado para a família, o real empregador do doméstico é esta. Todavia, como a família não tem personalidade jurídica, a responsabilidade pela assinatura da CTPS ficará a cargo de um dos membros que a compõem. Sendo assim, todos os membros capazes da família, que tomam os serviços do doméstico, são empregadores, mas só um aparece na carteira de trabalho como empregadora formal.

O conceito de família deve ser entendido como reunião **espontânea** de pessoas para habitação em conjunto, mesmo que não haja vínculo de parentesco entre elas. Desta forma, é possível equiparar ao conceito de família, para fins de caracterização do empregador doméstico, amigos que coabitam numa mesma casa, casal homoafetivo, famílias irregulares[2] etc. Comuni-

---

[1] Na verdade, o trabalho executado em dois plantões de 24 horas pelo doméstico, equivaleria, proporcionalmente, ao trabalho desenvolvido por 8 horas em três dias por semana. Não seria crível a comparação de um doméstico que trabalha duas horas por dia, com aquele que trabalha 24 horas deste mesmo dia.

[2] No mesmo sentido MAGANO, Otavio Bueno. *Manual de direito do trabalho. Direito individual do trabalho.* 3. ed. São Paulo: LTr, 1992. v. 2, p. 120.

dades maiores[3] (colégios, albergues, conventos) devem ser descartadas, por perderem a semelhança com a família e por não importarem em reunião espontânea do grupo.

d) Atividade de Natureza Não Lucrativa

Sob a ótica do tomador dos serviços e não do seu prestador, o trabalho exercido não pode ter objetivos e resultados comerciais ou industriais, restringindo-se tão somente ao interesse do tomador ou sua família. Logo, o patrão não pode realizar negócios com o resultado do trabalho do empregado. A energia de trabalho despendida pelo empregado doméstico não pode ter como finalidade o lucro do patrão.

e) Âmbito Residencial

Há um equívoco na redação contida no art. 1º da revogada Lei n. 5.859.72, infelizmente mantido pelo art. 1º da Lei n. 150/15, quando se refere ao trabalho executado **no âmbito residencial** do empregador doméstico, pois o trabalho pode ser exclusivamente externo e ser caracterizado como doméstico, como ocorre com o motorista, segurança, o piloto, a acompanhante em hospitais etc. Melhor teria sido a expressão "**para**" o âmbito residencial, isto é, é doméstico quem executa serviços para consumo da pessoa ou da família.

Sob outro ponto de vista, é importante salientar que o doméstico pode executar seus serviços tanto na unidade familiar principal do patrão quanto em residências mais distantes, como a casa de praia, casa de campo etc. Isto porque o deslocamento para fora da residência principal, no exercício das funções domésticas, não descaracteriza a relação (motorista em viagens).

3. Eficácia dos direitos constitucionais do empregado doméstico

Mesmo os enunciados genéricos contidos na norma constitucional têm eficácia e, como a Constituição está no ápice da hierarquia formal das demais normas, ela irradia seus efeitos e amplia seu alcance às demais normas infraconstitucionais. Alguns destes comandos constitucionais têm todas as características para produzir seus efeitos tendo, por isso, eficácia plena, imediata. Outros dependem de regulamentação para sua efetivação plena, sua concretização no plano concreto.

O art. 5º, § 1º, da CRFB determina que *"as normas definidoras dos direitos e garantias fundamentais têm aplicação imediata"*. Os direitos contidos no parágrafo único do art. 7º da CRFB são direitos fundamentais.

Portanto, é dever do intérprete afastar todas as dificuldades para dar efetividade aos direitos constitucionalmente reconhecidos a qualquer trabalhador, inclusive domésticos.

O art. 7º, parágrafo único, da CRFB, em sua redação original (1988) garantiu pela primeira vez aos domésticos, por exemplo, o aviso-prévio, o RSR, o salário mínimo, direitos antes não concedidos a esta classe de trabalhadores. Mais tarde, a EC 72/2013 alterou o parágrafo único do art. 7º da Constituição Federal e estendeu aos domésticos outros novos direitos, antes só garantidos aos urbanos (CLT) e rurais. Entre os novos direitos estavam: jornada de 8 horas diárias, limitadas a 44 horas semanais; hora extra com acréscimo de 50%, normas coletivas e, dependendo de regulamentação, o adicional noturno, FGTS acrescido de multa de 40%, em caso de despedida imotivada etc.

Todavia, o conceito de aviso-prévio; as hipóteses de cabimento, a faculdade de convertê-lo ou não em pecúnia e de quanto, sua integração ou não ao tempo de serviço, a época do pagamento das parcelas decorrentes da rescisão, inclusive do aviso, são regras que estão disciplinadas nos arts. 487 e seguintes da CLT, das quais, em princípio, o doméstico não teria direito por força do disposto no art. 7º, *a*, da CLT.

Logo, alguns dos novos direitos precisavam, antes da LC n. 150/15, ser interpretados pela CLT. Desta forma, o limite de horas extras deveria respeitar as regras do art. 59 da CLT, inclusive para fins de compensação de jornada, assim como a necessidade de acordo individual escrito (Súmula n. 338 do TST) para o ajuste da compensação de jornada e a desnecessidade de adoção de controle de jornada para os patrões que possuem, por residência, menos de 10 empregados (art. 74, § 2º, da CLT). Isto quer dizer que antes da regulamentação específica de tais direitos pela LC n. 150/15, o Capítulo "Da Duração do Trabalho", na parte compatível, era aplicável ao empregado doméstico, inclusive o direito ao intervalo intrajornada e entre jornadas.

4. Direitos

Alguns dos direitos dos domésticos estão no art. 7º, parágrafo único, da CRFB, outros na LC n. 150/15. Outros, ainda, em leis esparsas.

Por força do art. 19 da Lei Complementar n. 150/15, observadas as peculiaridades do trabalho doméstico, é

---

(3) Em sentido contrário, Magano, que defende que o trabalho doméstico deve ser prestado "em uma casa de habitação", isto é, no lugar onde seu empregador viva ou habite, sozinho ou em companhia de pessoas, independente se muitas ou poucas. Conclui afirmando que é doméstico aquele que trabalha para comunidades religiosas, em conventos ou locais semelhantes. *Ibidem*, p. 121.

aplicável a CLT de forma subsidiária. Antes desta lei, os domésticos eram excluídos da CLT (art. 7º da CLT) e alguns de seus artigos eram utilizados apenas para dar eficácia aos direitos constitucionais estendidos aos domésticos e não regulamentados por lei especial.

Os domésticos também têm direito ao vale-transporte, podendo ser pago em dinheiro, como autorizado pelo parágrafo único, do art. 19 da LC n. 150/15. Aliás, o direito ao vale-transporte já tinha sido estendido ao doméstico desde a própria Lei n. 7.418/85.

A Lei n. 11.324/2006 concedeu estabilidade à gestante, férias de 30 dias, direito aos feriados e a proibição de descontos por concessão de algumas utilidades, direitos mantidos pela LC n. 150/16.

Em abril de 2013 foi promulgada a Emenda Constitucional n. 72, que alterou o parágrafo único do art. 7º da Constituição e estendeu aos domésticos novos direitos, antes só garantidos aos urbanos (CLT) e rurais. Entre os novos direitos estão: jornada de 8 horas diárias, limitadas a 44 semanais; hora extra com acréscimo de 50% e, dependendo de regulamentação, por expressa determinação do legislador: adicional noturno, FGTS + 40% e seguro acidente. A Lei Complementar n. 150/15 regulamentou os direitos do doméstico, criou outros e o conceituou de forma mais precisa. Mais tarde, foi criado o e-social (Resolução n. 780, do CCFGTS, de 24 de setembro de 2015), que possibilitou o recolhimento da nova cota previdenciária, FGTS, indenização adicional e seguro por acidente de trabalho a partir de outubro de 2015.

Continuam sem aplicação ao doméstico, por incompatível: o instituto da sucessão de empresários (arts. 10 e 448 da CLT) porque só aplicáveis às empresas e, pelos mesmos motivos, a solidariedade do grupo econômico; a estabilidade do cipeiro, o PIS e seu abono anual etc.

Aplicam-se, ainda, os princípios genéricos da proteção ao trabalhador, como o da irredutibilidade salarial, da inalterabilidade contratual, do ajuste contratual como lei entre as partes.

Mesmo antes da EC n. 72/2013 defendíamos que alguns dos direitos até então não incluídos no parágrafo único do art. 7º da CRFB eram aplicáveis aos domésticos, entre esses, os que encerravam norma proibitiva ou de prescrição (a prescrição foi expressamente regulada na nova lei), pois destinadas a todos os trabalhadores, independentemente se doméstico, urbano, rural ou avulso (ex.: prescrição, proibição do trabalho do menor, proibição de discriminação etc.). Neste ponto, a EC n. 72/2013 não trouxe grandes novidades, mas deixou claro o comando de proibições.

Direitos Constitucionais — O art. 7º, parágrafo único, da CRFB concedeu aos domésticos:

- relação de emprego protegida contra despedida arbitrária ou sem justa causa, nos termos de lei complementar, que preverá indenização compensatória **(só regulamentado pela LC n. 150/2015)**;

- seguro-desemprego, em caso de desemprego involuntário **(só regulamentado pela LC n. 150/2015)**;

- fundo de garantia do tempo de serviço **(só regulamentado pela LC n. 150/2015)**;

- salário mínimo;

- irredutibilidade salarial;

- décimo terceiro salário;

- remuneração do trabalho noturno superior à do diurno **(só regulamentado pela LC n. 150/2015)**;

- proteção do salário na forma da lei, constituindo crime sua retenção dolosa;

- salário-família pago em razão do dependente do trabalhador de baixa renda nos termos da lei **(só regulamentado pela LC n. 150/2015)**;

- duração do trabalho normal não superior a oito horas diárias e quarenta e quatro horas semanais, facultada a compensação de horários e a redução da jornada, mediante acordo ou convenção coletiva de trabalho;

- repouso semanal remunerado, preferencialmente aos domingos;

- remuneração do serviço extraordinário superior, no mínimo, em cinquenta por cento à do normal;

- gozo de férias anuais com acréscimo de um terço;

- licença à gestante de 120 dias, sem prejuízo do emprego e dos salários;

- licença-paternidade;

- proteção do mercado de trabalho da mulher, mediante incentivos específicos, nos termos da lei;

- aviso-prévio;

- redução dos riscos inerentes ao trabalho, por meio de normas de saúde, higiene e segurança;

- integração à Previdência Social;

- assistência gratuita aos filhos e dependentes desde o nascimento até 5 (cinco) anos de idade em creches e pré-escolas;

- reconhecimento das convenções e acordos coletivos de trabalho;

- seguro contra acidentes de trabalho, a cargo do empregador, sem excluir a indenização a que este está obrigado, quando incorrer em dolo ou culpa **(só regulamentado pela Lei n. 150/2015)**;

- proibição de diferença de salários, de exercício de funções e de critério de admissão por motivo de sexo, idade, cor ou estado civil;

- proibição de qualquer discriminação no tocante a salário e critérios de admissão do trabalhador portador de deficiência;

- proibição de trabalho noturno, perigoso ou insalubre a menores de dezoito e de qualquer trabalho a menores de dezesseis anos, salvo na condição de aprendiz, a partir de quatorze anos.

Alguns dos direitos acima serão estudados de forma mais aprofundada.

4.1. Salário mínimo

Ao doméstico não era garantido o salário mínimo. Foi a Constituição de 1988 que lhe estendeu tal direito.

As consequências desta novidade são múltiplas:

a) Valor e Recibo

A partir de 5.10.1988 o doméstico passou a ter garantido o salário mínimo hora, dia ou mês. Isto significa que não há a obrigação de pagar o valor mensal fixado por lei, se a doméstica não trabalhar de segunda a sábado. Se trabalhar dois dias por semana, deverá receber, pelo menos, o valor do salário mínimo dia, multiplicado pelo número de dias trabalhados no mês, mais o RSR (arts. 2º e 3º da LC n. 150/2015). Este resultado será inferior ao salário mínimo mensal (ou ao piso estadual), pois proporcional ao trabalho executado. Nem seria justo alguém que trabalha 30 dias ganhar o mesmo valor que outro que trabalha 10 dias no mês. Da mesma forma a OJ n. 358 da SDI-I do TST.

O pagamento do salário deverá ser feito mediante recibo. Portanto, também se aplica ao doméstico o art. 464 da CLT[4]. O recibo deve apontar cada uma das parcelas a serem pagas, sob pena de salário complessivo, que é vedado (Súmula n. 91 do TST).

b) Periodicidade e Época do Pagamento

Em virtude da necessidade de se dar efetividade aos direitos constitucionais criados para o doméstico (art. 5º, § 1º, da CRFB), regulamentando-os e, sabendo que a LC n. 150/2015 foi silente a respeito do tema, aplica-se ao doméstico, por força do art. 19 da LC n. 150/15, o comando contido no art. 459 da CLT, que trata da periodicidade e época do pagamento do salário.

Desta forma, o doméstico não pode ser contratado para pagamento trimestral de seu salário, nem pode receber seu pagamento no dia 15 de cada mês.

O pagamento deverá ser efetuado até o quinto dia útil do mês subsequente e o salário deve ser ajustado com a periodicidade máxima mensal, de forma que todo mês haja pagamento de salário.

c) Descontos

A Constituição simplesmente enumerou, de forma genérica, os direitos estendidos ao doméstico, dentre eles, o salário mínimo, sem, contudo, conceituar ou regular tal direito, deixando margem para o intérprete buscar, nas regras gerais existentes a respeito da matéria, a regulação pertinente para dar efetividade a este direito. Ao relacionar as utilidades a que se destinava o salário mínimo, o constituinte também se referiu, implicitamente, aos percentuais que cada uma destas deve equivaler e às possibilidades de desconto quando concedidas *in natura*. Por outro lado, ao conceder o salário mínimo também estendeu as proteções a este salário.

Da mesma forma, mesmo que por outro fundamento, forçoso é concluir que o salário é cercado de proteção, seja pela sua natureza alimentar, seja pelo princípio da proteção ao trabalhador. Isto porque os princípios trabalhistas são aplicáveis a todos os empregados, inclusive aos domésticos. Dentre estes, o princípio da inalterabilidade contratual *in pejus* e os da intangibilidade e irredutibilidade salarial são mais importantes. Portanto, é vedado o desconto não autorizado em lei.

Conclui-se que até a inclusão do art. 2º-A à revogada Lei n. 5.859/72 e o advento da LC n. 150/2015, ao doméstico eram aplicáveis os arts. 81, 82, 458, 462 da CLT, na parte compatível. E, até hoje são aplicáveis as leis que fixam o salário mínimo (hora, dia e mês). Após a Lei n. 11.324/2006 foram vedados os descontos de algumas utilidades fornecidas pelo empregador. Esta regra só se aplica para o trabalho executado após 20.7.2006 (data da publicação da lei). Com o advento da LC n. 150/2015, foram também proibidos os descontos por adiantamento do salário, e, mediante acordo escrito, no limite de 20%, descontos pela concessão de seguro médico-hospitalar e odontológico, seguro e previdência privada (art. 18, § 1º).

---

(4) Da mesma forma, BARROS, Alice Monteiro de. *Curso de direito do trabalho*. São Paulo: LTr, 2015. p. 336.

Logo, se o empregador fornecia uma utilidade, poderia efetuar o desconto correspondente[5] (arts. 81 e 82 da CLT)[6] até 20.7.2006; após esta data o desconto está proibido para algumas utilidades e após a LC n. 150/2015 deverão ser observadas suas regras e limitações.

Se desejar efetuar desconto em virtude de dano, poderá fazê-lo, salvo se culposo, quando deverá haver cláusula contratual específica nesse sentido — art. 462 da CLT.

O motorista, por exemplo, que comete infração de trânsito com o carro do patrão por excesso de velocidade, responde pelo dano culposo praticado (multa), desde que haja previsão expressa no contrato neste sentido, na forma do art. 462 da CLT.

O pagamento mínimo em dinheiro será de, pelo menos, 30% do valor do salário — art. 82, parágrafo único, da CLT.

Não será considerada falta ao serviço a ausência do empregado pelos motivos indicados nos arts. 131 e 473 da CLT (na parte que for compatível), além de outros previstos em leis especiais. Ressalte-se que a partir da LC n. 150/15 a CLT é aplicável ao doméstico (art. 19).

O art. 2º, § 2º, da LC n. 150/2015 estabeleceu o mesmo divisor e forma de cálculo do valor do dia e da hora do salário previstos na CLT. Logo, os descontos devem obedecer estas regras.

d) Utilidades

Seguindo o mesmo raciocínio do item anterior, ao doméstico foram estendidas as utilidades. A CF as enumerou uma a uma: *salário mínimo, fixado em lei (...) capaz de atender a suas necessidades (...) como* **moradia, alimentação, educação, saúde, lazer, vestuário, higiene, transporte e previdência social** *(...)* (grifos nossos).

A partir daí, dois lados do instituto podem ser explorados: o relativo aos descontos e o referente à integração ao salário, quando caracterizada a natureza salarial da benesse, observadas as limitações impostas pela antiga Lei n. 11.324/2006, hoje, LC n. 150/2015.

Utilidade é tudo aquilo que não é dinheiro. O empregado pode receber seu salário em dinheiro e/ou em utilidade. A natureza salarial da utilidade depende de cinco requisitos cumulativos: ser benéfica, habitual, graciosa para o empregado; que seja concedida pelo trabalho e não para o trabalho, isto é, que seja forma de contraprestação do serviço e não uma ferramenta para a execução deste e desde que não haja lei retirando sua natureza salarial[7].

A CLT (art. 458, § 3º) indica os percentuais de duas das utilidades referidas no salário mínimo, regra também aplicada ao doméstico: a habitação[8], que corresponde a 25% (vinte e cinco por cento) e a alimentação, que equivale a 20%[9] (vinte por cento) do salário contratual.

Os incisos I a VII do art. 458 da CLT retiraram a natureza salarial de algumas utilidades (transporte, saúde, previdência, educação e vestuário). Todavia, não impediu o desconto destas mesmas utilidades quando fornecidas até 20.7.2006. A partir daí, isso é, da Lei n. 11.324/2006, que acrescentou o art. 2º-A à revogada Lei n. 5.859/72, o desconto de algumas utilidades foi proibido, assim como a integração destas mesmas utilidades (alimentação, moradia, higiene e vestuário), o que foi mantido pela LC n. 150/2015. Para as demais utilidades, continua sendo aplicável a CLT (arts. 81, 82 e 458), limitada pelas novas regras impostas pela LC n. 150/2015.

Assim, o patrão podia descontar uma utilidade fornecida nos moldes e percentuais contidos da CLT. Hoje, porém, devem ser respeitados os parâmetros e limites impostos pela antiga Lei n. 11.324/2006, atual LC n. 150/2015.

Percebam que o art. 18 da LC n. 150/2015 incluiu a proibição de desconto de alimentação, transporte e hospedagem nos casos de **viagem** para acompanhamento do patrão, regra antes inexistente.

Foi também acrescido o comando de que a moradia concedida pelo patrão não gera qualquer direito de posse ou de propriedade da referida moradia. Foi silente quanto à obrigação de desocupação do imóvel com a extinção do contrato de trabalho, podendo ser aplicado, analogicamente, o art. 9º, § 3º, da Lei n. 5.889/1973, dirigido ao trabalhador rural, por compatível.

Nem sempre o empregado terá direito à integração de uma utilidade, pois algumas jamais terão natureza salarial. A partir da Lei n. 11.324/2006 a alimentação, vestuário, higiene e moradia do doméstico não poderão

---

(5) Da mesma forma Alice Monteiro de Barros, que defende a aplicação do art. 458 da CLT ao doméstico. BARROS, Alice Monteiro de. *Curso de direito do trabalho*. São Paulo: LTr, 2015. p. 335.
(6) Empregador que nunca descontou a utilidade não poderá, para aquele mesmo empregado, no mesmo contrato de trabalho, passar a fazê-lo, sob pena de estar alterando prejudicialmente o contrato.
(7) Há quem defenda que a norma coletiva também pode retirar a natureza salarial da utilidade.
(8) Não se deve confundir habitação com pernoite ou cômodo provisório. O quarto que a doméstica permanece durante a semana para pernoite de segunda a quinta, cuja disponibilidade do espaço é da patroa, que limita a liberdade da empregada, não pode ser considerado como habitação. Logo, o desconto não poderá ser no percentual destinado à moradia.
(9) O percentual de 20% referente à alimentação engloba as quatro refeições diárias: o desjejum, o almoço, o café da tarde e o jantar.

ter natureza salarial, nem ser descontados, salvo quando a moradia for em local diverso da residência em que o empregado prestar serviços, regra mantida pelo § 2º do art. 18 da LC n. 150/2015, que acresceu as despesas com transporte, hospedagem e alimentação em viagem para acompanhar o patrão.

e) Piso salarial

O piso salarial foi previsto no art. 7º, V, da CRFB e se difere do salário mínimo, porque este é, nacionalmente unificado (um só valor para todo país), enquanto aquele deve levar em consideração a complexidade de cada atividade, profissão ou ofício para fixar valores salariais (pisos) diferenciados para cada uma.

Por sua vez o art. 22, I, parágrafo único, da CRFB autorizou os Estados a legislarem sobre Direito do Trabalho, desde que autorizados por lei complementar.

A Lei Complementar n. 103, de 14.7.2000 (DO de 17.7.2000), autorizou os Estados e o Distrito Federal a fixarem pisos salariais superiores aos fixados nacionalmente por lei, excluindo os servidores públicos estaduais e municipais e autorizando a inclusão dos domésticos.

A partir da publicação da LC n. 103/2000, o Governo do Estado do Rio de Janeiro passou a instituir pisos salariais da categoria dos domésticos, sancionando e publicando leis desde o mês de dezembro de 2000.

O empregador que admite doméstico, no Estado do Rio de Janeiro ou em outro Estado que tenha piso estadual fixado por lei, deverá recolher a contribuição previdenciária com base no salário efetivamente pago, que deve respeitar, no mínimo, o piso estadual.

f) Faltas justas ou legais e atrasos

O doméstico tem direito às faltas previstas nos arts. 131 e 473 da CLT sem prejuízo do salário, naquilo que lhe for compatível. Isto quer dizer que toda vez que o empregador não descontar a falta, ela não será considerada; toda vez que não tenha havido serviço (art. 131, IV e VI); em caso de morte de descendente e ascendente ou de casamento; em caso de doação de sangue, quando tiver que comparecer em juízo etc. (art. 473 da CLT).

Outra consequência da aplicação de alguns dispositivos da CLT, por determinação expressa do art. 19 da LC n. 150/15 e antes disso para dar a máxima efetividade aos direitos constitucionais estendidos ao doméstico, é o impedimento de despedida imotivada durante os períodos de suspensão e interrupção contratual.

Da mesma forma que os domésticos passaram a ter direito às horas extras depois da EC n. 72/2013, regulamentadas pela LC n. 150/2015, conclui-se que também é possível considerar ou descontar os atrasos superiores a 5 minutos do empregado doméstico, devendo-lhe ser aplicada a regra contida no art. 58, § 1º, da CLT.

4.2. Repouso semanal remunerado e feriados

O direito ao repouso semanal remunerado foi estendido ao trabalhador doméstico em 1988 e está previsto no art. 7º, XV, da CRFB.

Para regulamentar este direito, deve ser utilizada a Lei n. 605/1949, na parte em que for compatível, bem como a LC n. 150/2015.

O repouso deverá ocorrer no sétimo dia, preferencialmente aos domingos, e será de 24h consecutivas. Caso não concedido, o patrão deverá conceder folga compensatória, sob pena de pagamento em dobro (art. 2º, § 8º, e art. 16 da LC n. 150/2015).

A Lei n. 605/49, art. 6º, estabelece dois requisitos necessários para a aquisição do direito à remuneração do repouso e dos feriados, que devem ser aplicados aos domésticos por compatíveis. Assim sendo, na semana que antecede a cada dia de repouso ou na semana do feriado o empregado deve ser assíduo e pontual[10].

Para os domésticos contratados para trabalho permanente aos domingos, não é necessária a escala de revezamento a que se referem os arts. 67 e 68 da CLT e o art. 6º do Decreto n. 27.048/49. O empregador doméstico não pode ser considerado como "atividade que por sua natureza ou conveniência pública" tenha que funcionar aos domingos ou que as "exigências técnicas da empresa" autorizem o trabalho aos domingos (art. 6º do Decreto n. 27.048/49). Sendo assim, desnecessária a concessão de um domingo a cada sete semanas. Há corrente tímida em contrário, defendendo a aplicação da escala de revezamento aos domésticos. Mesmo que assim se entenda, o não cumprimento deste requisito importaria, apenas, em infração administrativa.

Aos domésticos não foi estendido o direito aos feriados[11] até o advento da Lei n. 11.324/2006, pois a CF não o fez expressamente, e a Lei n. 605/1949 expressamente os excluía de sua aplicação — art. 5º, *a*, da Lei n. 605/49.

A partir da Lei n. 11.324/2006 (art. 9º), foi revogada a alínea *a* do art. 5º da Lei n. 605/49, sendo aplicado ao doméstico o direito ao repouso remunerado dos feriados ocorridos após 20.7.2006, o que foi ratificado pela nova lei.

---

(10) A EC n. 72/13 estendeu aos domésticos a jornada de trabalho.
(11) Alice Monteiro, de forma diversa, estendia aos domésticos o direito aos feriados, mesmo antes da Lei n. 11.324/06. BARROS, Alice Monteiro de. *Curso de direito do trabalho*. São Paulo: LTr, 2005. p. 332.

Via de consequência, se o doméstico trabalhar em dia de feriado ou de repouso semanal, terá direito a outra folga compensatória, sob pena de pagamento em dobro das horas trabalhadas nestes dias — Súmula n. 146 do TST. Essa regra hoje está expressa no art. 2º, § 8º, da LC n. 150/2015.

Para os domésticos cujo salário foi ajustado por quinzena ou mês a remuneração do repouso semanal e do repouso em feriados já está embutida, inclusive quando a jornada for no **sistema 12 x 36** (art. 10 da nova Lei). Portanto, apenas os que recebem por hora, por produção, por dia ou semana receberão o repouso semanal em rubrica destacada no contracheque.

4.3. Férias Acrescidas de 1/3

a) Férias de 20 dias úteis até a Lei n. 11.324/2006 e de 30 dias após a lei

A Constituição de 1988 apenas acrescentou o terço constitucional às férias, sem, contudo, mencionar o número mínimo de dias para gozo — art. 7º, XVII, da CRFB.

Após a Lei n. 11.324/2006 a controvérsia foi sepultada, pois o período de 30 dias corridos foi estendido ao doméstico, em face da nova redação do art. 3º da revogada Lei n. 5.859/72 (atual art. 17 da LC n. 150/2015).

Para os que trabalham três dias na semana, por exemplo, no limite de 25 horas semanais (contrato por tempo parcial), deve-se respeitar a proporção contida no art. 130-A da CLT c/c o art. 3º, § 3º, da LC n. 150/2015.

b) Férias proporcionais, dobra e abono pecuniário

O antigo Decreto n. 71.885/1973, que regulamentava a revogada lei do doméstico, em seu art. 2º, mencionava: "Excetuando o capítulo referente a férias, não se aplicam aos empregados domésticos as demais disposições da Consolidação das Leis do Trabalho".

Apesar disso, o art. 3º da antiga Lei n. 5.859/1972 estabelecia como requisito para aquisição do direito às férias o período de 12 meses consecutivos de vigência do contrato.

Mesmo após a alteração da redação do art. 3º, acrescida pela Lei n. 11.324/2006, manteve-se a mesma exigência: aquisição do direito após cada período de 12 (doze) meses de trabalho.

Em virtude desta dicotomia entre a revogada lei e o seu decreto, alguns[12] defendiam que não se aplicava ao doméstico o direito às férias proporcionais, porque contrariava a lei, que exigia um período mínimo de 12 meses de trabalho. O decreto teria extrapolado os limites da lei?

Entretanto, após a LC n. 150/2015 foi pacificada a celeuma, pois o texto legal garantiu aos domésticos as férias proporcionais (art. 17, § 1º) quando da extinção do contrato de trabalho.

Havia discussão similar acerca do direito ou não à dobra[13] incidente sobre as férias não concedidas no prazo legal, já que, para alguns, a dobra tem natureza de pena e, por isso, não poderia ser aplicada analogicamente ao doméstico.

Entendemos que a matéria foi sepultada pelo art. 19 da LC n. 150/15, que determina a aplicação da CLT ao doméstico. Desta forma, tem direito ao pagamento em dobro o empregado doméstico cujas férias forem concedidas fora do prazo legal. O mesmo argumento pode ser estendido ao direito ao abono de férias (conversão de um terço do período em dinheiro — art. 143 da CLT), mas, nesse caso, a Lei Complementar foi expressa (art. 17, § 3º).

Após a LC n. 150/2015, a matéria está parcialmente pacificada, pois é expressa ao garantir as férias proporcionais e o abono pecuniário. Permite o fracionamento das férias em dois períodos, um dos quais não poderá ser inferior a 14 dias (regra diferente da CLT). Infelizmente, a lei foi silente quanto à dobra das férias após o período da concessão. Isso quer dizer que, nesta parte, deve-se recorrer ao art. 19 da LC n. 150/15.

O doméstico poderá gozar suas férias, descansos semanais, feriados e pausas na casa do patrão se lá habitar, desde que não trabalhe (art. 2º, § 7º, da LC n. 150/2015).

4.4. Licença-maternidade, paternidade e estabilidade gestante

a) Licença-paternidade

A licença-paternidade de cinco dias (consecutivos, contados a partir do nascimento) foi uma inovação concedida aos domésticos a partir da Constituição da República — art. 7º, XIX. A benesse só se estende ao pai biológico e não ao adotivo, e é o empregador quem arca com tal ônus, sem qualquer compensação da previdência. Não se aplica ao doméstico o programa da Empresa Cidadã.

---

(12) Neste sentido Sergio Pinto Martins, Valentin Carrion e Alice Monteiro. MARTINS, Sergio Pinto. *Direito do trabalho*. 13. ed. São Paulo, 2001. p. 515; CARRION, Valentin. *Comentários à consolidação das leis do trabalho*. 26. ed. São Paulo: Saraiva, 2001. p. 45. BARROS, Alice Monteiro de. *Curso de direito do trabalho*. São Paulo: LTr, 2005. p. 331.

(13) Carrion e Alice Monteiro concordam com essa corrente. CARRION, Valentin. *Comentários à consolidação das leis do trabalho*. 26. ed. São Paulo: Saraiva, 2001. p. 45; BARROS, Alice Monteiro de. *Curso de direito do trabalho*. São Paulo: LTr, 2015. p. 331.

b) Licença-maternidade

A licença-maternidade de 120 dias, por sua vez, foi um benefício ampliado, pois a doméstica já tinha direito à licença de 90 dias antes da Constituição de 1988. O valor é pago diretamente pela Previdência[14] (art. 73, I, da Lei n. 8.213/91), desde que preenchidos os requisitos, e de acordo com o valor do último salário da empregada. Ou seja, não há teto para este benefício nem carência. Neste período o contrato ficará suspenso (ou, segundo alguns, interrompido) desde o primeiro dia.

Ao conceder o direito à licença-maternidade de 120 dias (art. 7º, XVIII, da CRFB), sem prejuízo do salário, a doméstica também passou a ter direito ao descanso em caso de aborto, previsto no art. 395 da CLT, bem como à licença em caso de adoção (art. 392-A da CLT).

Para a doméstica é devido o salário-maternidade independentemente da carência[15], desde que tenha havido pelo menos um recolhimento em dia, como dispõem os arts. 25 e seguintes da Lei n. 8.213/91.

Em casos excepcionais, os períodos de repouso anterior e posterior ao parto podem ser aumentados de mais duas semanas, mediante atestado médico específico — art. 93, § 3º, do Decreto n. 3.048/99 c/c art. 392, § 2º, da CLT.

c) Estabilidade

Até o advento da Lei n. 11.324/2006 não se aplicava à doméstica a estabilidade prevista no art. 10, II, *b*, do ADCT, já que este artigo regulamentou provisoriamente o inciso I do art. 7º da CRFB.

Somente após a edição da Lei n. 11.324/2006 a doméstica passou a ter direito à estabilidade da gestante, ainda que durante o prazo do aviso-prévio, pois acrescentou o art. 4º-A à revogada Lei n. 5.859/1972, direito ratificado no parágrafo único do art. 25 da LC n. 150/2015.

Como se trata de uma estabilidade relativa, pode o empregador demitir a doméstica sem justa causa, desde que em virtude de motivo técnico, econômico ou financeiro. O motivo disciplinar enseja a justa causa. Durante a licença-maternidade a dispensa só poderá ocorrer por justa causa.

Cumpre ressaltar que antes deste comando a doméstica não tinha qualquer tipo de estabilidade.

À doméstica se aplicam as limitações à dispensa imotivada em virtude da suspensão ou da interrupção contratual. Isto se explica porque durante este período o empregador não pode demitir o empregado sem justa causa. Apesar da suspensão e interrupção não se caracterizarem em estabilidade, são formas impeditivas da despedida imotivada

São casos de interrupção e, portanto, de falta justa, os previstos nos arts. 131 e 473 da CLT.

c.1. Contribuições e benefícios previdenciários

O doméstico é segurado obrigatório da Previdência Social.

De acordo com o art. 35 da LC n. 150/2015, as contribuições previdenciárias correspondem a:

Art. 34. O Simples Doméstico assegurará o recolhimento mensal, mediante documento único de arrecadação, dos seguintes valores:

I — 8% (oito por cento) a 11% (onze por cento) de Contribuição Previdenciária, a cargo do segurado empregado doméstico, nos termos do art. 20 da Lei n. 8.212, de 24 de julho de 1991;

II — 8% (oito por cento) de Contribuição Patronal Previdenciária (CPP) para a Seguridade Social, a cargo do empregador doméstico, nos termos do art. 24 da Lei n. 8.212, de 24 de julho de 1991;

III — 0,8% (oito décimos por cento) de Contribuição Social para financiamento do seguro contra acidentes do trabalho;

IV — 8% (oito por cento) de recolhimento para o FGTS.

Por exemplo, se a doméstica recebe 1 salário mínimo (situação mais usual), o empregador deve recolher 8% e reter 8% da parte do empregado (salvo se a CPMF — imposto sobre movimentação bancária/financeira retornar, hipótese em que a alíquota retornará para 7,65%). Os percentuais variam de acordo com a tabela da Previdência Social.

É responsabilidade legal do empregador o recolhimento do INSS, efetuado até o dia 7 do mês subsequente. Por isso, não se admite a escusa de seu dever, sob a alegação de que pagou o valor em dinheiro diretamente ao empregado, sob pena de arcar novamente com as contribuições. Hoje esse recolhimento se faz por meio do e-Social em conjunto com o FGTS.

Em caso de doença, o doméstico deve ser afastado desde o primeiro dia da doença e encaminhado à Previdência, que efetua diretamente o pagamento — art. 72, I, do Decreto n. 3.048/99. Isto é, o empregador doméstico não está obrigado ao pagamento dos primeiros 15 dias da doença, pois fica a cargo da Previdência (art. 60 da Lei n. 8.213/91).

São benefícios previdenciários, para os domésticos, apenas o auxílio-doença (inclusive por acidente de trabalho), a aposentadoria e o salário-maternidade.

---

(14) As demais trabalhadoras (urbanas ou rurais) recebem o salário-maternidade diretamente do empregador que, por sua vez, compensa este gasto com valores que deve à Previdência Social.

(15) A benesse também se estende às empregadas urbanas e rurais.

A EC n. 72/2013 estendeu aos domésticos o **Seguro contra Acidente de Trabalho** (SAT) — inciso XXVIII do art. 7º da CF. Todavia, este direito só foi regulamentado pelo art. 34, III, da LC n. 150/2015, portanto, só é devido seu recolhimento depois da regulamentação do e-Social.

O auxílio-doença corresponde a 91% do salário de benefício (art. 61 da Lei n. 8.213/91) e tem carência de 12 contribuições mensais — art. 25, I, da Lei n. 8.213/91. Em caso de acidente, o benefício é pago independentemente de carência.

Portanto, se o empregado faltar ao trabalho em virtude de doença, antes de cumprir a carência, nem o empregador nem a Previdência estão obrigados a pagar os salários dos dias que o doméstico ficou afastado.

4.5. Aviso-prévio, contrato determinado, justa causa e verbas da rescisão

De acordo com o art. 7º, XXI, da CRFB c/c o parágrafo único do mesmo artigo, o doméstico tem direito ao aviso-prévio proporcional ao tempo de serviço, de, no mínimo, 30 dias, direito ratificado pelo art. 23 da LC n. 150/2015. A nova lei foi clara ao determinar que tal direito só se aplica ao empregado, e não ao patrão, contrariando a reciprocidade da benesse.

Mesmo antes da Lei Complementar em estudo, para dar eficácia plena ao aviso-prévio, como determina o art. 5º, § 1º, da CRFB, necessária era a aplicação de alguns artigos da CLT, dentre eles os arts. 487 e seguintes.

Por força do art. 19 da LC n. 150 e, antes desta lei, para cumprimento da ordem constitucional de que o doméstico tem direito ao aviso-prévio, deve-se utilizar os regramentos contidos na CLT (que é a regra geral) e na própria Lei Complementar, tais como:

- conceito de despedida injusta e justa, pois só nas dispensas injustas o aviso é devido;

- aviso-prévio proporcional ao tempo de serviço de, no mínimo, 30 dias;

- conceito de contrato indeterminado e determinado, pois só nos contratos indeterminados é devido o pré-aviso;

- conceito de aviso-prévio trabalhado e não trabalhado e demais regras regulamentadoras, para aplicação destas no caso concreto;

- época do pagamento das parcelas da rescisão, já que o fato gerador do aviso-prévio é a rescisão contratual;

- proibição da dispensa imotivada em virtude da suspensão e interrupção contratual e da estabilidade;

- redução de 2 horas por dia ou de sete dias consecutivos, nos casos que o empregado é o notificado da despedida imotivada.

Portanto, o aviso só será devido em contratos indeterminados, nas dispensas sem justa causa ou nos pedidos de demissão, pela parte notificante, e nas rescisões indiretas.

O aviso-prévio integra o tempo de serviço para efeitos de baixa na Carteira de Trabalho e para fins de prescrição, na forma do art. 487, § 1º, da CLT c/c OJs ns. 82 e 83 da SDI-I do TST. No caso de culpa recíproca o aviso-prévio é reduzido em 50% — Súmula n. 14 do TST.

A rescisão indireta foi agora expressamente garantida aos domésticos, conforme art. 27, parágrafo único, da LC n. 150/2015. Também é devido o aviso-prévio nas rescisões indiretas.

Após a Lei n. 150/2015, foram estabelecidas duas modalidades de contrato determinado: o de experiência e aquele para substituição de outros empregados ou necessidades transitórias da família (art. 4º da nova Lei), com os mesmos prazos previstos na CLT e mesmos direitos decorrentes da extinção antecipada, podendo ser aplicadas as normas da CLT no silêncio da lei especial.

As dispensas justas eram aquelas apontadas no art. 482 da CLT, quando compatíveis. Após a LC n. 150/2015, art. 27, foram acrescidos alguns novos tipos: maus-tratos a idoso, criança, enfermo, pessoa com deficiência ou sob os cuidados do doméstico.

Defendemos que já eram aplicáveis os arts. 483 e 484 da CLT aos domésticos, mesmo diante do revogado art. 6º-A, § 2º, da antiga Lei n. 5.859/1972, ante a necessidade de se regulamentar a despedida imotivada. Apesar de omissa a revogada lei do doméstico no que se referia à aplicação dos arts. 483 e 484 da CLT, éramos favoráveis à aplicação, pelo princípio do tratamento isonômico e porque este direito já lhe tinha sido estendido desde a Constituição de 1988. Entretanto, a nova lei garantiu aos domésticos a rescisão indireta e por culpa recíproca. A distinção é que o art. 27, parágrafo único, VII, da LC n. 150/2015 assegurou a rescisão indireta também nos casos de violência doméstica praticada contra a empregada.

Era inaplicável a exigência de homologação da rescisão contratual do doméstico com mais de um ano de serviço ou do pedido de demissão, pois o "sindicato" dos domésticos não tinha legitimação sindical e a ele não se aplicavam as prerrogativas e privilégios sindicais. Todavia, a EC n. 72/2013 estendeu aos domésticos o direito às normas coletivas, o que poderá levar à conclusão de aplicação dos prazos previstos no art. 477 da CLT ao doméstico. Contudo, a LC n. 150/2015 não estabeleceu qualquer prazo para pagamento das verbas da rescisão, nem qualquer penalidade decorrente. Assim, continuará a controvérsia da aplicação ou não dos prazos e penalidades previstos no art. 477 da CLT.

Defendemos que deve ser respeitado o prazo previsto no § 6º do art. 477 da CLT para pagamento das parcelas da rescisão do doméstico, seja por força do art. 19 da LC n. 150/15, seja porque não é crível o empregador não ter prazo de vencimento de sua obrigação de pagar. Todavia, antes da LC a jurisprudência não vinha concedendo a penalidade prevista no § 8º do mesmo artigo, nem aquela contida no art. 467 da CLT, ao fundamento de que pena não se interpreta de forma ampliativa nem pode ser aplicada por analogia.

A possibilidade de conversão do aviso-prévio não trabalhado em pecúnia (erroneamente chamado de aviso-prévio indenizado) ou de desconto dos salários quando o empregador for o notificado, também está prevista no art. 487, §§ 1º e 2º, da CLT e na nova lei (art. 23).

Quando o pré-aviso for trabalhado e o empregado for o notificado, deverá o empregador reduzir duas horas por dia ou, à escolha do trabalhador, sete dias consecutivos de trabalho, sem redução do salário.

4.9. FGTS e seguro-desemprego

O direito ao seguro-desemprego só era garantido ao doméstico cujo contrato fosse regido pelo fundo de garantia, e, mesmo assim, desde que estivessem preenchidos os requisitos legais. Antes, o FGTS era facultativo; depois da EC n. 72/2013 o FGTS passou a ser compulsório. Entretanto, este direito só foi regulamentado pela LC n. 150/2015. Enquanto não existia a lei especial, tanto o FGTS quanto o seguro-desemprego do doméstico eram regidos pelos revogados arts. 3º-A e 6º-A da Lei dos Domésticos.

Atualmente, os domésticos têm direito a 8% de FGTS e, caso preencham os requisitos, ao seguro desemprego no valor de, no máximo, três parcelas mensais equivalentes a um salário mínimo (arts. 28 e 34, IV, da Lei nova).

O art. 22 da LC n. 150/2015 obriga o empregador ao pagamento mensal de 3,2% para garantia da indenização adicional de 40% sobre o FGTS. Há quem afirme que o dispositivo é inconstitucional, pois obriga a todos o pagamento de parcela que é condicionada à despedida imotivada, na forma do art. 7º, I, da CRFB.

Convém ressaltar que o recolhimento do FGTS efetivamente só se tornou obrigatório a partir de outubro de 2015, quando foi criado o e-Social (Resolução n. 780 do CCFGTS, de 24 de setembro de 2015), que possibilitou o recolhimento da nova cota previdenciária, FGTS, indenização adicional e seguro por acidente de trabalho.

5. Da jornada, intervalo e adicional noturno

A partir de abril de 2013, por força da EC n. 72, todos os empregados domésticos passaram a ter direito à jornada de 8 horas por dia, limitada a 44 horas semanais, salvo acordo ou convenção coletiva, e ao pagamento das horas extras, acrescidas de 50%. Também foi estendido a estes trabalhadores o adicional noturno, mas este direito só foi regulamentado com o advento da LC n. 150/2015. O adicional noturno é devido aos domésticos nas mesmas hipóteses e no mesmo percentual previstos para os urbanos na CLT.

Como já dito acima, o art. 5º, § 1º, da CRFB determina que *"as normas definidoras dos direitos e garantias fundamentais têm **aplicação imediata**"*. Os direitos contidos no art. 7º da CRFB são direitos fundamentais, logo, aplicáveis imediatamente, isto quer dizer que a maioria dos novos direitos estendidos aos domésticos não dependem de regulamentação e **devem** ser aplicados **imediatamente**, salvo aqueles que o próprio legislador excepcionou, como era o caso, antes da nova lei, do FGTS, seguro-desemprego, adicional noturno, salário-família e seguro acidente.

Depois da EC n. 72/13 e antes da LC n. 150/15 defendíamos a aplicação ao doméstico, na parte compatível, do Capítulo II do Título II da CLT, que trata da "Duração do Trabalho". Neste Capítulo, entre outros, temos as seguintes previsões e regras: os descontos salariais por atraso ou limite para considerar trabalho extra (art. 58, § 1º); as horas *in itinere* (art. 58, § 2º); o contrato por tempo parcial (art. 58-A); as limitações para o trabalho extraordinário (art. 59, *caput*) e as regras para o acordo de compensação (art. 59, § 2º); os excluídos (art. 62); a forma de cálculo do salário e das horas extras (art. 64); o intervalo intrajornada e interjornada (arts. 66, 71 e seguintes); as regras para adoção de controle da jornada do empregado (art. 74).

Como mera consequência legal, também é aplicável aos domésticos, depois da EC 72/2013, o art. 4º da CLT, que considera tempo de efetivo trabalho aquele que o empregado permanece aguardando ordens (ou não) à disposição do patrão, assim como, analogicamente, o art. 244 da CLT. Esta última regra deve ser interpretada de acordo com a Súmula n. 428 do TST.

Todavia, após a LC n. 150/2015, a regra estabelecida para o doméstico difere um pouco das elencadas na CLT, devendo prevalecer a regra especial sobre a geral, senão vejamos:

> É possível a compensação de jornada mediante acordo escrito entre empregado e empregador, assim como a adoção do sistema do banco de horas anual, sendo que as primeiras 40 horas extras deverão ser pagas, salvo se compensadas no mesmo mês (art. 2º, II, § 5º, da LC n. 150/2015). A lei nova deixa clara a possibilidade de lavor extra de mais de 2 horas extras por dia, quando autoriza o regime de 12 horas de trabalho por 36 de descanso (**12 x 36**). É obrigatória a adoção de controle de ponto idôneo, mesmo para aquelas unidades familiares em que há menos de 10 empregados.

A nova lei adotou o regime de tempo parcial de até 25 horas semanais para o doméstico (art. 3º da LC n. 150/2015). Diversamente do estabelecido na CLT, foi autorizado o labor de até 1 hora extra, com o limite máximo diário de 6 horas, sem que isto descaracterize o regime especial. Ao que parece, o legislador só permitiu jornada ordinária de até 5 horas por dia, por até 5 dias, para que seja considerado como contrato por tempo parcial, o que também difere da regra contida na CLT.

Entendemos que ainda não é possível adotar a regra contida no art. 58-A, § 2º, da CLT, de alteração de regime de trabalho, durante sua vigência, que importe em redução do salário do doméstico. Isto se explica porque a redução salarial só é possível se autorizada pelo empregado e em norma coletiva e, enquanto estas não forem confeccionadas pelos respectivos sindicatos, a medida não será possível.

A jornada de 8 horas diárias, concedida aos domésticos, necessariamente deverá ser permeada do intervalo intrajornada para repouso e alimentação de forma contínua (art. 71 da CLT), de 1 a 2 horas, podendo ser reduzida mediante ajuste entre as partes para 30 minutos ou fracionado em dois períodos, cuja soma seja no máximo de 4 horas, nesta hipótese.

A lei não se refere ao intervalo devido para as jornadas superiores a 4 horas, até 6 horas, devendo ser aplicado, em face da lacuna legal, o intervalo mínimo de 15 minutos, por compatível o art. 71 da CLT. O art. 15 da nova Lei também garante ao doméstico o intervalo mínimo entre dois dias de trabalho de 11 horas, exatamente como o art. 66 da CLT. Estes intervalos são consequências naturais da duração do trabalho e constituem em norma de higiene, medicina e segurança do trabalho. Se houver trabalho no período de repouso, o empregador deverá remunerar o período como extra.

É bom lembrar que não poderá o patrão reduzir o salário, ou considerar, a partir da EC n. 72/2013, as horas extras já embutidas no salário antigo, o que é ilegal, ou pré-contratar as horas extras desde a admissão (Súmula n. 199 do TST). Os controles de ponto, obrigatórios a partir da LC n. 150/2015 (art. 12), não podem ser britânicos (Súmula n. 338 do TST), não podem conter rasuras e serão consideradas as variações de horário superiores a 5 minutos (art. 58, § 1º, da CLT). Devem constar dos controles de ponto a pré-assinalação do intervalo intrajornada, salvo se fracionados, quando a pré-anotação é vedada pelos §§ 1º e 2º do art. 13 da nova Lei. Nesse caso, devem ser anotados pelo empregado.

Para o trabalho realizado entre às 22 horas e às 5 horas da manhã, a hora noturna será reduzida de 52'30'' e acrescida do adicional de 20%, na forma do art. 14 da LC n. 150/2015.

Antes da nova lei, era inaplicável o acordo de compensação por "banco de horas" variável ao doméstico, já que este só poderia ser efetuado por norma coletiva (Súmula n. 85, V, do TST). Entretanto, o art. 11, § 3º, da LC n. 150/2015 refere-se ao banco de horas, deixando a entender o cabimento deste tipo de compensação variável de jornada. Entrementes, o labor extra habitual torna nulo o acordo de compensação, devendo ser aplicada a Súmula n. 85 do TST.

6. Do menor doméstico

A Constituição da República de 1988, no parágrafo único do art. 7º, relacionou os institutos jurídicos trabalhistas aplicáveis aos domésticos.

Primitivamente, o inciso XXXIII não tinha sido relacionado no parágrafo único do art. 7º da CRFB. Entretanto, antes mesmo de sua inclusão, já defendíamos que o menor de 16 anos não poderia trabalhar como doméstico.

Logo, não podia o empregador doméstico contratar trabalhador com idade inferior a 16 anos, mesmo antes da novidade trazida pela Emenda, pois esta regra é imperativa e de ordem pública; visa o bem-estar da sociedade e o amparo aos menos protegidos. Ademais, o Código Civil considera incapazes os menores de 16 anos.

De qualquer sorte, após o Decreto n. 6.481/2008 (Convenção n. 182 da OIT), **foi proibido o trabalho do menor de 18 anos** em diversas atividades, inclusive como doméstico.

Ademais, se não fosse o Decreto n. 6.481/2008, a proibição constitucional do trabalho para o menor de 16 anos seria estendida ao menor doméstico por força da EC n. 72/2013.

Também não tinham sido incluídos no parágrafo único do art. 7º a proibição de trabalho do menor de 16 anos (inciso XXXIII), a proibição de discriminação em razão de sexo, cor, idade ou de deficiência (incisos XXX, XXXI e XXXII). Todavia, seria ABSURDA a posição de que, em virtude desta "omissão", tais regras não eram aplicáveis à relação doméstica, mesmo antes da EC n. 72/13.

O art. 1º, parágrafo único, da LC n. 150/2015, foi expresso na proibição de contratação do menor de 18 anos como doméstico.

7. Da prescrição para o doméstico

Hoje, toda a celeuma a respeito do prazo prescricional dos créditos trabalhistas dos domésticos foi sepultada pelo art. 43 da LC n. 150/2015, que determinou a aplicação da prescrição de 2 anos, contada a partir da extinção do contrato, e da parcial de 5 anos.

A Cultura Conciliatória da Justiça do Trabalho no Brasil

Wilson Ramos Filho[*]
Nasser Ahmad Allan[**]

As reformas promovidas na legislação processual, ao menos até o momento, não apresentaram os impactos desejados, pois não importaram redução no número anual de ações ajuizadas perante a Justiça do Trabalho, tampouco resultaram em diminuição significativa do tempo de duração da ação trabalhista.

Atualmente, há alguns projetos de lei em tramitação no Congresso Nacional com a finalidade de obstar o exercício do direito de ação por parte do(a) trabalhador(a), podendo ser destacados o PL n. 427/2015 que atribui eficácia liberatória geral a acordo extrajudicial entabulado diretamente entre as partes; e o PL n. 7.549/2014 que cria impedimentos ao empregado(a) despedido para acionar o Judiciário trabalhista.

A justificativa formal de propostas legislativas como estas direciona-se, normalmente, à premente necessidade de desafogar a Justiça do Trabalho, buscando instituir-se mecanismos alternativos para solução de conflitos, e, por consequência, reduzir o ajuizamento de demandas judiciais.

Sem prejuízo das inúmeras inconsistências desse discurso dissimulado (e cínico) dos representantes políticos das classes economicamente dominantes, atualmente, constata-se no país a formação de uma frente ampla de ataque aos direitos de trabalhadores e trabalhadoras que abrange setores da Justiça do Trabalho.

Além de propostas legislativas visando à supressão de direitos, a classe trabalhadora depara-se com uma política judiciária intensiva de valorização da conciliação judicial, como método prioritário de solução de conflitos individuais e coletivos do trabalho.

Promovidas pelos Tribunais Regionais com apoio do Conselho Nacional da Justiça do Trabalho, as chamadas semanas de conciliação têm sido utilizadas amplamente para difundir ainda mais a importância dos acordos para a solução dos conflitos judiciais, permitindo deslocar o debate para a criação em primeiro e segundo graus de jurisdição de núcleos especializados em conciliação.

Neste breve artigo, pretende-se formular alguns apontamentos sobre a constituição do que se pode chamar de cultura conciliatória da Justiça do Trabalho.

A ambivalência pode ser considerada como a característica mais peculiar do Direito do Trabalho. Ela se revela na importância deste ramo do direito para a preservação da ordem capitalista. Se, por um lado, ele se relaciona com a minoração da exploração da classe trabalhadora a partir de suas regras e princípios que estabelecem um padrão mínimo de civilidade; de outro, em contrapartida a estas garantias concedidas, o direito do trabalho ordena e disciplina a classe trabalhadora, subordinando trabalhadores(as) aos interesses do capital;

(*) Doutor (UFPR, 1998, Curitiba) e Pós-doutor (EHESS, 2009, Paris), professor de Direito do Trabalho (UFPR, graduação, mestrado e doutorado) e de Direitos Sociais (UPO, *Doctorado en Derechos Humanos, Interculturalidad y Desarollo*, em Sevilha, Espanha).
(**) Mestre e Doutor em Direitos Humanos e Democracia pela Universidade Federal do Paraná.

refreando seu ímpeto transformador, acomodando-os(as) à condição de classe dominada.

Este caráter ambivalente do Direito do Trabalho não se exterioriza somente pela coerção, pois, afinal, sem menosprezar o potencial lesivo do aparelho repressivo do Estado, a estabilização nas relações de produção é alcançada também pela transmissão dos valores das classes dominantes às classes dominadas, a fim de apresentar seus interesses como se fossem de interesse de todas as classes[1] e assim obter hegemonia.[2]

Com essa perspectiva, desde o final do século XIX, vêm se repetindo os preceitos da doutrina social católica, em especial os princípios de colaboração entre as classes sociais e de respeito à autoridade constituída, tanto ao poder civil estatal quanto ao dever de obediência ao empregador. Tais princípios foram formulados em contraposição a noção socialista e comunista de que na sociedade burguesa havia uma incessante luta de classes entre detentores dos meios de produção e aqueles que vivem da venda de sua força de trabalho.

Como reação a isso, o discurso social católico utilizou-se de passagens bíblicas, com recurso à autoridade divina, para justificar as diferenças econômicas entre pobres e ricos; entre capitalistas e proletários, buscando naturalizar as desigualdades sociais. Mais do que isso. A autoridade do discurso religioso também foi fundamento para difundir o preceito de colaboração entre as classes sociais, a partir da perspectiva de capital e trabalho serem partes vitais do corpo orgânico da sociedade.

Estes valores propagados pela doutrina social católica foram assimilados pelo Estado brasileiro, assim como por juristas, constituindo-se em fonte material do direito do trabalho no país, como reconhecidamente muitos deles(as) afirmaram.[3] Nas obras de autores de diferentes épocas e matizes ideológicos destaca-se a importância conferida à função pacificadora do direito e da Justiça do Trabalho, tendo por finalidade contribuir para a harmonia e concórdia na sociedade ao estabilizar as relações entre as classes sociais.[4]

É o que se reflete nas palavras de Arnaldo Süssekind, a quem as leis trabalhistas do país buscariam a harmonia social, sendo finalidade do sistema jurídico "compor interesses aparentemente antagônicos dos trabalhadores e empregadores" em benefício da concórdia social.[5]

Esse discurso do direito como instrumento para pacificação das relações de produção e da sociedade continuou a ser reproduzido no curso do tempo. Autores e operadores jurídicos do direito material e processual do trabalho têm difundido essa concepção, voltada à concórdia social, em especial quando se trata de citar os benefícios da conciliação judicial.

De acordo com Wagner Giglio, o direito processual do trabalho confere "grande ênfase à conciliação, como forma de se atingir o objetivo da paz social". Nesta visão, importa "ao Estado que as próprias facções em litígio encontrem, elas mesmas, a fórmula capaz de compor suas divergências".[6]

Apreende-se existir uma "cultura conciliatória", que teria por meta "romper com a cultura demandista produzindo o fruto da pacificação social e resultando em efetividade da Justiça do Trabalho".[7] Assim, a conciliação em demandas individuais ou coletivas submetidas à Justiça do Trabalho objetivaria contribuir para a pacificação da sociedade, reduzindo seus "elevados níveis de conflitualidade"[8], isto é, diminuindo as controvérsias e resistências típicas dos dissensos.

Sem ignorar a importância da promoção da conciliação como política de administração judiciária, impõe-se discorrer sobre a ênfase concedida pelo Poder Judiciário do Trabalho a essa forma de solução dos conflitos.

---

(1) MARX, K. Ideologia alemã. In: NETTO, José Paulo (org.). *O leitor de Marx*. Rio de Janeiro: Civilização Brasileira, 2012. p. 144.
(2) RAMOS FILHO, W. *Direito capitalista do trabalho*: história, mitos e perspectivas no Brasil. São Paulo: LTr, 2012. *passim*.
(3) ALLAN, N. A. *Cultura jurídica trabalhista brasileira (1910-1945)*: doutrina social católica e anticomunismo. São Paulo: LTr, 2016. *passim*.
(4) Para exemplificar: MARTINS, S. P. *Direito do trabalho*. 17. ed. São Paulo: Atlas, 2003; MOURA, M. *Curso de direito do trabalho*. São Paulo: Saraiva, 2014; PINTO, J. A. R. *Curso de direito individual do trabalho*: noções fundamentais de direito do trabalho, sujeitos e institutos do direito individual. 4. ed. São Paulo: LTr, 2000; MANUS, P. P. T. *Direito do trabalho*. 15. ed. São Paulo: Atlas, 2014. BARROS, A. M. *Curso de direito do trabalho*. 5. ed. São Paulo: LTr, 2009. GOMES, O.; GOTTSCHALK, E. *Curso de direito do trabalho*. 18. ed. Rio de Janeiro: Forense, 2007; PRADO, R. B. *Direito do trabalho*. São Paulo: Revista dos Tribunais, 1963; LAMARCA, A. *Curso normativo de direito do trabalho*. 2. ed. rev. atual. São Paulo: Revista dos Tribunais, 1993. SÜSSEKIND, A.; MARANHÃO, D.; SEGADAS VIANNA, J.; LIMA TEIXEIRA, J. *Instituições de direito do trabalho*. 16. ed. São Paulo: LTr, 1996.
(5) SÜSSEKIND, A. *Comentários à consolidação das leis do trabalho e à legislação complementar* Rio de Janeiro: Freitas Bastos, 1960. v. I, p. 32.
(6) GIGLIO, W. D.; CORRÊA, C. G. V. *Direito processual do trabalho*. 15. ed. São Paulo: Saraiva, 2005. p. 205.
(7) GUNTHER, L. E.; PIMPÃO, R. D.; SANTOS, W. F. L. Conciliação na justiça do trabalho: acesso e efetividade, direito e dever. In: GUNTHER, L. E.; PIMPÃO, R. D.; SANTOS, W. F. L. *Conciliação um caminho para a paz social*. Curitiba: Juruá, 2013. p. 357-375.
(8) GEMIGNANI, T. A. A. A conciliação e a função promocional do direito: uma leitura constitucional. In: GUNTHER, L. E.; PIMPÃO, R. D. *Conciliação um caminho para a paz social*. Curitiba: Juruá, 2013. p. 130.

O Conselho Nacional de Justiça vem patrocinando campanhas publicitárias com o objetivo de valorizar a conciliação judicial, colocando-a como ato de boa vontade entre os litigantes, envolvendo vários segmentos do Poder Judiciário.

Nesse cenário, os Juízes do Trabalho posicionam-se como integrantes de um sistema conciliador por excelência, tendo a pacificação social sua razão de ser. É o que se apreende do seguinte trecho de matéria publicada pelo Conselho Superior da Justiça do Trabalho, sobre a *Semana Nacional de Conciliação Trabalhista* para o ano de 2015:

> Um dos objetivos dessa Semana é ressaltar a importância da conciliação, um dos pilares do processo do trabalho, e contribuir com a cultura da solução consensual dos litígios.

A campanha, que ressalta a Justiça do Trabalho como célere e acessível, está embasada no conceito de que a conciliação é fruto de um gesto de boa vontade das pessoas envolvidas, o que está sintetizado no slogan "Outra forma de estender a mão é conciliar".[9]

Essa matéria foi acompanhada do histórico de índices de conciliação judicial em dissídios individuais entre 1980 e 2013. De sua análise percebe-se que a média geral de conciliação ao longo desse período atingiu expressivos 45,37%.[10]

Os números mostram-se úteis a desnudar o caráter conciliador da Justiça do Trabalho, mas também do direito material e processual do trabalho. De outro lado, a exposição festiva desses resultados demonstra a forma irreflexiva como a conciliação é compreendida por operadores jurídicos, que pouco questionam as razões indutoras do Judiciário a chancelar a transação de direitos que seriam a princípio irrenunciáveis ao trabalhador(a).

Nas chamadas semanas de conciliação realizadas pelo Judiciário Trabalhista não é incomum deparar-se com Juízes(as) do Trabalho utilizando as debilidades do sistema, como demora acentuada da duração da ação ou incerteza do sucesso dos seus pedidos, trazendo sensação de insegurança ao trabalhador(a), para dissuadi-lo(a) a celebrar um acordo representando, muitas vezes, menos da metade de seu crédito. Ao final são celebrados os valores totais alcançados na referida campanha, sem qualquer menção às quantias renunciadas pelos credores.

Não se está aqui a negar a importância da conciliação judicial, especialmente em demandas cuja previsão do resultado é difícil. No entanto, o que se vê é a busca desenfreada por uma eficiência mascarada pela estatística, sem compromisso com o sentido de realização de justiça.

Pode-se asseverar que esta obsessão conciliatória da Justiça do Trabalho constitui-se numa cultura da conciliação, sendo forjada como reflexo do princípio da colaboração entre as classes sociais, introduzido no Direito do Trabalho brasileiro por influência da doutrina social católica, buscando a estabilidade política, econômica e social do país, a partir da estabilização nas relações de produção com a acomodação da classe trabalhadora.

Também se mostra adequado afirmar que a repetição no curso de décadas do discurso juslaboralista a exaltação da conciliação forma, junto com outros componentes aquele "emaranhado de costumes intelectuais que são aceitos como verdades de princípios para ocultar o componente político da investigação das verdades", isto é, o "senso comum teórico" ou "lugar do secreto", como o definiu Warat.[11]

Referências bibliográficas

ALLAN, N. A. *Cultura jurídica trabalhista brasileira (1910-1945)*: doutrina social católica e anticomunismo. São Paulo: LTr, 2016.

GEMIGNANI, T. A. A. A conciliação e a função promocional do direito: uma leitura constitucional. In: GUNTHER, L. E; PIMPÃO, R. D. *Conciliação um caminho para a paz social.* Curitiba: Juruá, 2013.

GIGLIO, W. D.; CORRÊA, C. G. V. *Direito processual do trabalho.* 15. ed. São Paulo: Saraiva, 2005.

GUNTHER, L. E.; PIMPÃO, R. D.; SANTOS, W. F. L. Conciliação na Justiça do Trabalho: acesso e efetividade, direito e dever. In: GUNTHER, L. E.; PIMPÃO, R. D.; SANTOS, W. F. L. (coord.). *Conciliação um caminho para a paz social.* Curitiba: Juruá, 2013.

MARX, K. Ideologia alemã. In: NETTO, José Paulo (org.). *O leitor de Marx.* Rio de Janeiro: Civilização Brasileira, 2012.

RAMOS FILHO, W. *Direito capitalista do trabalho:* história, mitos e perspectivas no Brasil. São Paulo: LTr, 2012.

SÜSSEKIND, A. *Comentários à consolidação das leis do trabalho e à legislação complementar.* Rio de Janeiro: Freitas Bastos, 1960. v. I.

WARAT, L. A. *Introdução geral ao direito.* Porto Alegre: Sergio Antonio Fabris, 1994.

---

(9) Disponível em: <http://www.csjt.jus.br/conciliacao-na-jt>. Acesso em: 17.7.2016.
(10) Disponível em: <http://www.csjt.jus.br/conciliacao-na-jt>. Acesso em: 18.5.2015.
(11) WARAT, L. A. *Introdução geral ao direito.* Porto Alegre: Sergio Antonio Fabris, 1994. p. 15.